Q&A 業種別の
特殊事情に係る
所得税実務

　三訂版　　　　　　　　小田　満 著

税務経理協会

はじめに

　税理士・公認会計士，弁護士，医師・歯科医師，プロスポーツ選手，文筆家，美術家，芸能者，執行官・公証人，大学教授，外交員などの個人事業者については，それぞれの業種の特殊事情により，その所得区分や必要経費などについて，他の業種にみられない税務上の特殊な諸問題がある。

　本書は，類似業種ごとに章立てして15章に区分している。しかし，特定の業種について問題となる事項であっても，他の業種にも共通の問題となるものがある。本書では例えば，ロータリークラブ会費等とか専従者給与の問題ついては税理士のケースとして整理しているが，同様の問題は税理士以外の類似の業種にも起こり得るわけであるし，医師政治連盟の会費の問題については医師のケースとして整理しているが，歯科医師や税理士などについても同様の問題があるわけで，そういった観点に留意して読んでいただきたい。

　本書では，随所に筆者個人の専門家としての私見を述べている。特に必要経費の範囲については，個別具体的な例示をした法令・通達等が少なく，また，家事関連費との接点が漠然としているものが多いため，実務においては，法的安定性が低いというか，予測可能性が低いというか，これでOKといえる自信がもてないといった面がある。かくいう筆者としても，国税庁現役時代にこの種の仕事にどっぷり浸かっていた時期があるにもかかわらず，断言しかねる点が多々ある。それゆえ，本書の文章としては，結論じみた書き方をしているとしても結論付けることをためらう場面もあるわけで，読者の方々におかれては，自己の責任において行間を読み下していただければと思う次第である。

令和元年10月

小　田　　満

法令等略語一覧

所法…所得税法 　　　　　所令…所得税法施行令

所基通…所得税基本通達 　　消基通…消費税法基本通達

なお，本書は令和元年 9 月 30 日現在の法令・通達によっている。

目次
CONTENTS

はじめに

第1章
税理士・公認会計士の事業に係る所得の課税関係

Q1 顧問先への金銭の貸付けと税理士業務との関連性 ·················· 2

Q2 ロータリークラブの会費等の必要経費算入の適否 ·················· 9

Q3 税理士業務の相続の場合の事業税等及び未払退職金の計上 ····· 15

Q4 税理士事務所承継（譲渡）により受領した金員に係る所得区分 ··· 20

Q5 事務所承継のための税理士資格の取得費用の取扱い ················ 27

Q6 青色事業専従者である妻に支払う給与の適正額 ···················· 31

Q7 他に職業を有する親族に支払う給与が必要経費に算入できる場合 ··· 34

Q8 弁護士である夫が税理士である妻に支払う税理士報酬の取扱い ··· 38

Q9 税理士報酬の必要経費算入の可否 ································· 44

1

第2章

弁護士の事業に係る所得の課税関係

Q10 弁護士が定期的に支払を受ける顧問料の所得区分 ················ 48

Q11 弁護士が支払を受ける着手金，手付金等の収入金額の
計上時期 ·········· 50

Q12 弁護士が旅費や宿泊費として支払を受ける金額の取扱い ········ 54

Q13 弁護士会の役員の交際費等の必要経費算入の可否 ················ 55

第3章

開業医等の事業に係る所得の課税関係

Q14 他人名義で病院等を経営する場合の課税関係 ················ 66

Q15 病院等を共同経営する場合の課税関係 ················ 70

Q16 夫婦で診療所を経営する場合の課税関係 ················ 71

Q17 社会保険診療収入に係る概算経費率適用の特例 ················ 74

Q18 複数の診療科目を併営する場合の自由診療割合等の計算 ········ 80

Q19 自由診療専用の外注先と併用の外注先がある場合の自由
診療分の実額の計算 ············ 83

Q20 事業専従者給与の金額がある場合の自由診療分の実額の
計算 ············ 85

Q21 特例適用要件7,000万円以下の「総収入金額」の範囲 ··········· 87

Q22 社会保険診療収入に係る部分の臨時的・偶発的な損失等の
取扱い ············ 89

Q23 社会保険診療報酬を返還した場合の税務処理 ················ 90

目　次

Q24 患者負担分の診療報酬を受け取らなかった場合の税務処理 ····· 94

Q25 地方公共団体から支払を受ける患者負担金相当額，利子
補給金及び事務取扱手数料 ··············· 96

Q26 母子保健法に基づいて支払われる養育医療費，妊婦又は
乳児の健康診査に係る診断料 ··············· 97

Q27 柔道整復師の社会保険診療報酬に対する所得計算の特例の
適用 ··············· 98

Q28 社会保険診療報酬の所得計算の特例の適用を受けていな
かった場合の更正の請求等による適用の可否 ··············· 99

Q29 社会保険診療報酬の所得計算の特例の適用を受けていた
場合の更正の請求又は修正申告による撤回の可否 ··············· 103

Q30 社会保険診療収入の収入金額としての計上時期 ··············· 111

Q31 患者負担分の窓口収入の一括計上 ··············· 113

Q32 歯列矯正収入の計上時期 ··············· 114

Q33 休日診療等の対価として地方公共団体から支払を受ける
委嘱料等 ··············· 117

Q34 医師会や医師政治連盟の会費の必要経費算入の適否 ··············· 119

第4章

スポーツ選手の所得区分と必要経費

Q35 力士等に関する国税庁通達の内容 ··············· 122

Q36 力士等の所得の具体的な内容 ··············· 124

Q37 力士等の所得に係る課税上の問題 ··············· 126

Q38 力士の所得と野球選手の所得との相違点 ··············· 127

Q39 野球選手の所得の具体的な内容 ··············· 129

3

Q40 野球選手の賞品や景品の収入金額の計算 ……………………… 131

Q41 野球選手の必要経費の計算 …………………………………… 132

Q42 自主トレの費用や食事代などの取扱い ………………………… 133

Q43 出身校や関係者に対する謝礼の取扱い ………………………… 135

Q44 野球選手等に対する脱税指南事件 ……………………………… 136

第5章
文筆家・美術家・芸能者等の事業に係る所得の課税関係

Q45 小説・論文等に係る賞金品の所得区分 ………………………… 140

Q46 芸能者等が後援者等から受ける祝儀等の所得区分 …………… 144

Q47 事業所得に係る家事関連費の区分計算 ………………………… 145

Q48 特に問題となる取材費，衣装費，旅費，車両関係費，接待
交際費及び雇人費の取扱い ……………………………………… 147

Q49 芸能人等のメガネ，かつら，エステなどの費用の取扱い …… 152

Q50 事業の遂行のために必要と認められる部分の計算 …………… 154

Q51 必要経費算入割合の計算時期 …………………………………… 155

Q52 大量の靴，帽子，カバン等の購入費の取扱い ………………… 156

Q53 売出中の歌手が売上成績を上げる目的で自己の CD を購入
した場合のその購入費用の取扱い ……………………………… 157

Q54 事業所得に係る必要経費の算入時期 …………………………… 158

Q55 文筆家等の概算所得率による所得金額の計算 ………………… 160

目 次

Q56 文筆家等の取材費等の必要経費算入時期 ················· 161

Q57 文筆家等の生活費と必要経費の区分 ··················· 162

Q58 美術家等に係る所得金額の計算 ····················· 163

Q59 美術家等に係る棚卸資産の計算 ····················· 164

Q60 美術家等が保有する大作の取扱い ··················· 166

Q61 美術家等が自己の作品を他者に贈与した場合の取扱い ········· 167

第6章
スポーツ選手・芸能者等に係る支配芸能法人等の行為計算の問題

Q62 これまでに問題となった支配芸能法人等の事例 ·················· 170

Q63 納税者個人と支配芸能法人等との課税関係に係る基本的な考え方 ··························· 173

Q64 納税者個人との契約に限られる収入 ··················· 175

Q65 特定の権利者との契約に限られる収入 ················· 176

Q66 芸能報酬等のほかに役員報酬等を支払う場合の適正額の算定 ································· 177

Q67 支配芸能法人等の役員である芸能者等に芸能報酬等を支払う場合の消費税の仕入税額控除 ··············· 179

第**7**章

執行官・公証人の業務に係る所得の課税関係

Q68 執行官の所得区分 ································· 182

Q69 執行官の全国配分制の不動産売却手数料の課税関係 ············· 184

Q70 公証人の合同役場ごとのプール計算による収入金額の
課税関係 ································· 186

第**8**章

大学教授等の業務に係る所得の課税関係

Q71 大学の非常勤講師の収入の所得区分 ················· 190

Q72 大学教授等が勤務する大学から支給を受ける研究費等に
係る所得区分 ································· 192

Q73 大学教授等が財団法人等から支給を受ける調査研究費等に
係る所得区分 ································· 194

Q74 大学教授等の原稿料・印税等に係る雑所得の収支計算の
方法 ································· 196

第**9**章

外交員等の業務に係る所得の課税関係

Q75 外交員等の固定給及び歩合給の所得区分 ··············· 200

Q76 固定給と歩合給に共通する経費の取扱い ··············· 202

Q77 外交員の報酬料金の経費過大計上の新聞報道 ············· 203

Q78 外交員等が退職等に際して支払を受ける一時金の所得
区分 ································· 206

目 次

第**10**章

政治家個人の政治資金等の課税関係

Q79 政治家個人の収入の種類とその課税関係 ················· 210

Q80 政治家による政治資金の流用と個人課税の関係 ············· 215

Q81 物品や役務提供による利益の供与の課税関係 ············· 217

Q82 政治資金規正法等に違反する政治資金の返還 ············· 219

Q83 個人が政治活動に関する寄附をした場合の課税関係 ·········· 224

Q84 政治資金を後継者に無税で承継する仕組み ··············· 227

第**11**章

競走馬の保有等に係る馬主の課税関係

Q85 競走馬の保有等に係る所得の区分 ··················· 230

Q86 競走馬の保有に係る所得が雑所得になる場合の
特別な取扱い ······························· 235

Q87 競走馬を共有する場合の所得区分の判定 ··············· 237

Q88 受胎馬と胎児の譲渡による所得の区分 ················· 239

7

第**12**章

大工・左官・とび職等の報酬の課税関係

Q89 大工・左官・とび職等の職別工事に係る報酬の所得区分 ······ 242

Q90 職別工事に係る事業所得の必要経費の区分 ····························· 244

Q91 職別工事に係る自家労賃及び自家消費の取扱い ······················· 246

第**13**章

ホステス・キャバ嬢，農林業の課税関係

Q92 ホステス・キャバ嬢等をめぐる課税関係 ································· 248

Q93 農産物に適用される収穫基準の意義 ······································ 255

Q94 山林の火災等による損失の計上時期と損益通算 ······················ 260

第**14**章

投資家・投機家・ギャンブラーなどの業務に係る
所得の課税関係

Q95 金（ゴールド）に係る所得の課税関係 ································· 264

Q96 イデコ（iDeCo・個人型確定拠出年金）に係る所得の
課税関係 ·· 269

Q97 NISA・つみたて NISA・ジュニア NISA に係る所得の
課税関係 ·· 273

Q98 仮想通貨・電子マネー・デジタル通貨等に係る所得の
課税関係 ·· 281

目　次

Q99 馬券の払戻金等ギャンブルによる所得の課税関係 ·················· 287

Q100 ギャンブルによる所得の対価性，継続性そして営利性 ·········· 296

第**15**章

フリーランサーなどの業務に係る所得の課税関係

Q101 個人の働き方の多様化と課税関係の変化 ······························ 302

Q102 フリーランスが本業又は副業の場合の所得区分 ······················ 306

Q103 フリーランサーの所得金額の計算方法 ······························· 308

Q104 副業としてフリーランスをする場合の必要経費の計算上の
問題点 ······························· 309

第1章

税理士・公認会計士の事業に係る
所得の課税関係

Q1 顧問先への金銭の貸付けと税理士業務との関連性

税理士が顧問先である事業者からの要請により事業資金を貸し付けた場合において，その貸付金が貸倒れとなったことにより生じた損失は，税理士業による事業所得の計算上必要経費に算入することができるか。

Point

事業所得に係る収入の範囲は，所得税法上，「利子・配当等の収入（利子・配当所得）」や「不動産の貸付けの収入（不動産所得）」，「固定資産の譲渡収入（譲渡所得）」など他の所得区分に属すべき収入とされているものはそれによるとして，それ以外の他の付随収入については，事業所得に係る収入に含めることとされている。したがって，どこまでの内容の付随収入及びそれに伴う支出を事業所得にかかわらしめるかが問題となる。

その際，留意すべき点は，例えば税理士が，税理士法により縛りをかけられた特定の業務（税理士業務）を行うこと自体は所得税法上の事業に該当するとして，それに付随して行う業務は果たして所得税法上の事業に該当しないのか否である。事業に付随するのであれば，それに伴う収入・支出は事業所得にかかわらしめるべきである。

Answer

税理士が顧問先に対して事業資金を貸し付ける行為は，税理士業の遂行上通常必要とは客観的に認められないため，税理士業による事業所得の計算上必要経費に算入することはできないこととされている。

しかし，税理士の事業に付随する業務の範囲を限定的に解し，税理士が顧問先に対して事業資金を貸し付ける行為をその事業に付随する業務に該当しないとすることについては，議論のあるところである。

詳しくは，下記【解説】のとおりである。

（注） 弁護士が受任事件に関して依頼人に資金の貸付けをした場合などについても，同様の問題がある。

第 1 章　税理士・公認会計士の事業に係る所得の課税関係

裁 決 事 例 要 旨 1

税理士である請求人の関与先への貸付金は，税理士業の遂行上生じた貸付金とは
認められないから，請求人が当該貸付金に係る貸倒引当金として繰り入れた金額は，
事業所得の金額の計算上，必要経費に算入できないとした事例（平成 17 年 2 月 23 日
裁決）

　請求人は，次に掲げることから，本件貸付金は税理士業の遂行上生じたもの
であり，これに係る貸倒引当金については所得税法 52 条《貸倒引当金》が適
用され，必要経費に算入される旨主張する。

① 　本件貸付金は，永きにわたり主要かつ収益性のある顧問先に対し，資金
　　の必要性を検討して金銭を貸し付けたものであり，この行為は請求人の本
　　来の業務に付随するものであること

② 　本件顧問先に対して金銭を貸し付けることにより，本件顧問先が発展す
　　ることは，請求人の職業上の利益を将来にわたり享受させるものであるこ
　　と

③ 　税理士紀律規則 6 条の 2 の規定があることをもって，請求人が本件顧
　　問先に貸し付けた行為は税理士本来の業務に準ずる行為であること

④ 　所得税基本通達 51-10 の (2) の「自己の製品の販売強化，企業合理化
　　等のため，特約店，下請先等に貸し付けている貸付金」を「自己の顧問契
　　約の強化，企業合理化等のため，特約ある永年顧問先等に貸し付けている
　　貸付金」と読み替えるべきであること

　しかしながら，所得税法 52 条にいう「事業の遂行上生じた貸付金」とは，
当該事業の遂行と何らかの関連を有する限りの貸付金の全てをいうのではなく，
その業種業態からみて，当該事業所得を得るために通常必要であると客観的に
認め得る貸付金をいうものと解されるところ，次に掲げることから，本件貸付
金については，請求人の事業の遂行上生じたものとは認められず，請求人が各
年分の本件貸付金に係る貸倒引当金として繰り入れた金額は，請求人の各年分
の事業所得の金額の計算上必要経費に算入することはできない。

① 　税理士としての請求人と本件顧問先との関係は，税理士法 2 条（税理士

は租税に関し税務代理，税務書類の作成，税務相談等の人的役務を関与先に提供し，報酬を得ることを業とする旨を規定している）に規定する業務の範囲を出ず，この範囲に金銭の貸付けが含まれないことは明らかであり，客観的にみて金銭の貸付けは，請求人の税理士としての事業所得を得るために通常必要な行為であるとは認められないこと

② たとえ請求人が本件顧問先に対して金銭を貸し付けることにより，本件顧問先からの税理士報酬の増加，すなわち事業所得の増加を期待し，現実に税理士報酬の増加があったとしても，それは派生的に生じた間接的効果にとどまり，本件貸付金は，税理士としての事業所得を得るために通常必要なものであると認めることはできないこと

③ 税理士紀律規則6条の2の規定は，J税理士会が会員である税理士を対象として税理士の品位保持及び紛争防止のために慎むべき事項を定めた内部規則であり，当該規則をもって税理士に貸金行為を認める根拠であるとはいえないこと

④ 所得税基本通達51-10は，所得税法51条2項の規定の対象となる債権に限られることから，事業の遂行上生じた債権の範囲を例示したものであるところ，税理士の業務の範囲には金銭を貸し付ける行為が含まれないことは明らかであって，請求人の主張するように本件通達を解釈することはできないこと

裁 決 事 例 要 旨 2

証券外務員が行った取引先への融資に係る回収不能額は，貸倒損失として事業所得の金額の計算上必要経費に算入できるとした事例（昭和57年5月21日裁決）

証券外務員はその勧誘の実を上げるために，取引先に対して資金を貸し付け又は株式を貸与して融資の便を図るようなことを通常行っていると認められるところから，これらの行為に係る債権を回収することができないこととなった金額は，事業所得の金額の計算上，これを貸倒損失として必要経費に算入するのが相当である。

第 1 章　税理士・公認会計士の事業に係る所得の課税関係

解　説

1　事業に係る付随収入・支出の範囲の規定ぶり

　所得税法上，例えば，不動産所得とは，「不動産等の貸付けによる所得」と規定されており（所法 26 ①），その規定ぶりからして，付随的に生ずる収入の範囲は限定的であると解される。しかし，事業所得については，「事業から生ずる所得」として総体的な規定ぶりになっていることから（所法 27 ①），その事業の目的とされている行為そのものから生ずる収入のほか，その事業から付随的に生ずる収入も広く事業所得の総収入金額に含まれるものと解される。

　そして所得税基本通達 27-5《事業の遂行に付随して生じた収入》では，事業に付随して生じるものとして 6 項目を例示しており，その例示の中に「事業の遂行上取引先又は使用人に貸し付けた貸付金の利子」が含まれている。

　また，所得税基本通達 51-10《事業の遂行上生じた売掛金，貸付金等に準ずる債権》では，貸金等に含まれるものを例示しており，その例示の中に「自己の製品の販売強化，企業合理化等のため，特約店，下請先等に貸し付けている貸付金」や「使用人に対する貸付金又は前払給料，概算払旅費等」が含まれている。

　こういった法令・通達の規定ぶりからすると，事業所得に含まれる付随収入及びその収入に係る必要経費の範囲については，原則として，ことさらに限定する必要はないのではないかと考えることができる。

2　特定の業種に係る付随収入・支出の範囲の解釈

　しかし，上記の【裁決事例要旨 1】の場合は，請求人の営む事業が税理士業であるため，「税理士業務の範囲」が前面に打ち出されており，税理士としての事業所得の源泉は税理士業務であるから，税理士業務以外の付随業務に係る収入及び必要経費は事業所得にかかわらしめることはできないこととされているように見受けられる。

　確かに税理士法上は，税理士業務には金銭の貸付けは含まれていない。ゆえに【裁決事例要旨 1】にあるとおり，「その業種業態からみて，客観的にみて

5

金銭の貸付けは，請求人の税理士としての事業所得を得るために通常必要な行為であるとは認められない」ことになるわけで，それによる所得は，事業所得ではなく雑所得に該当するということになるであろう。

なお，上記の【裁決事例要旨2】のとおり，証券外務員のケースにおいては，顧客に対する金銭の貸付けが業務上必要とされた事例がある。これなどもそれぞれの業務（業種）の内容を，「通常必要」な行為の判断基準にしているものと考えられる。

(注) 『所得税質疑応答集』（大蔵財務協会）においては，経営コンサルタントの業務に関連して経営診断先に対して貸し付けた資金の貸倒れについて，資金貸付けは経営コンサルタントの業務に属さないものであるといわざるを得ないとしている。

3　業種別にみる付随収入・支出の通常必要性

しかしながら，所得税法37条《必要経費》の条文上，必要経費に算入されるのは，

① 所得の総収入金額に係る売上原価その他総収入金額を得るために直接に要した費用の額

② その年における販売費，一般管理費その他これらの所得を生ずべき業務について生じた費用の額

とされ，このうち②の販売費・一般管理費等については，「業務について生じた費用」とされているのみであって，あえていえば，「通常必要」か否かの要件は，所得税法の条文上存在するわけではなく裁判例の積み重ねによるものであって，一般的な必要経費の判断において常に所与の要件ではない。

日常的にはあり得ないが，取引先等との関係で一時的にやむを得ず支出を余儀なくされる例は実体経済上少ないとはいえず，一般的な事業においては広く必要経費算入が認められていると考えられる。税理士の場合といえども，「古くからの有難い顧問先が一時的に経営資金に窮する事態になり，先方からの要請により，やむを得ず貸し付けた」といったケースは少なくないわけで，無償独占の業務制限のかかった税理士といえども，看板を掲げている以上，今後の

第 1 章　税理士・公認会計士の事業に係る所得の課税関係

顧問先全般に対する評価を左右しかねないケースもあると思われる。

　金銭の貸付け以外の例として，例えば自販機による飲料水等の販売については，不動産所得の基因となるアパートの脇に自販機を設置している場合の収入及び支出は雑所得に係る収入及び支出になるが，タバコ屋の脇に自販機を設置している場合の収入及び支出は事業所得に係る収入及び支出になる。一方，税理士業の場合，税理士事務所の脇に自販機を設置している場合の収入及び支出や，税理士が税理士業務のかたわら保険代理店の指定を受けている場合の収入及び支出は事業所得に係る収入及び支出にはならないのであろうか。そういった種類の付随的行為のケースは，税理士業以外の事業においてはその事業所得にかかわらしめるにもかかわらず，税理士の場合のその者の事業所得の範囲は税理士業務による所得に限られるとするのは理解が得られないのではないかと考えられる。要するに，特定の業種については適用除外とするような判断基準が，所得税法上の事業の範囲の判断基準として是認され得るか否かの根本的な問題である。

4　事業に「付随して」と「遂行上」との関係にみる付随収入・支出の通常必要性

　上記 2 及び 3 にみるように，「通常必要」を判断基準にすると，特に一身専属的な業種などの特定の業種においては，事業の遂行上の費用はもとより事業に付随する収入・支出についても，「通常必要」を判断基準にすることになる。

　所得税法は，どのような種類の事業から生ずる所得が事業所得に該当するかを定めているが，究極的には，「対価を得て継続的に行う事業」から生ずる所得が全て事業所得に該当する（所令 63）。ゆえに，その者の営む業務（当然複数の業務があり得る）を全体としてみて「対価を得て継続的に行う事業」を営んでおれば，その業務の全体が事業に該当することになると解される（もちろん，その業務の規模が全体として小さければ，その全体が雑所得に係る業務に該当する）。

　要するにその者が事業家である場合には，事業の範囲がその者の業務の範囲に広く及ぶことになる（ただし，当然のことであるが，例えば利子・所得や配当所得などのように，法令上，事業者であるか否かにかかわらず所得区分が限定され

ているものはそれに従うことになる）と解されるわけで，税理士であるから税理士業務のみが事業であるという解釈については批判的見方もできるのではないかと考える。

　そういった観点からみる場合，例えば税理士業の傍ら税務関係の執筆等をしている税理士については，その執筆等による原稿料，印税及び講演料などの収入は税理士業に付随する収入とみることもできようが，現状では，原則として雑所得の収入としていると考えられるところ，これらの収入も事業所得にかかわらしめるべきではないかといった問題を惹起することになる。一方，消費税の課税上は，これらの収入も課税売上高に加算されるのであるから，事業所得の収入金額に加算することとしてもあながち的外れではないのではないかと考える。

　なお，大学教授などの場合は，まさか給与所得の収入に加算することなどあり得ないわけで，やはり原則として雑所得の収入として扱われることになるであろう。

5　家事関連費との関係

　必要経費に該当するか否かの判断においては，上記の【裁決事例要旨1】の中にもあるように，一般的に「通常性及び客観性」が要件とされているが，一方「家事関連費」の観点から判断されることがある。例えば，税理士が自分がゴルフをしたくて顧問先の役員を誘ってゴルフに行ったとか，顧問先のゴルフ大会に参加したといった場合のそれらの費用は，業務上必要な費用であるのか家事関連費に属する費用であるのかといったようなケースである。この場合に「税理士業務の範囲」を前面に打ち出して「通常性及び客観性」の観点からみれば，いずれのケースも必要経費に算入されることはないと考えられる。しかし，一方「家事関連費」の観点からみると，顧問先のゴルフ大会に参加したケースについては必要経費算入が認められる部分があり得ると考えられる。

第 1 章　税理士・公認会計士の事業に係る所得の課税関係

Q2 ロータリークラブの会費等の必要経費算入の適否

UESTION

　ロータリークラブは，特に会員の親睦，職業奉仕，社会奉仕，国際奉仕など
を主たる目的としているが，これに加入することにより税理士の新規顧客の開
拓や収入の増加が期待できるので，税理士の必要経費になると考えてよいか。

Point

　業務の遂行上必要か否かは，直接的に必要な費用はともかく間接的に必要な
費用については業務の内容にもよるため，一概に判断しかねるといった問題が
ある。また，家事関連費としてみた場合にも，業務の遂行上の必要性が仮に必
要と判断できたとしても，その必要である部分を明らかにする手段がないと
いった問題がある。

Answer

　ロータリークラブの会員としての活動は，税理士の業務遂行上通常必要であ
ると客観的に認められないし，その会費を家事関連費としてみたとしても，業
務に係る部分を明らかに区分することができないので，税理士の事業所得の必
要経費に算入することはできない。ただし，合理的な按分割合によって区分計
算することでもよいのではないかと考える。

　詳しくは，下記【解説】のとおりである。

裁決事例要旨 1

**ロータリークラブの会費は，税理士の必要経費の額に算入することができないと
した事例**（昭和58年1月27日裁決）

　家事関連費が必要経費として控除されるためには，業務と何らかの関連があ
るというだけでなく，業務上の必要性及びその部分が客観的に明らかでなけれ
ばならないものと解される。

　しかるところ，請求人（公認会計士・税理士）において，例会を中心とする

9

各種会合に参加し，各種職業の経営者と懇親を深め，社会的信用を高めること
は首肯できなくはないが，請求人がロータリークラブに入会したこと及びその
例会に参加したことが，主として業務上の必要性に基づくものであると客観的
に認めることはできず，仮に，業務とある程度の関連性があり，業務上の必要
性があったとしても，その部分が明らかではない。

　したがって，事業所得の金額の計算上必要経費の額に算入することはできな
い。

裁決事例要旨 2

**ロータリークラブ及びテニスクラブの会費は，社会保険労務士の必要経費の額に
算入することができないとした事例**（平成 12 年 1 月 26 日裁決）

　所得税法施行令 96 条においては，家事上の経費に関連する経費のうち，主
たる部分が所得を生ずべき業務の遂行上必要であり，かつ，その必要である部
分を明らかに区分することができる場合における当該部分に相当する経費は必
要経費に算入し，それ以外の経費は必要経費に算入しないものとされている。

　そこで本件について検討すると，本件ロータリークラブは，社会奉仕等の精
神から組織されているものであり，本件ロータリークラブ及び本件テニスクラ
ブは，いずれも個々の会員の業務上の経済的利益の追求を目的とするものでは
ないから，請求人（社会保険労務士・中小企業診断士）が本件ロータリークラ
ブや本件テニスクラブに入会しそれを利用することが，主として業務遂行上の
必要性に基づくものであると客観的に認めることはできず，仮に，請求人が本
件ロータリークラブや本件テニスクラブに入会したことにより，結果としてそ
の会員が請求人の関与先になったり，会員から関与先を紹介されるなど請求人
の事業に何らかの利益が生じたことで，業務とある程度の関連性があり，業務
上の必要性があったとしても，その部分が明らかではない。

　したがって，事業所得の金額の計算上必要経費の額に算入することはできな
い。

第 1 章　税理士・公認会計士の事業に係る所得の課税関係

裁決事例要旨 3

ロータリークラブの会費等は，司法書士の必要経費の額に算入できないとした事例（平成 26 年 3 月 6 日裁決）

　請求人（司法書士）は，営業活動の一環として本件クラブに入会し，その活動に参加することにより顧客を得ており，本件クラブの活動は事業の遂行上必要な活動に該当する旨主張する。

　しかしながら，請求人が顧客を獲得するために人的つながりを構築，拡大する方途は多種多様であって，奉仕の理想の鼓吹，育成や奉仕活動を行う本件クラブに加入し，例会や親睦会に参加することが，司法書士の業務の遂行上必要とまでは認められないし，請求人の期待どおり，実際に本件クラブの会員の紹介等によって登記業務の依頼を受けたことが複数回あったことが認められるとしても，それは，本件各諸会費を支払ったことによる直接の効果であると認めることはできず，飽くまでも，請求人が会費を支払い，本件クラブの会合等へ参加し，本件クラブの会員と親睦を深めたこと等を契機として，間接的，副次的に生じた効果の一つに過ぎないとみるのが相当である。

　また，請求人は，本件高裁判決（【Q13】の【裁判例要旨 2】のことである）を引用し，所得税法 37 条 1 項に規定する「所得を生ずべき業務について生じた費用」とは，「所得を生ずべき業務を遂行するのに必要であった費用」であって，事業の業務と直接の関係を持つことが要件であるとの解釈をすることはできず，また，事業所得を生ずべき業務に該当するか否かについては，当該活動が社会通念に照らし，客観的にみて所得を生ずるのに必要な活動であるといえるか否かで判断すべきである旨主張する。

　しかしながら，本件高裁判決は，弁護士が弁護士会等の役員としての活動に伴い支出した懇親会費等の一部が，その事業所得の金額の計算上，必要経費に算入することができるか否かが争われた事案につき，弁護士については，弁護士会等へのいわゆる強制入会制度が採られており，弁護士会等の活動は，弁護士として行う事業所得を生ずべき業務に密接に関係するとともに，会員である弁護士がいわば義務的に多くの経済的負担を負うことにより成り立っているも

のであることなどを理由として，当該懇親会費等の一定の範囲について，必要経費に算入することができると判断した事例であって，本件とは事案を異にするから，請求人の主張には理由がない。

解　説

　所得税法37条《必要経費》1項では，その年分の不動産所得の金額，事業所得の金額又は雑所得の金額の計算上必要経費に算入すべき金額は，別段の定めがあるものを除き，これらの所得の総収入金額に係る売上原価その他当該総収入金額を得るために直接に要した費用の額及びその年における販売費，一般管理費その他これらの所得を生ずべき業務について生じた費用の額とすると規定している。

　また，その別段の定めの一つである同法45条《家事関連費等の必要経費不算入等》1項では，必要経費に算入しない支出等の中に，家事上の経費及びこれに関連する経費で政令で定めるものを掲げている。これがいわゆる「家事費及び家事関連費の必要経費不算入」の規定である。そしてその政令で定める家事関連費とは，所得税法施行令96条において，次に掲げる経費以外の経費とすることとされている。

①　家事上の経費に関連する経費の主たる部分が不動産所得，事業所得又は雑所得を生ずべき業務の遂行上必要であり，その必要である部分を明らかに区分することができる場合における当該部分に相当する経費

（注）「主たる部分」の要件は，所基通45-2《業務上必要な部分》において解除している。

②　①に掲げるもののほか，青色申告者に係る家事上の経費に関連する経費のうち，取引の記録等に基づいて不動産所得又は事業所得を生ずべき業務の遂行上直接必要であったことが明らかにされる部分の金額に相当する経費

　所得税法37条1項中の「販売費，一般管理費その他これらの所得を生ずべき業務について生じた費用」については，一般的に，「その業務の遂行上通常

第 1 章　税理士・公認会計士の事業に係る所得の課税関係

必要であることが客観的に認められる費用」をいうものと解されており，要するに，前記【Q1】の【裁決事例要旨1】にもみられるように，「**通常性及び客観性**」が求められている。また，上記①中の「業務の遂行上必要」であるか否かについても，同様と解される。

　問題は，法令の文言上は「業務について」としか明示されていないにかかわらず，通常性及び客観性が求められていることから，例えば税理士業や医業に係る業務の場合，それらの職務内容上，事業資金を貸すとかゴルフをするとかといった行為は，客観的にみて通常必要性がないといった見方をされる場合があることに留意する必要がある。この点については，前記【Q1】の【解説】において説明したところである。

　ロータリークラブに関する上記裁決事例においては，「通常性」については言及していないが，「客観性」には言及しており，その経費が主として業務の遂行上の必要に基づくものであると客観的に認めることができないとしている。ただ，その客観性についても一歩譲って「仮に，業務とある程度の関連性があり，業務上の必要性があったとしても」（仮に家事関連費であったとしても）とした上で，その必要であった部分が「明らかではない」ため，必要経費に算入することはできないとしている。要するに，「**区分の明白性**」を要するとされている。

　この「区分の明白性」については，所得税法施行令96条の文言上「その必要である部分を明らかに区分する」ことを要求しているわけであるから当然のことといえる。その点，家事関連費といっても例えば店舗併用住宅の場合，使用面積などで区分できるので問題はない。ただし，不動産貸付業を営む控訴人の自宅に係る費用について，利用実態があいまいなため，「①本件自宅について業務の遂行上必要である部分を明かに区分することができないこと，②本件自宅が本件不動産業務の遂行のために具体的にどのように利用されているかを認めるに足りないことから，不動産所得の必要経費に算入できない」とした裁判例がある（東京高裁平成23年7月19日判決）。

　家事関連費については，もともと業務の遂行上必要であった部分を明らかに区分することが困難な経費が多いわけで，その区分の方法を厳格に解釈すると，

13

必要経費に算入できない場合が多くなるものと考える。要するにオール・オア・ナッシングになってしまう。その点，他の業種，特に文筆家等や芸能者等においては，【Q48】以下において述べるように，合理的と認められる割合等により区分計算して一定の部分の金額を必要経費に算入することが認められている事実を尊重すべきである。

してみると，実務的には，業務とある程度の関連性があり，業務の遂行上必要であったと認められる限りにおいては，客観的に合理的と認められる割合で按分計算するなどの方法により必要経費算入部分を算定すべきではないかと考えるがいかがであろうか。

質問のロータリークラブの会費等については，上記のような裁決事例は存在するものの，筆者は，実務的には必ずしもオール・オア・ナッシングの取扱いにはなっていないのではないかと推測する。けだし，確定申告の際には個々の実情に応じて合理的に家事費との按分計算をしているケースが存在すると思われるからである。

なお，12ページの②では，青色申告者に限定して，取引の記録等に基づいて業務の遂行上直接必要であったことが明らかにされる部分の特別の取扱いを定めているが，この点については，青色申告者以外の者についても記録保存義務が課されている現行法を前提とすると，青白を問わず同様の状態にある場合においては，実務上同様の取扱いをすべきであると考える。

(注)　【Q13】の【裁判例要旨1】においては，弁護士会の役員が弁護士会の活動の一環として支出した懇親会などの費用について，これらの活動に係る業務は弁護士会の業務であって弁護士業務との直接の関係がないため，弁護士業による事業所得の必要経費にすることはできないとしている。一方，【Q13】の【裁判例要旨2】においては，法文上「直接」の関係までは要求されているものではないため，業務の遂行上必要な支出として弁護士業による事業所得の必要経費に算入することができるとしている。これらの事例は，ロータリークラブの会費等の費用に類似しているわけであり，家事関連費の枠の中で処理するとすれば，「区分の明白性」の問題とすることもできたと考えられる。

第 1 章　税理士・公認会計士の事業に係る所得の課税関係

Q3 税理士業務の相続の場合の事業税等及び未払退職金の計上

UESTION

　税理士業を営む個人が死亡して税理士業が廃業され，その事業を税理士である子が承継した場合には，所得税法 63 条《事業を廃止した場合の必要経費の特例》に規定する事業の廃止があったとして，相続後に生じた事業税等の費用を，死亡した税理士の事業所得の必要経費に算入することができるか。

Point

　所得税法 63 条の規定は，「事業を廃止した場合」に関する規定である。この規定が「事業者の死亡に伴い事実上事業が廃止された場合」又は「事業自体が相続された場合」に適用があるか否かの問題がある。

Answer

　事業とは当事者の生死にかかわらず代替わりするものと考えれば，事業承継者が存在する限りその事業は廃止されていないことになるし，事業はその創業者一代限りと考えれば，その人の死亡に伴ってその事業は廃止されたことになる。税法は，事業の廃止について特別の定義をしていないので，常識的に考えれば前者ということになるであろう。要するに，「死亡＝廃止」にはならない。

　その点，税理士のようにその資格が一身専属の資格に基づくケースの場合には本人の死亡とともにその資格は消滅するので，たとえ税理士業務を承継する後継者が存在したとしても，先代の死亡とともにその事業も当然に廃止されたことになると解することができる。しかし，後継者の事務所所在地や看板の内容などに継続性があり，顧客先も承継されているのであれば，事業の継続性が認められる余地があるのではないかと考えられる。

　詳しくは下記【解説】のとおりである。

裁決事例要旨

被相続人の税理士業務は，同人の死亡により所得税法 63 条に規定する事業の「廃止」があったとされた事例（平成 25 年 7 月 5 日裁決）

　原処分庁は，被相続人の死亡により，所得税法 63 条に規定する事業の「廃止」があったとはいえないから，事業税等は必要経費に算入することはできない旨主張し，また，未払退職金は支払債務が発生，確定しておらず必要経費に算入することはできない旨主張する。

　一方，請求人は，被相続人の死亡により，一身専属制の高い被相続人の税理士業は廃業となり所得税法 63 条の規定が適用されることから，事業税等は必要経費に算入され，また，被相続人の税理士事務所の従業員は退職の事実があることから，未払退職金は必要経費に算入される旨主張する。

　しかしながら，被相続人の死亡により同人の税理士業に係る事業所得の金額の計算上必要経費に算入した，事業税等及び未払退職金のうち，事業税等については，

①　本件税理士業務の基となる関与先との間の委任契約は，本件被相続人の専門知識，経験，技能等及びこれらに対する関与先との個人的な信頼関係を基礎とするものであるから，本件被相続人の死亡により相続人に承継されることなく終了していること

②　被相続人の税理士登録が抹消され，相続人の税理士名簿に登載された事務所の所在地が被相続人の事務所内であることを表記しないものに変更されたこと

からすると，相続人は，被相続人の税理士業務を承継し被相続人と同一内容の事業を行っていたとは認められず，このような被相続人の死亡後の法律関係及び事実関係を社会通念に照らして判断すれば，被相続人の税理士業は廃業したと認められ，所得税法 63 条の規定が適用されることから，必要経費に算入することとなる。

　また，未払退職金については，被相続人の死亡当時，未払退職金の発生を根拠付ける労使慣行が成立していたとはいえず，被相続人の死亡により未払退職

第 1 章　税理士・公認会計士の事業に係る所得の課税関係

金の支払債務が発生・確定していたとはいえないから，必要経費に算入することはできない。

解　説

1　相続の場合の事業税等の計上

　上記【裁決事例要旨】の場合の争点は，納税者本人が死亡した場合，その納税者の営んでいた事業は当然に廃止したことになるのか否かである。事業とは当事者の生死にかかわらず代替わりするものと考えれば，事業承継者が存在する限りその事業は廃止されていないことになるし，事業はその創業者一代限りと考えれば，その人の死亡に伴ってその事業は廃止されたことになる。しかし，税法は，「死亡」と「事業の廃止」との文言上の区別はしているものの，両者の関係についての明らかな定義をしていない。常識的に考えれば前者ということになるであろう。要するに，死亡により廃業に至ることはあるにしても，「死亡＝廃止」にはならない。

　その点，税理士のようにその資格が一身専属の資格に基づくケースの場合には本人の死亡とともにその資格は消滅するので，たとえ税理士業務を承継する後継者が存在したとしても，先代の死亡とともにその事業も当然に廃止されたことになるのではないかといった問題が残る。

　上記【裁決事例要旨】の場合，次の2点の事実関係からして，相続人は被相続人の税理士業務を承継し，被相続人と同一内容の事業を行っていたとは認められず，これらの事実関係を社会通念に照らして判断すれば，被相続人の税理士業は廃業したと認められるとされている。

(1)　被相続人の死亡により関与先との間の委任契約が税理士である相続人に承継されることなく終了していること

(2)　被相続人の税理士登録が抹消され，相続人の税理士名簿に登載された事務所の所在地が被相続人の事務所内であることを表記しないものに変更されたこと

「上記(1)の事実関係」に関する裁決文について，あえていえば，裁決文

17

では，税理士業務の基となる関与先との間の委任契約は，その税理士の専門知識，経験，技能等及びこれらに対する関与先との個人的な信頼関係を基礎とするものであるから，その税理士の死亡により終了するとしているが，委任契約が個人を対象として締結されるものである以上，死亡により終了するのは当然のことであり，また，その税理士の相続人の新たな委任契約の締結についても個人を対象として締結される以上当然のことであるとともに，税理士法上も当然必要なことであって，「事業」の継続・不継続とは別次元の問題ではないかということである。

　要するに，委任契約の不連続のために「事業」が廃止されていることになるのか否かである。そこで，この委任契約と事業の存続の関係について考えてみると，

① 　税理士の死亡と新たな委任契約の締結との関係は，「事業」を承継し継続するための業務上（手続上）の必要性に基づくものであるに過ぎないのではないか

② 　所得税法は事業が廃止されているか否かを問題としているのであるから，業務上必要な手続を経て事業が承継されているのであれば，事業は廃止されていないとみるべきではないのか

③ 　専門知識，経験，技能等及びこれらに対する信頼関係を基礎とするなどといったことは，例えばブランド商品の販売業や常連中心の飲食業などについてもいえることであって，一身専属の委任契約関係専用のフレーズではないのではないか

④ 　してみると，税理士業であれ小売業であれそれらの事業の実態が継続しているのであれば，事業は廃止されていないとみるべきではないか

との考え方が成り立ち得ると考える。

　また，「上記（2）の事実関係」に関する裁決文のうち，被相続人の税理士登録が抹消された点については，税理士法上の手続として当然のことに過ぎないと考えるが，事務所所在地が異なる点や看板が異なる点については，事業が承継されたか否かの判断に影響を与えるものと考える。したがって，上記**【裁決事例要旨】**の場合にも，事務所所在地や看板の内容などに継続性があれば，

事業の継続性が認められる余地はあったと考えられる。

　そもそも事務所所在地が異なるとか看板が異なるとしても，事業を引き継ぐことに関する顧問先への引継内容等の通知や顧問先の承諾・契約などがあるのであれば，合意の上での再出発の意思表示とも受け取れるので，その場合には，上記（2）の事実関係に関する検討を加えるまでもなく，事業の継続性が認められる余地があると考えられる。

2　相続の場合の未払退職金の計上

　この事例の場合のもう一つの争点は，未払退職金計上の適否である。原処分庁は，雇用契約は使用者の一身に専属するものとはいえないから，使用者の死亡は雇用契約の終了原因とはならないと主張したのに対して，請求人は，一身専属の業務に係る雇用契約は，その業務に係る使用者の死亡によって終了すると主張した。要するに雇用契約の終了（退職の事実）があれば退職したことになると主張したわけであるが，いずれも一身専属性を意識している。その点，本件裁決では，そういった意味での退職の事実があるか否かにかかわらず，退職金の発生を根拠付けるような労使慣行が成立していたか否かによって判断しているところが注目されるところである。

　しかしながら，所得税法は，退職により一時に受ける給与等に係る所得を退職所得としており（所法30①），本来は，労使慣行よりも「退職の事実」の有無が重要であると考えられる。

Q4

QUESTION 税理士事務所承継（譲渡）により受領した金員に係る所得区分

　税理士が営んでいた税理士事務所の従業員も含めて一切がっさいを，他の税理士に承継するに際して受領した金員に係る所得は，営業権等の譲渡対価による所得として，長期譲渡所得には該当すると考えてよいか。

POINT

　一般的な事業については，「事業譲渡」として譲渡所得に該当するケースがあり得る。税理士法により縛りをかけられた特定の業務（税理士業務）を一身専属的に行う税理士個人事務所の場合には，果たして「事業譲渡」といったことがあり得るのか疑問である。しかし，それは値決めの問題はあるにしても事実上売買の対象とされるケースについてどう処理するのかといった問題がある。

ANSWER

　現状では，課税当局は「資産の譲渡」に該当しないとして雑所得課税をしているところ，譲渡所得の基因となる資産の譲渡に該当し譲渡所得に当たるとして，数件の訴訟が提起されている。税理士の高齢化に伴い税理士事務所を手放す事例が多くなっている現下，その成行きに留意する必要がある。

　詳しくは，下記【解説】のとおりである。

裁決事例要旨

税理士事務所を他の税理士に承継するに際して受領した金員に係る所得は，譲渡所得には該当しないとした事例（平成22年6月30日裁決）

　請求人は，本件税理士事務所においては，税理士，従業員（補助）税理士，従業員及び顧問先と，税理士事務所独自のノウハウ等が一体となって事務所の運営がなされていることに着目して，営業権あるいは企業権というものを認識することができ，請求人はこの営業権という資産を譲渡したものであるから，その対価として受領した金員に係る所得は，所得税法33条に規定する譲渡所

得に該当する旨主張する。

　しかしながら，次に掲げることから，請求人が経営する税理士事務所において，譲渡所得となる資産としての営業権若しくはこれに類する権利が存在していたことを認識することはできない。

① 　税理士と顧問先との関係において，税理士のノウハウや顧問先との信頼関係は，当該税理士個人に帰属し，一身専属性の高いものであり，税理士とその顧問先が両者の委任契約の上に成り立っていることからすれば，当該税理士を離れて営業組織に客観的に結実することにはなじまないこと

② 　補助税理士及び従業員との関係において，請求人の補助税理士は，請求人から事業を承継する税理士甲のみであり，かつ，事業承継時において甲に引き継がれた従業員はいなかったのであるから，当該事業承継では補助税理士及び従業員と顧問先との関係は生じないこと

③ 　税理士事務所独自のノウハウ，これと税理士や従業員等が一体となって行われる運営，その他，超過収益を稼得できる無形の財産的価値を有していた旨の請求人の主張については，請求人から具体的な主張や証拠の提出はなく，また，請求人が経営していた税理士事務所に超過収益を稼得できる無形の財産的価値があったと客観的に認めることができないこと

裁 判 例 要 旨

個人税理士事務所を税理士法人に承継するに際して受領した金員に係る所得は，譲渡所得には該当しないとした事例（平成 25 年 8 月 22 日東京高裁判決）

　控訴人は，本件では，税理士事務所として組織化され有機的一体として機能する財産が譲渡されたと評価するのが相当であると主張し，被控訴人は，顧問先の全てが本件承継法人と新たに顧問契約を締結したことは，税理士と顧問先との委任契約が，一身専属制の高い業務を前提としていることを裏付けるものであると主張する。当裁判所の判断は，次に掲げる認定事実などからすると，本件業務譲渡の実態に照らしても，顧問先の紹介ないしあっせんとみるべきであり，その対価を譲渡所得と認めることはできないというべきである。

① 本件では，高齢となった控訴人が，税理士業務を廃業するにあたって，これまで築き上げてきた顧問先を有償で譲渡しようと考えたものであること

② 本件業務譲渡の対価については，顧問先の年間顧問料等を基に算定され，少なくとも2年間，顧問契約が継続されることを見込んで，平成24年3月31日までにおいて，顧問先側の事情による契約の解除等により，顧問先からの入金が見込めなかったときには，当該顧問先の年間顧問料及び決算料相当額を減額するとされていたこと

③ 本件承継法人は，本件業務譲渡の対価を顧問先紹介に係る市場開発費として経理処理していること

④ 本件承継法人は，本件業務譲渡により承継することとなった顧問先に対して税理士業務を提供するにあたり，各顧問先との間で新たに顧問契約を締結していること

⑤ 控訴人が平成22年4月1日をもって本件承継法人に期間を3年とする社員税理士として加入しているのは，控訴人の顧問先が違和感を覚えることなく本件承継法人を委託先として受け入れることができるように，橋渡しをする役割を果たすことが求められたものであること

なお，控訴審では，原審における事実及び理由を次のとおり引用している。

A 本件業務譲渡対価には，税理士業に係る資産及び備品を引き継ぐことによる対価あるいはリース契約及び賃貸借契約の契約者としての地位を引き継ぐことによる対価に相当する部分が含まれていないこと

B 本件業務譲渡対価の算定にあたっては，税理士事務所に勤務していた事務員を引き継いで雇用することによる付加価値は加味していないこと

C 税理士の業務は，税務代理，税務書類の作成，税務相談という税理士業務及びこれに付随する財務書類の作成，会計帳簿の記帳の代行その他財務に関する事務であるところ，顧問先と税理士の契約関係は，委任ないし準委任契約とみるべきものである。そして，税理士の行う上記のような業務は，個々の税理士の人格識見をはじめ，その有する専門的知識，経験，法律的・経験的技能等に対する顧問先の信頼を前提に，守秘義務

の下での顧問先の会計事情等についての率直な意見交換等に基づいて確立される個人的信頼関係に基礎を置くものであり，一身専属制の高い業務というべきである。したがって，税理士業務は，他の税理士に譲渡できるような性質のものではなく，本件業務譲渡も本件承継法人に顧問先を紹介ないしあっせんしたものと解するのが相当である。

D　前記のとおり税理士としての業務はその一身専属性から譲渡性が認められないものであるから，資産とみることはできず，本件業務譲渡をもって営業権等の譲渡として捉えることはできない。

解　説

1　顧問先引継料として雑所得とみる考え方

　顧問先の紹介料あるいは引継料などの名目で支払を受ける対価による所得については，何らかの対価性があるものと認識されるので，一時所得には該当せず，譲渡所得又は雑所得のいずれかに該当すると考えられる（所法33①②，34①，35①）。

　これが譲渡所得に該当するというには，その対価が，客観的に財産権として取引の対象になると認識されるべきものの移転の対価であることが必要である。しかるに税理士と顧問先との関係は，当事者の信頼関係を前提として成立するものであり，その間に財産として認識されるものがあるとすれば，それは当該税理士に限って一身専属的に帰属する流通性のない一種の無体財産権であると考えられる。したがって，その移転に伴って授受される対価は，譲渡所得には該当しない。

　してみると，顧問先の紹介料あるいは引継料などの名目で支払を受ける対価による所得は，雑所得に該当するといわざるを得ない。

　上記【裁決事例要旨】及び【裁判例要旨】は，このような考え方によるものである。

2　営業権等の譲渡所得とみる考え方

上記1において当該所得が譲渡所得ではなく雑所得に該当するとした前提は，あくまでも税理士の資格は一身専属であり，顧問先との契約も一身専属的に成立しているとの認識があるからである。つまり，その認識の下においては資産の譲渡ということはあり得ない。

ところが，最近の実情を観察すると，税理士事務所の事業承継の場面において，財務ソフトを含む事務所の設備等のほか多数の従業員も含め，一切がっさい居抜きで事務所が譲渡されるケースがある。そこには長年かかって築いてきた顧問先との信頼関係，就業規則（例えば顧客管理，集金システム，事務量配分）やIT環境の整備など，一朝一夕には醸成不可能なノウハウ等が取引の対象として含まれている。こういったケースは，いわゆる「事業譲渡」に該当するとみることもできよう。

このようなケースは要するに，税理士法上顧問先との契約を一身専属として位置付けつつも，その域を超えるほど（所属している税理士の管理が行き届かないほど）多数の顧問先を擁する企業としての事務所の存在が認識されており，その企業としての値打ち全体が取引の対象になっているのである。

そしてその取引に係る対価の額としては，年間顧問料の総額を計算の基礎として算定されているケースが多いようである。しかし，これはまさしく，事務所の引継ぎ後も顧問先が新たな税理士又は税理士法人と継続して契約していただけること（事業の承継）が前提となっているためであり，その契約による収入と従業員給与などの事務所経費とがセットで取引の対象になっているのである。

こういったケースは，単なる顧問先の紹介にとどまるものでないことは明白であり，いわゆる「事業譲渡」に類似するものと考えられるので，前掲の雑所得説をストレートに当てはめるには問題なしとしない。その対価の算定の基礎が顧問料の金額の総額になっている点だけを捉えて，単純にその全額を雑所得の収入金額とするのか，器具備品やソフトなどの譲渡所得の基因となる資産を抜き出してその部分の時価額を譲渡所得の収入金額とし，残額を雑所得の収入金額とするのか，それとも企業としての資産価値の譲渡による所得として全額

第 1 章　税理士・公認会計士の事業に係る所得の課税関係

を譲渡所得の収入金額とするのか，見解の分かれるところである。

　上記【裁決事例要旨】の①において，一身専属の委任関係にあるときには営業組織として客観的に結実しないとされているが，その内実は，顧問料次第では交替があり得るなどの実情があり，見方を変えると，営業組織として結実している場合において同種の委任関係が承継されるときには，営業組織も承継されると考えることができる。

　また，上記【裁決事例要旨】の②において，事業承継時において甲に引き継がれた従業員はいなかったとされているが，顧問先に対する連名による挨拶状には「税理士事務所の名称は変わるが職員は全員変わらないので，業務に支障をきたすことはない」と記載されており，実際上もその全員が再雇用されている。

　さらに，上記【裁決事例要旨】の③において，請求人が経営していた税理士事務所に超過収益を稼得できる無形の財産的価値があったと客観的に認めることができないとされている（請求人から具体的な主張や証拠の提出がなかったことは致命的である）が，税引後の所得（当該税理士個人の取り分）が期待できるのであれば超過収益を期待できるか否かにかかわらず取引の対象となる。

　上記【裁判例要旨】においても，本件業務譲渡対価には，税理士業に係る資産及び備品を引き継ぐことによる対価あるいはリース契約及び賃貸借契約の契約者としての地位を引き継ぐことによる対価に相当する部分が含まれていないことや，本件業務譲渡対価の算定にあたっては，税理士事務所に勤務していた事務員を引き継いで雇用することによる付加価値は加味していないことなどを挙げている。しかし，これらも契約書上のテクニック（書き方の巧拙）に過ぎないものである。このケースでは第三者法人に対して 350 万円の仲介手数料が支払われている。この点についても本件裁判例では多額ではないと認識しているようであるが，それだけの金員の支払をしてもなおペイするだけの値打ちのある資産の移転があったとみるべきである。

　そのように見ていくと，ケースによっては，事業譲渡に類するものとして，譲渡所得課税がなじむ事例があるのではないかと考えられる。

25

3 事業承継を目的とした営利継続行為による所得として雑所得とみる考え方

　もう一つの考え方としてあり得るのは，税理士事務所の譲渡を，資産の譲渡（営業権又はこれに類する権利の譲渡）としてみることに変わりはないが，税理士事務所という資産の承継業務行為としてみる考え方があり得る。永年かかって築いてきた税理士事務所を手放すために，値付けや条件について数年がかりで交渉を重ねた結果として資産の譲渡が成就するのであるから，その数年間継続的に行われた一連の行為は，一括りにして「営利を目的とした継続的行為」（反復性は必ずしも必要ではない）であるとし，その行為の対価として一時金を取得したものであって，雑所得（紹介料としての雑所得ではなく，営利継続行為による雑所得）とするのが相当であるとする考え方である。

【参考文献】

『国税OBによる税務の主要テーマの重点解説』（大蔵財務協会）第1章の八（池本征男）

第1章 税理士・公認会計士の事業に係る所得の課税関係

Q5 事務所承継のための税理士資格の取得費用の取扱い

　私の税理士事務所は，税理士資格があるのは私だけで，使用人の中に後継者はいるが，その後継者は税理士資格がない。このため，その後継者にぜひ税理士試験に合格してもらいたいと考え，費用は私持ちで，いろいろな受験セミナーなどに出席させている。この場合の受講料や受験料などの費用は，私の事業所得の必要経費として認められるか。

Point

　税理士の資格は一身専属の資格であるため，使用人がその資格を取得するための費用は，雇用主の業務の遂行に直接必要な技能又は知識を身に付けるための費用に含まれないと解されている。しかし，改正後の「特定支出控除」の場合には，雇用主の業務の遂行に直接必要なケースがあることが前提となっているので，今後の問題となる可能性がある。

Answer

　個人事務所である限りにおいては，その個人が税理士資格を有すれば足りるのであって，事務員たる使用人については業務の遂行に直接必要な技能又は知識として税理士でなければならない必要性はないと考えられる。したがって，個人事務所に勤務している事務員の税理士資格の取得のための費用は，雇用者である税理士の事業所得の必要経費とはならない。このことは，その個人事務所の承継のために支出するその税理士の子女の税理士資格の取得のための費用も同様である。これが現行の取扱いである。

　ところが，改正後の特定支出控除の対象となる資格取得費には，弁護士，公認会計士，税理士その他の人の資格で一定のものの取得費が含まれると解される。そして，その資格取得費については，「その支出がその者の職務の遂行に直接必要なものとして給与等の支払者により証明がされたもの」に限ることとされていることから，例えば税理士事務所の使用人が税理士資格を取得するための費用についても，雇用主である税理士又は税理士法人が，職務の遂行上直接必要と認めるケースを想定していることになる。

27

詳しくは，次の【解説】のとおりである。

解 説

　近ごろ中小企業における事業承継の問題が取りざたされることが多くなった。このことは税理士事務所においても同様である。

　税理士事務所の場合，事業承継の形としては，①子女が承継する，②子女を社員税理士とする税理士法人に組織替えする，③第三者（税理士法人を含む）に譲渡するなどの方法があるが，このうち①と②については，子女が税理士資格を有することが前提となる。

　そこで，子女に税理士事務所を承継させるため，税理士が，子女の税理士資格取得のための費用を負担する事例は多いようである。

　ところで，そもそも，税理士事務所に勤務する事務員たる使用人の税理士資格の取得のための費用を雇用主たる税理士が負担した場合，その税理士の事業所得の必要経費として認められるのであろうか。

　足がかりになるものとして，所得税基本通達 37-24 がある。そこでは，「業務を営む者又はその使用人（業務を営む者の親族でその業務に従事している者を含む）が当該業務の遂行に直接必要な技能又は知識の習得又は研修等を受けるために要する費用の額は，当該習得又は研修等のために通常必要とされるものに限り，必要経費に算入する」とされている。

　この通達の文言中の「当該業務の遂行に直接必要な技能又は知識」とは何を意味するのであろうか。

　ちなみに，「所得税基本通達逐条解説」（大蔵財務協会）では，「その費用のうち一身専属的なものは，必要経費性があるかどうか疑問の余地はあるが，一身専属的なものでないものについては，企業の合理化，企業の維持改善のために支出するものもあり，必要経費性が直ちに否認されるものではないと考えられる。」と解説している。この解説では，「一身専属的な費用」は「当該業務の遂行に直接必要な技能又は知識」を身に付けるための費用に含まれないと考えているようである。

第 1 章　税理士・公認会計士の事業に係る所得の課税関係

　しかし，通達自体では「一身専属的な費用」に該当するか否かについて明文
上明らかにしていない。にもかかわらず解説では，一身専属的なものの必要経
費性に疑問を呈しており，一身専属的なものでないものに限り必要経費性が認
められるものがあると考えているようである。ただし，この解説は一身専属的
なものとはどのようなものかについて例示していない。しかし，おそらく税理
士や公認会計士，弁護士などの資格の取得費を念頭においているものと推察さ
れる。

　要するにこの解説では，「一身専属的な費用」という概念を持ち出している
ために，通達の文言との間に乖離が生じている。その点，説明の仕方としては
次のようであっても良いと考える。

　『税理士事務所の運営としては，税理士資格を有する者が複数以上所属して
いる方が合理的であるかもしれない。その意味で税理士法人設立の意義もある。
しかし，個人事務所である限りにおいては，その個人が税理士資格を有すれば
足りるのであって，事務員たる使用人については業務の遂行に直接必要な技能
又は知識として税理士でなければならない必要性はないと考えられる。した
がって，税理士個人事務所に勤務している事務員の税理士資格の取得のための
費用は，雇用者である税理士の事業所得の必要経費とはならない。このことは，
その個人事務所の承継のために支出するその税理士の子女の税理士資格の取得
のための費用も同様である。』

　ところで，所得税法 57 条の 2《給与所得者の特定支出の控除の特例》に規
定する特定支出控除の対象となる支出の一つに「人の資格を取得するための支
出」がある。この資格には，「弁護士，公認会計士，税理士その他の人の資格で，
法令の規定に基づきその資格を有する者に限り特定の業務を営むことができる
こととされているもの」が含まれると解される。そして，その資格取得費につ
いては，「その支出がその者の職務の遂行に直接必要なものとして給与等の支
払者により証明がされたもの」に限ることとされている。要するに雇用主が，
職務の遂行上直接必要としていることが要件とされているのであるから，所得
税法 57 条の 2 の規定は，例えば税理士事務所の使用人が税理士資格を取得す
るための費用についても，雇用主である税理士又は税理士法人が，職務の遂行

29

上直接必要と認められるケースを想定していることになる。

　取って返して，必要経費に戻ると，職務の遂行上直接必要と認められるケースがあるとすれば，上記の通達の解説文の「その費用のうち一身専属的なものは，必要経費性があるかどうか疑問の余地はあるが，一身専属的なものでないものについては，企業の合理化，企業の維持改善のために支出するものもあり，必要経費性が直ちに否認されるものではないと考えられる。」との文言との間に乖離が生じる。これを埋めるとしたら，①上記通達は，個人事業者を対象とするものであるから，税理士の個人事務所には適用されるが，税理士法人事務所には適用されない，また，②税理士法人事務所である場合には，常に複数以上の社員税理士の在籍が必要とされるので，直接必要とされるケースがある，ということになるであろう。そうであるとすると，一方の特定支出控除の方は，税理士資格取得費を使用人が個人負担する場合には，雇用主の証明書の関係で，勤務先が税理士法人であれば適用対象になるが，個人事務所なら適用対象外になるであろう。

　しかしながら，個人事務所であっても，職員の向上心や定着といった観点からみると，資格をとるための費用を負担するといったことは十分考えられる。してみると，給与課税の問題はさておき，事務所経営上の必要経費性は認めざるを得ないのではないかと考えられる。

第 1 章　税理士・公認会計士の事業に係る所得の課税関係

Ｑ6 青色事業専従者である妻に支払う給与の適正額

UESTION

　青色事業専従者である妻の労務の性質及び提供の程度は，その立場上他の使用人と比べて大きく異なるため，妻に支払う給与の額は他の使用人より多額になっても支障はないと考えるが，問題はないか。

Ｐoint

　所得税法57条《事業に専従する親族がある場合の必要経費の特例》の規定は，適正給与の判断基準として，その事業に専従する親族の「労務の性質及びその提供の程度」を問題としている。その判断基準としては，一般的には，その事業に従事する他の従業員や同業者の事業に従事する者が支払を受ける給与等の金額などと比較衡量することになる。しかし，生計を一にする親族の場合，その事業に対する意識ないし責任感といった点では，他人である使用人と異なり，生計を一にする親族ならではの「同志意識」があるわけで，その点を考慮すべきか否かの問題がある。

Ａnswer

　事業に専従する親族の場合，他人である使用人と異なり責任感や同志意識が高く，いわゆる経営者のパートナー（準共同経営者）としての存在価値があるわけで，単純に比較できない面があり，また，その事業の収支の状況にもよるわけで，総合勘案して判断する必要がある。

　詳しくは，下記【解説】のとおりである。

裁決事例要旨

請求人が妻に支払った青色専従者給与の額は，その労務の性質及び提供の程度は他の使用人と比べて大きく異なるものではないことから，労務の対価として相当ではないとされた事例（平成21年6月3日裁決）

　請求人は，その妻を青色事業専従者として，事業所得の金額の計算上必要経費に算入した本件専従者給与の金額について，請求人の妻の労務の性質及びそ

31

の提供の程度に照らし，その全額がその労務の対価として相当である旨主張する。

しかしながら，請求人の妻の労務の性質については，請求人の事業に従事する他の使用人のそれと比べて大きく異なるものではなく，また，請求人の妻の労務の提供の程度については，請求人の事業に従事した時間が最も長い使用人Ｈの約1.21倍程度であったものと認められることから，請求人の妻の労務の提供の程度を考慮し，請求人の事業に従事する他の使用人が支払を受ける給与の状況に基づき計算した金額と，類似同業者の青色事業専従者が支払を受ける給与の状況に基づき計算した金額の，いずれか高い金額を請求人の妻の適正給与額とするのが相当である。

そうすると，使用人Ｈが支払を受けた給与の金額に基づき算定した金額（1.21倍）は，類似同業者の青色事業専従者が支払を受けた給与の平均額よりも高い金額となるので，使用人Ｈが支払を受けた給与の金額に基づき算定した金額が，請求人の妻の適正給与額となる。

したがって，本件専従者給与の金額のうち，その適正給与額を上回る部分の金額は，請求人の妻の労務の対価として相当であるとは認められない。

解　説

所得税法57条1項により必要経費に算入することのできる給与とは，青色事業専従者に対して支払われる給与の金額で，次に掲げる状況に照らしてその労務の対価として相当であると認められるものをいうこととされている（所法56，所令164①）。

① その青色事業専従者の労務に従事した期間，労務の性質及びその提供の程度

② その事業に従事する他の使用人が支払を受ける給与の状況及びその事業と同種の事業でその規模が類似するものに従事する者が支払を受ける給与の状況

③ その事業の種類及び規模並びにその収益の状況

それぞれの対象者は，①は青色事業専従者本人，②は比較対照すべき人，③は納税者である。上記【裁決事例要旨】の場合は，①と②とを合わせて判断した結果，請求人の妻は，他の使用人と比較して，労務の性質は大きく異なるところはないが，労務の提供の程度（専用パソコンの稼働時間）は最多であったため，請求人の事業に従事した時間が最も長い使用人Hの約1.21倍した金額（この金額は同種同業者に従事する青色事業専従者の給与相当額より高額）を適正給与相当額としている。

上記【裁決事例要旨】について留意したい点は，請求人の妻の労務の性質は大きく異なるところはないとしていることと，納税者本人の事業の収益の状況を考慮していないことである。

前者については，他人である使用人と異なり責任感や同志意識が高く，いわゆる経営者のパートナー（準共同経営者）としての存在価値があるわけで，単純に専用パソコンの稼働時間で判断してよいものか疑問なしとしない。

また，後者については，算定された適正給与相当額は同種同業者に従事する青色事業専従者の給与相当額より高額であるとのことであるから，結果的に考慮されたことになっているのかもしれないが，検討の余地はあると考える。

Q7 他に職業を有する親族に支払う給与が必要経費に算入できる場合

　私の職業は開業税理士である。私の妻には税理士資格がないが，開業以来，青色事業専従者として税理士事務所の手伝いをしており，今では彼女なしでは経営がなりたたないほどである。しかし，夕方以降は彼女の自由時間なので，妻は，友人2人と独特の家庭用品の販売業の準備をしてきた。

　このほど，その販売業を会社として本格的に営業することになり，妻は，取締役の一人として，夜間のみ，パソコンによる通信販売の事務を担当することになった。

　妻には日中は今までどおり税理士事務所の手伝いをしてもらうので，妻に支払ってきた給与も今までどおり支払いたいと考えている。この場合，妻は「他の職業」を有することになるので，妻に支払う給与は必要経費とすることができなくなるのか。

Point

　他に職業を有する者は，その職業に従事する期間は「事業専従期間」に含まれない。ただし，その職業に従事する時間が短い者その他その事業に専ら従事することが妨げられないと認められる者については，その期間も「事業専従期間」に含めることとされている。したがって，「その事業に専ら従事することが妨げられないと認められる」か否かが問題となる。

Answer

　質問のケースは，青色申告者と生計を一にする配偶者が会社役員に就任したとのことであるから，「他に職業を有する者」に該当し，その期間は「事業に専ら従事する期間に」含まれない。ただし，「その職業に従事する期間が短い者その他その事業に専ら従事することが妨げられないと認められる者」は青色事業専従者として認められることになっている。したがって，会社役員としての職業があっても，青色申告者の事業に専ら従事することが可能な状況であれば，青色事業専従者として認められることになるわけであり，質問の場合も，青色事業専従者として認められるものと考える。

第 1 章　税理士・公認会計士の事業に係る所得の課税関係

詳しくは，次の【解説】のとおりである。

裁決事例要旨

請求人の妻は，関連法人の取締役として職務を常に遂行し得る状態にあったと認められるから，青色事業専従者には該当しないとした事例（平成 26 年 2 月 4 日裁決）

　請求人は，請求人の妻は，請求人の営む税理士業（本件事業）に従事するほか，自らが役員を務める関連法人（本件各関連法人）の業務にも従事しているが，本件事業に 7 ないし 8 時間従事し，一方，本件各関連法人の業務は，従事時間も短く，業務内容はいずれも軽微なものであるから，青色事業専従者に該当する旨主張する。

　しかしながら，請求人の妻は，時間的空間的に区別することなく，本件事業の業務と本件各関連法人の業務を同時並行で随時行い，本件各関連法人の取締役として職務を常に遂行し得る状態にあったと認められるから，本件各関連法人の具体的な業務をしていない時間があったとしても，それによって，所得税法施行令 165 条《親族が事業に専ら従事するかどうかの判定》2 項 2 号括弧書に規定する「その職業に従事する時間が短い者その他当該事業に専ら従事することが妨げられないと認められる者」に当たらず，請求人の妻が本件各関連法人の役員である期間は，当該事業に専ら従事する期間（事業専従期間）に含むことができない。したがって，各年分における請求人の妻の本件事業に係る事業専従期間は 6 月を超えず，青色事業専従者には該当しない。

解　説

1　青色申告者の事業に専従する親族がある場合の必要経費の特例

　青色申告者と生計を一にする配偶者その他の 15 歳以上の親族で，専らその青色申告者の営む事業に従事するもの（青色事業専従者という）に対して，税務署に届出をした方法に従い届出をした金額の範囲内においてその事業から給与の支払をした場合には，その給与の金額でその労務の対価として相当である

35

と認められるものは，その青色申告者の営む事業に係る所得の金額の計算上必要経費に算入することとされている（所法57①）。

　そして，この場合の「専らその青色申告者の営む事業に従事する」かどうかの判定にあたっては，その「事業に専ら従事する期間」がその年を通じて6カ月を超えるかどうかによることとされている（所令165①）。

　ただし，次に掲げるいずれかに該当する者である期間があるときは，その期間は，「事業に専ら従事する期間」に含まれないこととされている（所令165②）。

①　学校の学生又は生徒である者。ただし，夜間において授業を受ける者で昼間を主とする事業に従事するもの，昼間において授業を受ける者で夜間を主とする事業に従事するものその他その事業に専ら従事することが妨げられないと認められる者を除く

②　他に職業を有する者。ただし，その職業に従事する時間が短い者その他その事業に専ら従事することが妨げられないと認められる者を除く

③　老衰その他心身の障害により事業に従事する能力が著しく阻害されている者

2　専らその事業に従事するかどうかの判定

　上記1のとおり，要するに，「事業に専ら従事する期間」がその年を通じて6カ月を超えるかどうかが問題となる。したがって，例えば上記1の①の場合，夜間学校に通っている学生が昼間営業の事業に従事するのであれば，その昼間は「事業に専ら従事する期間」に含まれることになるし，昼間の学校に通っている学生が夜間営業の事業に従事するのであれば，その夜間は「事業に専ら従事する期間」に含まれることになる。つまり，学生であっても，学問と労働とが両立するのであれば，青色事業専従者として認められる。

3　会社役員である親族の場合の青色事業専従者の判定

　質問のケースは，青色申告者と生計を一にする配偶者が会社役員に就任したとのことであるから，上記1の②の「他に職業を有する者」に該当する。

　しかし，この②のケースであっても，「その職業に従事する時間が短い者そ

第1章　税理士・公認会計士の事業に係る所得の課税関係

の他その事業に専ら従事することが妨げられないと認められる者」は青色事業専従者として認められることになっている。したがって，会社役員としての職業があっても，青色申告者の事業に専ら従事することが可能な状況であれば，青色事業専従者として認められることになるはずであり，質問の場合も，青色事業専従者として認められるものと考える。

　にもかかわらず，この【Q7】のような質問があるのは，おそらく質問者は，会社役員の特性に留意されているものと推測される。例えば，国外勤務の会社役員の給与は，従業員の給与と異なって，勤務は国外であるにもかかわらず，国内源泉所得として所得税の課税対象とされているが，その根拠として会社役員の役務は時間・空間を超えて提供されるものとの認識があることによるとされている。その認識に従えば，会社役員である者が青色事業専従者に該当することはあり得ないことになるはずである。上記【判決事例要旨】においても，そのような認識に立った上で，本件事例は，そのような認識に当てはまるケースであると判断されたものと考える。

　しかし，所得税法の青色申告者の事業に専従する親族がある場合の必要経費の特例においては，単に「他に職業を有する者」としているのみで，その職業の種類による役務の内容を問題視しているわけではないのであるから，ここは素直に法令の文言どおり解釈すべきものと考える。

　なお，質問には直接の関係はないが，「事業に専ら従事する期間」がその年を通じて6カ月を超えることが必要とされている点について付言する。この6カ月の期間は要するに1年中の2分の1の期間という縛りをかけているわけで，次のいずれかに該当する場合には，それぞれの期間を除いて2分の1の期間，専ら従事すれば足りることとされている（所令165①）。

①　その事業が年の中途における開業，廃業，休業又はその青色申告者の死亡，その事業が季節営業であることその他の理由によりその年中を通じて営まれなかったこと

②　その事業に従事する者の死亡，長期にわたる病気，婚姻その他相当の理由によりその年中を通じてその青色申告者と生計を一にする親族としてその事業に従事することができなかったこと

37

Q8 | 弁護士である夫が税理士である妻に支払う税理士報酬の取扱い

事業者が生計を一にする親族に対して役務提供の対価等の支払をしても，その事業者の所得の計算上必要経費にならないとのことであるが，夫は弁護士で妻は税理士でありいずれにもそれなりの収入がある場合において，弁護士である夫が税理士である妻に支払った税理士報酬の額は，夫の弁護士業の必要経費に算入することができるか。

Point

所得税法 56 条《事業から対価を受ける親族がある場合の必要経費の特例》の規定の適用対象は，「生計を一にする親族」に対する対価に限定されている。その親族の範囲については民法の定めに従うとして，問題となるのはその親族と「生計を一にする」か否かである。特に夫婦の場合には，通常は当然に生計を一にしているといえるので，夫婦のそれぞれが安定した所得を得ている場合には，実態として生計を一にしていないと認められるケースがあり得るのか否かについて検討を要する。

Answer

夫婦それぞれが独立した職業を有しており，互いに独立した個人としての立場を尊重し，あたかも互いに独立した生活を営んでいるような体裁の生活様式が形成されているようなケースについて，税法上はどのように考えればよいのか，考え方としてはいろいろあろうが，夫婦で一つの生計を相互に支え合っている関係（当然生計を一にする夫婦であればこそ選択できる関係）であることに相違ないし，また，仮に一方の人に支払遅延が生じたとしても法的に支払を強制できるものでもないと理解するならば，このようなケースといえども「生計を一にしている」ことになるものと考える。

詳しくは，下記【解説】のとおりである。

第 1 章　税理士・公認会計士の事業に係る所得の課税関係

裁決事例要旨

弁護士である夫が税理士である妻に支払った税理士報酬の額は必要経費に算入されず，夫の必要経費の額は，妻がその税理士報酬を得るために要した費用の額となるとした事例（平成 12 年 5 月 15 日裁決）

　弁護士業を営む請求人から請求人と生計を一にする親族である税理士業を営む妻に支払われた税理士報酬の額は，請求人の事業所得の金額の計算上必要経費に算入されず，請求人の事業所得の金額の計算上必要経費に算入される金額は，妻が請求人からその税理士報酬を得るために要した費用の額となる。

　なお，本件の場合その税理士報酬を得るために要した費用の額が明らかでないが，その金額は，妻の事業所得の必要経費の額に，その総収入金額に占める本件税理士報酬の額の割合を乗じて算出した金額とするのが相当である。

解　説

1　事業主と生計を一にする親族がその事業主の事業から対価の支払を受ける場合の特例

　事業主と生計を一にする配偶者その他の親族がその事業主の営む事業に従事したことその他の事由によりその事業から対価の支払を受ける場合には，その対価に相当する金額は，その事業に係る所得の金額の計算上必要経費に算入しないものとし，かつ，その親族のその対価に係る所得の金額の計算上必要経費に算入されるべき金額は，その事業主のその事業に係る所得の金額の計算上必要経費に算入することとされている。

　一方，その親族が支払を受けた対価の額及びその親族のその対価に係る所得の金額の計算上必要経費に算入されるべき金額は，その親族の所得の金額の計算上ないものとみなすこととされている（所法 56）。

　要するに，生計を一にする親族間の対価の授受はなかったものとし，それぞれの業務を一体のものとして事業主の所得の金額の計算をすることになっている。これは，いわゆる世帯単位課税の一形態であり，非常に特異な法による擬

制であって，親族間で生計を一にしている限りにおいて従わざるを得ない解釈の余地のない規定である（法解釈の限界）。

同族会社等との関係では，所得税法157条《同族会社等の行為又は計算の否認》の規定があり，法人の行為又は計算で，これを容認した場合には所得税の負担を不当に減少させる結果になると認められるときは，これを是正することとされているが，親族との関係では所得税法56条の規定があるので，同族会社等との関係のような問題が生じることはない。そういった意味では同条の規定の存在意義がある。

2 「生計を一にする」の意義

上記1の規定は，その親族が生計を一にしている場合に限って適用されるものである。ゆえに当然のことながら「生計を一にする」とはどういう状態をいうのかが問題となるわけで，その点，所得税基本通達では，次のように定めている。

（生計を一にするの意義）

2-47　法に規定する「生計を一にする」とは，必ずしも同一の家屋に起居していることをいうものではないから，次のような場合には，それぞれ次による。

(1)　勤務，就学，療養等の都合上他の親族と日常の起居を共にしていない親族がいる場合であっても，次に掲げる場合に該当するときは，これらの親族は生計を一にするものとする。

　　イ　当該他の親族と日常の起居を共にしていない親族が勤務，就学等の余暇には当該他の親族のもとで起居を共にすることを常例としている場合

　　ロ　これらの親族間において，常に生活費，学資金，療養費等の送金が行われている場合

(2)　親族が同一の家屋に起居している場合には，明らかに互いに独立した生活を営んでいると認められる場合を除き，これらの親族は生計を一

にするものとする。

　一般的には，生計を一にするという場合，同一の生活共同体に属して日常生活の資を共通にしていることをいうものと解されている。したがって，必ずしも一方が他方を扶養していることを要するものではなく，また，必ずしも同居していることを要するものでもない。しかし，親族が同一の家屋に起居している場合には，通常は日常生活の資を共通にしていることをいうものと考えられることから，実務上は，上記基本通達のとおり，明らかに互いに独立した生活を営んでいると認められる場合を除き，これらの親族は生計を一にするものとして取り扱うこととされている。

　ゆえに，親族が同一の家屋に起居している場合において，それらの親族は生計を一にしていないというには，明らかに互いに独立した生活を営んでいると認められる特段の事情がある場合に限られることになる。

　上記【裁決事例要旨】の場合，請求人は，「それぞれが独立した事業活動を営み，それぞれが独立した経済生活単位であると認められる場合には本件特例の適用がないと考えられる」としているのみであり，また，裁決文においても「本件各税理士報酬が請求人が営む事業から請求人と生計を一にする親族である妻に対して支払われたものである以上，たとえ，それが，請求人と妻がそれぞれ独立した事業主体として締結した顧問契約に基づくものであったとしても----（中略）----必要経費に算入されないというべきである」とされており，いずれも夫婦が生計を一にしていることを前提としており，生計を一にしているか否かについて踏み込んだ審理がなされていないように見受けられる。

3　生計を一にしていないと考えられるケース

　同一の家屋に起居していながらもその同居者がお互いに生計を一にしていないケースとしては，他人同士が賃貸マンションをルームシェアするケースが考えられる。このケースの場合には，賃借料はもちろん水道光熱費など衣食住の費用は互いに負担することとしているであろう。であるとすればこのケースは，明らかに互いに独立した生活を営んでいると認められよう。

夫婦間においても，同様の生活様式があり得る。例えば，次のとおりであったとすれば，その夫婦は，「明らかに互いに独立した生活を営んでいる」と主張することがあり得よう。

①　夫婦それぞれが独立した職業を有しており，それぞれの職業に係る収入・支出は家計とは完全に区分している（事業と家計とが明確に区分されている）。

②　それぞれの生活費は，それぞれの職業による収入の中から支弁されている（夫婦それぞれの財布は別々に管理されている）。

③　同一の家屋に起居することに伴う衣食住の費用は，互いが享受する程度に応じて，合理的に按分して互いに負担する取決めをしている。また，それ以外の交際費等の個人的な費用については，それぞれの個人負担としている（それぞれの生活費は明確に区分されている）。

以上は要するに，夫婦として同一の家屋に起居するとはいうものの，互いに独立した個人としての立場を尊重し，あたかも互いに独立した生活を営んでいるような体裁の生活様式といえよう。このようなケースについて，税法上はどのように考えればよいのか，考え方としてはいろいろあろうが，夫婦で一つの生計を相互に支え合っている関係（当然生計を一にする夫婦であればこそ選択できる関係）であることに相違ないし，また，仮に一方の人に支払遅延が生じたとしても法的に支払を強制できるものでもないと理解するならば，このようなケースといえども「生計を一にしている」ことになるものと考える。

次に，夫婦関係が冷却していわゆる家庭内別居状態の場合について考えてみる。この場合において夫婦それぞれが生活の資を得ているときは，生計を別にしているといえるケースがあり得よう。ただし，同一の家屋に起居していることに相違ないわけであるから，日常生活の資が異なっており，明らかに互いに独立した生活を営んでいると認められるケースに限って「生計を一にしていない」ことになるものと考える。

次に，夫婦関係が破綻して別居している場合について考えてみる。この場合において夫婦それぞれが生活の資を得ているときは，生計を別にしているといえるケースは多いと考えられる。夫婦の一方が生活の資を得ていないときは，

第 1 章　税理士・公認会計士の事業に係る所得の課税関係

生活の資を得ていない人の生活費は誰が負担しているのかが問題となろう。生活の資を得ているほうの人が依然としてその生活費を負担しているのであれば，「明らかに互いに独立した生活を営んでいる」とはいえないので，依然として「生計を一にしている」ことになるものと考える。

Q9 税理士報酬の必要経費算入の可否

事業を営んでいる者が業務の遂行上生じた所得税などの租税公課に関する紛争を解決するために支出した弁護士報酬は，原則としてその事業者の事業所得に係る必要経費に算入することができないとされているようである。

だとすると，それとの比較上，顧問税理士に対して支払う報酬についても，事業者の事業所得に係る必要経費に算入することができないことになるのか。

Point

弁護士報酬にしても税理士報酬にしても，その報酬の支払が，支払者にとって業務の遂行上必要なものであるか否かに尽きる。質問の税理士報酬については，そのような観点から判断すべきであると考えられる。

Answer

業務を行う者が支出する税理士報酬は，家事費ではなく，家事関連費であると位置付けられよう。家事関連費ということになると，①業務の遂行上必要であること，②その必要である部分を明らかに区分することができることの2要件をクリアーすることによって，必要経費に算入することができる部分の金額を算定することができることになる。

事業を行う者が負担する税理士報酬を家事関連費であると位置付ける場合には，税理士報酬の支払総額のうち業務の遂行上必要である部分の金額を合理的に区分することが必要となる。その区分の基準をどこに求めるかということが問題になるわけだが，その点については，毎月の経理面の顧問料や試算表や決算書の作成料の対価相当額の支払総額に占める割合や，業務に係る所得金額の合計所得金額に占める割合（あるいは，それぞれの収入金額を対比した割合）などを考慮して区分することになる。

第1章 税理士・公認会計士の事業に係る所得の課税関係

解 説

1 租税公課に関する紛争に係る弁護士報酬の取扱い

　業務の遂行上生じた紛争等を解決するために支払う弁護士報酬は，原則としてその業務に係る所得の金額の計算上必要経費に算入することとされている。

　ただし例外があり，資産の取得費に算入すべきものや資産の譲渡費用に算入すべきもの，所得税や都道府県民税などの租税公課に関する紛争を解決するためのものなどは，必要経費に算入することができないこととされている（所基通37-25）。

　これらの例外のうち，所得税などの租税公課に関する紛争を解決するためのものについては，当該租税公課は稼得した所得等に対して課税されるものであり，いわば家事費に属するものであるとの認識の下，当該租税公課は，所得の処分の一種でありそれに関する紛争を解決するための支出は，業務に係る所得の金額の計算上必要経費に算入すべきものではないとの考え方によるものと思われる。

2 業務を営む者が支払う所得税関係の税理士報酬の取扱い

　上記1の弁護士報酬についての考え方の延長線として税理士報酬についてみてみると，所得税や都道府県民税などの租税公課は家事費であるとするならば，その家事費の金額を算定するための支出は，業務に係る所得の金額の計算上必要経費に算入すべきものではないということになる。

　所得税や都道府県民税などの租税公課は，業務に係る所得を有する者のみが負担するものではなく，給与所得や配当所得，譲渡所得などの所得を有する者も一様に負担するものであることを考えれば必要経費不算入は当然といえよう。

　そこで視点を変えて，業務を行う者が支払う税理士報酬の内容を見てみると，①毎月の経理面の顧問料，②試算表や決算書の作成料，③確定申告書の作成料，④税務代理の手数料などからなっている。これらは，いずれも最終的には，所得税や都道府県民税などの租税公課の金額の確定に集約されるわけで，その確定のための対価としての報酬ということができる。しかし，これらのうち①や

45

②の支出は，業務を行う者であれば，当然に必要な負担と考えることができるのであって，所得税や都道府県民税などの租税公課の金額の確定のためのみに負担するものではないといえる。してみると，業務を行う者が支払う税理士報酬の全額を必要経費不算入とすることには問題があることになる。

　以上のように考えると，業務を行う者が支出する税理士報酬は，家事費ではなく，家事関連費であると位置付けられよう。家事関連費ということになると，①業務の遂行上必要であること，②その必要である部分を明かに区分することができることの２要件をクリアーすることによって，必要経費に算入することのできる部分の金額を算定することができることになる（所令96）。

　青色申告決算書や収支内訳書をみてみると，税理士・弁護士等の報酬・料金の内訳を記載する欄があり，そこには，年間の支払総額の記載とその年の必要経費に算入した金額を記載することになっている。しかし，その記載要領について説明したものは見当たらないようである。このためか，現実の実務上は，その全額を必要経費に算入しているケースがある一方，全く必要経費に算入していないケースもないわけではないようで，考え方が周知されていないように見受けられる。

　なお，事業を行う者が負担する税理士報酬を家事関連費であると位置付ける場合には，税理士報酬の支払総額のうち業務の遂行上必要である部分の金額を合理的に区分することが必要となる。その区分の基準をどこに求めるかということが問題になるわけだが，その点については，毎月の経理面の顧問料や試算表や決算書の作成料の対価相当額の支払総額に占める割合や，業務に係る所得金額の合計所得金額に占める割合（あるいは，それぞれの収入金額を対比した割合）などを考慮して区分することになると考えられる。

第**2**章

弁護士の事業に係る
所得の課税関係

Q10 UESTION 弁護士が定期的に支払を受ける顧問料の所得区分

弁護士が顧問料として定期的に定額の報酬の支払を受ける収入は，給与所得に該当するのではないかと考えられるが，問題はないか。

Point

弁護士が定期的に定額の報酬の支払を受ける収入は，原則として事業所得として取り扱われているが，会社役員の報酬の支払に類似しているので，給与所得に該当するものもあるのではないかといった問題がある。

Answer

事業所得とは，自己の計算と危険において独立性をもって対価を得て継続的に行われる業務から生ずる所得をいい，また，給与所得とは，雇用関係又はこれに準ずる関係に基づいて雇用者等の支配，監督に服して自己の計算と危険を伴わない非独立的労務の対価による所得をいうものと解されている。

しかし，いずれの所得区分に該当するかの判断は，実際的には困難な場合も多く，実務的には，次に掲げる裁決事例などを参考にして，個々の事実を積み上げて総合勘案して判断することになる。

裁 決 事 例 要 旨

顧問契約に基づき定期的に定額を受領する弁護士報酬について，給与所得ではなく事業所得の収入金額に該当するとした事例（昭和54年11月22日裁決）

事業所得とは，自己の計算と危険において対価を得て継続的に行われる業務から生ずる所得をいい，また，給与所得とは，雇用関係又はこれに準ずる関係に基づく非独立的労務の対価をいう。両者の異同は，所得を生ずる業務の遂行ないし労務の提供が，前者は自己の計算と危険において独立性をもってなされるのに対し，後者は対価支払者の支配，監督に服して非独立的になされるとともに自己の計算と危険を伴わないものであるところ，次に掲げる等の事実に該

当する場合には，その顧問契約に基づく労務の提供は，通常，独立性を有し，請求人の計算と危険において営む弁護士業務の一環としてなされたものと認められるので，その顧問料収入は，給与所得ではなく事業所得の収入金額に該当する。

① 請求人が自己の名による法律事務所を有し，使用人を使い継続的に弁護士業務を営んでいること

② 本件顧問契約は，法律相談に応じて法律家としての意見を述べることの債務を負担しているものの，勤務時間，勤務場所の定めがなく，常時，数社と契約していること

③ 顧問契約の具体的内容とその履行の態様は，随時質問してくる法律問題について，依頼のつど請求人の事務所において専ら電話により口頭で応ずるものであること

Q11 UESTION 弁護士が支払を受ける着手金，手付金等の収入金額の計上時期

　弁護士報酬のうち，着手金は，受任の時に弁護士報酬の一部を前払いとして請求するもので，タイム・チャージは，弁護士の作業時間や拘束時間に応じて支払を請求するものである。また，終了報酬（成功報酬）は，受任事務の終了時に請求するものである。

　しかしいずれの請求書も一種の見積書であって，請求書どおりの支払を受けることができるとは限らない。このため，当初の請求金額にかかわらず，受取金額が確定して入金が確認できた時点において収入金額として計上したいと考えているが，問題はないか。

Ｐoint

　人的役務の提供による報酬については，とりあえずの請求金額を提示しているにもかかわらず，実際の受取金額が異なる場合がある。これは弁護士業に限らず税理士業などにおいても起こり得ることである。

　このため，収入金額の計上時期としては，当初の請求金額によらず，実際に支払を受けた時にその受取金額により収入金額として計上してもよいのではないかといった考え方がある。

Ａnswer

　一般的には，「終了した時」，「着手の時」，「支払を受けるべき時」に請求書が発出されるから，その請求の時が収入金額の計上時期と考えて差し支えない。この場合，実際に支払を受ける金額が請求書どおりの金額にならないことが多発するようなケースにおいては，その差額処理方法で参考になるのは，社会保険診療報酬の窓口収入（患者負担金）の受取りを免除した場合の経理処理である。

　詳しくは，次の【解説】のとおりである

50

第2章　弁護士の事業に係る所得の課税関係

解　説

　人的役務の提供による報酬の収入金額の計上時期は，その人的役務の提供を完了した時である。このため，弁護士報酬の収入計上時期は，受任事務が「終了した時」である。

　しかし，弁護士の着手金のように，受任契約に伴う対価として受任事務の着手の時に支払われることが慣習になっているものについては，前受金又は仮受金としての性質を有するものではないため，その「着手の時」になる。

　タイム・チャージについては，期間の経過又は役務の提供の程度等に応じて，特約又は慣習により「支払を受けるべき時」になる（所基通36-8 (5)）。

　一般的には，その「終了した時」，「着手の時」又は「支払を受けるべき時」にそれぞれの請求書が発出されるから，要はその請求の時が収入金額の計上時期と考えて差し支えない。

　しかし，実際に支払を受ける金額が請求書どおりの金額にならない場合が多発するようなケースにおいては，その徴収できなかった差額の金額を「貸倒れ」として早期に計上することができるか否かといった問題があり，その差額処理が面倒になるため，受取金額が確定して入金が確認できた時点において収入金額として計上する方が実務的に合理的ではないかという考え方があり得る。

　この問題処理で参考になるのは，社会保険診療報酬の窓口収入（患者負担金）の受取りを免除した場合の経理処理である（【Q24】参照）。この場合には，収入金額に計上する一方で貸倒損失として同額を計上する方法が是認されているところであり，弁護士業や税理士業などにおいても，同様の処理をすることとしても，課税上の弊害がない場合には是認されるのではないかと考える。

　ところで，弁護士の場合，着手金などの収入を入金時に「仮受金」として処理している事例があるようであるが，この場合には，現実に入金されており，経済的利益として弁護士の支配下にあるわけであるから，仮受金として計上することには問題がある。ただし，印紙代などの立替払いをしており後日精算することになっているようなものであれば，当然立替金又は預り金として計上することは認められる。この点は，司法書士業における印紙代などの立替金処理

51

と同じである。

　なお，着手金及びその他の弁護士報酬に関して次のような裁判例がある。

裁 判 例 要 旨

弁護士報酬としての着手金などの総収入金額算入の時期（昭和20年10月30日東京高
裁判決，平成20年1月31日東京地裁判決）

納税者の主張	裁判所の判断
1　着手金 　着手金は，事件の受任時に依頼者から支払われるが，その性質は，委任事務処理の対価，すなわち，弁護士としての人的役務の提供の対価であるから，着手金請求権は，事件等の処理という人的役務が完了するまで確定せず，着手金が現実に支払われる時点で収入として計上する慣習があり，また，権利確定主義の解釈としても着手金が現実に支払われた時点で収入として計上すべきである。	1　着手金 　着手金とは，事件等の性質上，委任事務処理の結果に成功不成功があるものについて，その結果のいかんにかかわらず受任時に受けるべき委任事務処理の対価をいうこと，及び，着手金は，ほかの種類の弁護士報酬と異なり，事件等の結果のいかんにかかわらず，委任事務処理が開始される前に支払を受けるものであり，その金額も受任時に確定されることによれば，弁護士が依頼者から事件等を受任した時点で収入の原因となる権利が確定したとみるのが自然である。 　仮に納税者主張のように着手金が役務の提供があって初めて収入として計上されるとするならば，納税者が受領した着手金について，役務の提供が既にあり，収入に計上される分と，役務の提供が未了で，収入に計上されない分に配分しなければならないはずであるが，本件全証拠によっても，このような会計処理が納税者のみにとどまらず弁護士一般によって行われている形跡はうかがわれない。また，着手金について現金主義を採用するならば，着手金が受任契約締結時に一括して支払われたときには，その時点で役務の提供がないにもかかわら

第2章　弁護士の事業に係る所得の課税関係

	ず，当該着手金を収入として計上することになり，着手金が人的役務が提供されるまで確定しないという納税者の主張と相いれないことになってしまう。更に，着手金について分割払の定めがあったとしても，それは単に着手金の支払方法を定めたものにすぎず，受任時に支払われる金員であるという着手金の本質を変更するものではなく，着手金に係る権利の確定時期を左右するものではないというべきである。こうした事情に照らすと，納税者の主張にそうような慣習があるということはできないし，納税者の主張のような扱いに合理性があるともいえない。
2　着手金以外の弁護士報酬 　弁護士の報酬金は，成功結果が得られない限り取得できない報酬であり，通常の場合，事件を着手する段階では確定しておらず，しかも，多くの場合には弁護士会規定に基づく額などの抽象的な定めしかなく，事件が終了したからといって直ちに金額が自動的に確定するものではないため，事件完了時において，弁護士と依頼者との間で，事件の難易，経済的利益，労力の程度，依頼者との関係等を踏まえ，成功結果の評価をめぐり報酬内容を確定するための協議が必要であり，報酬金額に関する合意が成立しない限り，報酬金債権が確定したとはいえない。	**2　着手金以外の弁護士報酬** 　受任契約に報酬金額として具体的な金額を明示していなかったとしても，当事者間には報酬金額を各単位弁護士会において定める報酬金の原則的な計算方法に従って決められた相当額にする旨の合意があるというべきであることなどによれば，報酬金請求権は，委任事務が終了した時点（委任契約に，納税者が請求した時とする特約がある場合には，請求があったとき）に権利が確定するというべきであるから，当該時点の属する年の収入に計上すべきものと解するのが相当である。

53

Q12 UESTION 弁護士が旅費や宿泊費として支払を受ける金額の取扱い

弁護士が受任した業務の遂行上必要な費用として，旅費や宿泊費などの名目で支払を受ける金額については，実費弁償的なものとして支払を受けるものであるから，しいて収入金額に計上する必要はないのではないか。

Point

給与所得者の場合，通常勤務する場所を離れて他所において職務を遂行するときに支払を受ける旅費や宿泊費で，使用者の業務の遂行上必要な支出の実費弁償に過ぎないものについては，給与等として課税の対象とするようなことはしていない。このため，弁護士の場合も，実費弁償的なものについては収入金額に加算する必要はないのではないかといった問題がある。

Answer

弁護士等の旅費や宿泊費については，一般的には受任事務に係る報酬の総額の中に含まれているものであり，仮にその旅費や宿泊費が受任事務に係る報酬と区別して支払われるとしても，真に実費弁償として支払われるものであるか否かを個別に認定することは実務上困難といわざるを得ない。

このため，対価たる性質を有するものはその名義のいかんを問わず，原則として，その支払を受ける旅費や宿泊費の金額を収入金額に加算し，実際に支出した旅費や宿泊費の金額を必要経費にとして計上する方が実務的であり，合理的であると考えられる（所基通204-2）。

ただし，その個別の旅費や宿泊費が役務提供をする弁護士に対して支払われるのではなく，依頼人から交通機関やホテル等に直接支払われる場合には，依頼人の負担であることが明らかであるから，弁護士側の収入金額及び必要経費に計上する必要はないものと考える（所基通204-4）。

第2章　弁護士の事業に係る所得の課税関係

Q13 弁護士会の役員の交際費等の必要経費算入の可否

UESTION

　弁護士が弁護士会の業務の活動を行う場合のその業務は，弁護士会の業務であってその弁護士自身の業務ではない。したがって，その弁護士が弁護士会の業務を遂行するにあたって支出した費用は，その弁護士自身の弁護士業務に係る費用ではない。

　一方，弁護士の業務による事業所得の必要経費は，その業務に直接関係するその業務の遂行上必要なものに限られている。

　してみると，弁護士会の業務の活動を行う弁護士がその業務を遂行するにあたって支出した費用は，その弁護士自身の業務による事業所得の必要経費には該当しないと考えるが，それでよいか。

Point

　所得税法37条1項中の「販売費，一般管理費その他これらの所得を生ずべき業務について生じた費用」は，「一般対応の必要経費」などと称されることがある。

　この一般対応の必要経費については，一般的に「その業務の遂行上通常必要であることが客観的に認められる費用」をいうものと解されており，要するに業務の遂行上であっても「通常性及び客観性」が求められていると解されている。

　さらにこの一般対応の必要経費については，その業務と直接関係するものに限られる，すなわち「直接関係性」が求められていると解されている。

　これらの通常性，客観性及び直接関係性については，法令上の文言として明示されていないため，解釈上の限界ないし妥当性の問題がある。

Answer

　事業所得に係る必要経費のうち売上原価等の直接費以外のいわゆる一般対応の必要経費などと称される間接費については，法令の文言上「事業所得を生ずべき業務について生じた費用」とのみ規定されているが，解釈上の問題としては，通常性及び客観性はともかく，直接関係性まで必要と解されている。

　しかし，弁護士が弁護士会の業務を遂行するにあたって支出した費用につい

55

て，直接関係性の要件は必要とされないとした裁判例がある。

　詳しくは，下記【解説】のとおりである。

裁 判 例 要 旨 1

弁護士会の役員の交際費等は弁護士業務に係る必要経費に算入できないとした事例（平成23年8月9日東京地裁判決，次の要旨2の原判決）

　所得税法37条1項は，事業所得の金額の計算上必要経費に算入すべき金額は，別段の定めがあるものを除き，①総収入金額に係る売上原価その他その総収入金額を得るために直接に要した費用の額及び②販売費，一般管理費その他事業所得を生ずべき業務について生じた費用の額とする旨を定めている。そして，原告は，弁護士業を営んで事業所得を得ているところ，本件各支出は，いずれも上記①の原告の弁護士業による収入を得るために直接に要した費用でないことは明らかであるから，これらが上記②の事業所得を生ずべき業務について生じた費用（一般対応の必要経費）に該当するかが問題となる。

　また，その別段の定めの一つである同法45条1項では，必要経費に算入しない支出等の中に，家事上の経費（家事費）及びこれに関連する経費（家事関連費）で政令で定めるものは必要経費に算入しない旨を定めているところ，同条項を受けた所得税法施行令96条1号は，家事関連費のうち必要経費に算入することができるものについて，経費の主たる部分が「事業所得…を生ずべき業務の遂行上必要」であることを要すると規定している。

　このような事業所得の金額の計算上必要経費が総収入金額から控除されることの趣旨や所得税法等の文言に照らすと，ある支出が事業所得の金額の計算上必要経費として控除されるためには，当該支出が所得を生ずべき事業と直接関係し，かつ，当該業務の遂行上必要であることを要すると解するのが相当である。したがって，本件各支出が原告が弁護士として行う事業所得を生ずべき業務と直接関係し，かつ当該業務の遂行上必要なものであれば，必要経費に該当することになる。

　弁護士は，訴訟事件，非訟事件等の法律事務を行うことを職務とし，法律事

第2章　弁護士の事業に係る所得の課税関係

務を行う対価として報酬を得ることで事業所得を得ているのであるから，弁護士が弁護士の地位に基づいて行う活動のうち，所得税法上の「事業」に該当する活動とは，事業主である弁護士がその計算と危険において報酬を得ることを目的として継続的に法律事務を行う経済活動をいうことになる。

　一方，弁護士会等の目的は，弁護士等の指導，連絡及び監督に関する事務を行うことにあり，これらの目的の下に行われる活動等から生ずる成果は，当該活動を行った弁護士個人に帰属するものではなく，弁護士会等全体に帰属するものと解される。また，弁護士会等は，会費を徴収するなどして活動に必要な支出に充てていること等が認められ，弁護士会等の役員としての活動に必要な資金や人的物的資源は，基本的に弁護士会等によって調達されるものであるということができる。

　以上のような事情の下で原告が弁護士会等の役員として行う活動を社会通念に照らして客観的にみれば，その活動は，原告が弁護士として対価である報酬を得て法律事務を行う経済活動に該当するものではなく，社会通念上，弁護士の所得税法上の「事業」に該当するものではないというべきである。そうすると，弁護士会等の役員として出席した酒食を伴う懇親会等の費用については，これらが弁護士会等の役員としての活動との関連で支出されたものであるからといって，原告の事業所得を生ずべき業務に直接関係して支出された必要経費であるということはできない。

　また，原告が弁護士会会長に立候補するための活動費用等は，弁護士会等の役員としての活動との関連で支出されたもの，あるいは，弁護士会等の役員としての活動の準備として支出されたものというのが相当であるから，原告の事業所得を生ずべき業務に直接関連して支出された必要経費であるということはできない。原告が支出した香典についても，同様に原告の事業所得を生ずべき業務に直接関連して支出された必要経費であるということはできない。

　なお，仮に，弁護士会等の役員として懇親会等に出席するというこれらの活動を通じて生じた人的信頼関係を機縁として，弁護士としての法律事務を依頼されることがあるなどして，これらの活動の結果として所得税法上の「事業」による所得を生ずるきっかけとなることがあったとしても，それは各支出の直

57

接の目的ではなく，あくまでも間接的に生ずる効果に過ぎないというのが相当であるから，これらの懇親会等の費用を支出することが，弁護士としての所得を生ずべき業務の遂行上必要であるとはいえない。弁護士会会長に立候補するための活動費用等や香典についても，同様である。

裁判例要旨 2

弁護士会の役員の交際費等は弁護士業務に係る必要経費に算入できるとした事例
（平成24年9月19日東京高裁判決，平成26年1月17日上告不受理）

　ある支出が事業所得の金額の計算上必要経費として控除されるためには，当該支出が事業所得を生ずべき業務の遂行上必要であることを要すると解するのが相当である。

　被控訴人（国側）は，事業所得に係る必要経費のうち販売費や一般管理費その他事業所得を生ずべき業務について生じた費用（以下「一般対応の必要経費」という）の該当性は，当該事業の業務と直接関係を持ち，かつ，専ら業務の遂行上必要といえるかによって判断すべきであると主張する。

　しかし，所得税法施行令96条1項が，家事関連費のうち必要経費に算入できるものについて，経費の主たる部分が「事業所得を…生ずべき業務の遂行上必要」であることを要すると規定している以上，ある支出が業務の遂行上必要なものであれば，その業務と関連するものであるというべきである。それにもかかわらず，これに加えて，事業の業務と直接関係を持つことを求めると解釈する根拠は見当たらず，「直接」という文言の意味も明らかではないことからすれば，被控訴人の上記主張は採用することができない。

　控訴人（弁護士）の弁護士会等の役員等としての活動は，弁護士会等の業務に該当する余地はあるとしても，社会通念上，控訴人の「事業所得を生ずべき業務」には該当しないと認められる。しかし，該当しないからといって，その活動に要した費用が控訴人の弁護士としての事業所得の必要経費に算入できないというものではない。なぜなら，控訴人が弁護士会等の役員等として行った活動に要した費用であっても，これが，控訴人が弁護士として行う事業所得を

生ずべき業務の遂行上必要な支出であれば，その事業所得の一般対応の必要経費に該当するということができるからである。

以上によれば，本件各支出については，次のとおりである。

① 弁護士会等の活動は，弁護士に対する社会的信頼を維持して弁護士業務の改善に資するものであり，弁護士として行う事業所得を生ずべき業務に密接に関係するとともに，会員である弁護士がいわば義務的に多くの経済的負担を負うことにより成り立っているということができるから，弁護士が人格の異なる弁護士会等の役員等としての活動に要した費用であっても，弁護士会等の役員等の業務の遂行上必要な支出であったということができるのであれば，その弁護士としての事業所得の一般対応の必要経費に該当すると解するのが相当である。

② 弁護士会等の目的やその活動の内容からすれば，弁護士会等の役員等が，所属する弁護士会等又は他の弁護士会等の公式行事後に開催される懇親会等や，弁護士会等の業務に関係する他の団体との協議会後に催される懇親会等に出席する場合であって，その費用が過大であるとはいえないときは，社会通念上，その役員等の業務の遂行上必要な支出であったと解するのが相当である（ただし，二次会を除く）。

③ 弁護士会等の役員等が，自ら構成員である弁護士会等の機関である会議体の会議後に，その構成員に呼び掛けて開催される懇親会等，弁護士会等の執行部の一員として，その職員や，会務の執行に必要な事務処理をすることを目的とする委員会を構成する委員に参加を呼び掛けて催される懇親会等に出席することは，それらの会議体や弁護士会等の執行部の円滑な運営に資するものであるから，これらの懇親会等が特定の集団の円滑な運営に資するものとして社会一般でも行われている行事に相当するものであって，その費用も過大であるとはいえないときは，社会通念上，その役員等の業務の遂行上必要な支出であったと解するのが相当である（ただし，二次会を除く）。

④ 弁護士が弁護士会等の役員に立候補した際の活動に要した費用のうち，立候補するために不可欠な費用であれば，その弁護士の事業所得を生ずべ

き業務の遂行上必要な支出に該当するが，その余の費用については，これに該当しないと解するのが相当である。その立候補した際の活動に要した費用のうち，立候補するために選挙規定に基づいて支出した費用は，立候補するために不可欠な費用であると認めることができるので，控訴人の事業所得を生ずべき業務の遂行上必要な支出に該当する。

⑤　二次会の費用については，個人的な知己との交際や旧交を温めるといった側面を含むといわざるを得ず，仮に弁護士としての業務の遂行上必要な部分が含まれていたとしても，その部分を明らかに区分することができると認めるに足りる証拠はない。

解　説

　所得税法 37 条 1 項中の「販売費，一般管理費その他これらの所得を生ずべき業務について生じた費用」は，「一般対応の必要経費」などと称されることがある。この一般対応の必要経費については，条文上「業務について生じた費用」とされているものの，一般的に「その業務の遂行上通常必要であることが客観的に認められる費用」をいうものと解されており，要するに業務の遂行上必要であっても「**通常性及び客観性**」が求められていると解されている。この点については，既に【Q2】において解説したところである。

　この一般対応の必要経費について，上記【裁判例要旨1】では，さらに，その業務と直接関係するものに限られる，すなわち「**直接関係性**」が必要とされているところに特色がある。事業所得に係る必要経費のうち売上原価等のいわゆる直接費以外のいわゆる一般対応の必要経費などと称される間接費については，法令の文言上「事業所得を生ずべき業務について生じた費用」とのみ規定されているため，解釈上の問題としては，通常性及び客観性はともかく，直接関係性まで必要とされているか否かについて議論の分かれるところである。

　この点をより詳しく判示している裁判例として，平成 13 年 10 月 11 日付広島地裁判決においては，「所得税法 37 条 1 項の規定から明らかなとおり，ある支出が必要経費として控除されるためには，それが事業活動と直接の関連性

を有し，事業の遂行上必要な費用でなければならない」とし，さらに「原告は，販売費や一般管理費のように特定の収入に結びつけて考えることのできない費用があり，それらについては直接的な関連性は要求されないと主張する。確かに，販売費や一般管理費など一般対応の費用は，その支出の性質上，特定の収入に対応させて考えることはできず，直接性の要件は不要とも思われる。しかし，上記のとおり，必要経費において，直接的な関連性が要求されるのは業務に対してであって，常に特定の収入に関連性が要求されるわけではない。必要経費控除の趣旨からすれば，販売費や一般管理費のような一般対応の費用についてだけ，業務との関連性を緩和し，単に業務と関連ないし付随した支出を必要経費として認め，これを控除の対象とするのは相当ではなく，所得税法37条1項の「その他これらの所得を生ずべき業務について生じた費用」にいう「業務について」とは，直接に関連しての意味に限定して解するのが相当である」としている。

　また，もう一つの特色として上記【裁判例要旨1】では，その直接関係の対象となる業務について「事業」一般ではなく「弁護士業」に直接関係しているか否かを問題としているところである。そしてその弁護士業に係る業務の範囲を「事業主である弁護士がその計算と危険において報酬を得ることを目的として継続的に法律事務を行う経済活動」に限定している。その上で，問題の弁護士会の役員としての活動は，弁護士会の業務であっての弁護士自身の業務ではないため，その役員としての活動は弁護士自身の業務に直接関係していないとしている。

　このように，当該裁判例では，弁護士業に係る業務との関係をバッサリ否定している。しかし，弁護士でなければ弁護士会の役員にはなれないのであるから，弁護士業務との関連性がないわけではないとした上で，家事関連費と位置付けて「区分の明白性」（【Q2】の【解説】参照）をキーワードとして，事業所得に係る必要経費算入を認めない（若しくは，一部認める）とする論理構成をする余地もあったのではないかと考えられる。

　一方，【裁判例要旨2】においては，弁護士会の役員としての活動は弁護士会の業務であって弁護士業に係る業務には該当しないとしつつ，弁護士業務の

遂行上においても必要であるとして必要経費算入を認めている。

　しかし，弁護士会の役員としての活動が弁護士会の業務であるとすればその業務に係る費用は当然弁護士会において負担すべきであるにもかかわらず，その一部分を弁護士個人が負担している実情からみれば，弁護士個人としても何らかの必要性があると考えるべきであったのではないだろうか。してみると，その個人的な必要性もある以上，この場合においても，もう一歩踏み込んで，家事関連費の「区分の明白性」をキーワードとして，結果として事業所得に係る必要経費算入を認めない（若しくは，一部認める）とする論理構成を加える必要があったのではないかと考える。

　ただ，【裁判例要旨2】においては，二次会の費用については，仮に弁護士としての業務の遂行上必要な部分が含まれていたとしても，その部分を明らかに区分することができると認めるに足りる証拠はないとして，必要経費算入を否定している。このことと考え合わせると，当該裁判例では，家事関連費の範囲についてどのように統一的に定義付けようとしているのかが問題となる。

　必要経費算入の家事関連費は，事業所得等を生ずべき業務の遂行上必要であり，その必要である部分を明らかに区分することができるものとされているわけであるから（所法45①，所令96，所基通45-2），本件の懇親会等（二次会を除く）の費用についても，事業所得等を生ずべき業務の遂行上必要であるとして，その必要である部分を明らかに区分することができるか否かを判断する必要があったのではないかと思えるところである。

　いずれにしても，この争いとなったケースでは，「弁護士会の役員としての活動は弁護士会の業務であって弁護士業に係る業務には該当しない」という認識の点で，両判決とも一致している。そうであるがゆえに，「直接関係性」に焦点が重なっているところに特色がある。この特色がなければ，すなおに家事関連費の枠組みの中で論理構成をすることができたのではないかと考える。
(注)　本判決は弁護士業に係るものであるが，税理士，公認会計士，医師，歯科医師，行政書士などの士業一般について共通の問題がある。

　　なお，家事関連費の「区分の明白性」については，【Q2】のところで解説したように，これを厳格に判定しようとすると「業種間」における取扱いに乖

第２章　弁護士の事業に係る所得の課税関係

離が生じるように思われる。

第 **3** 章

開業医等の事業に係る
所得の課税関係

Q14 UESTION 他人名義で病院等を経営する場合の課税関係

　私には医師の資格はないが，他人である医師の名義で病院又は診療所の経営をしたいと考えている。この場合，私と他人である医師は，課税上どのように取り扱われることになるのか。
　社会保険診療報酬に係る必要経費の特例の適用関係や社会保険診療報酬に係る源泉徴収の手続など留意すべき点についても説明していただきたい。

Point

　医師等の資格は一身専属であるから，その医業等による所得はその医師等個人に帰属することになるのか，その医業等を行う病院等の開設者又は実質的経営者に帰属することになるのかの問題がある。

Answer

　質問の場合，医療法上の病院等開設の許可・届出や所得税法上の源泉徴収の手続を，他人である医師名義で行ったとしても，課税上は，その病院等の経営者である個人を納税者として所得税及び消費税の課税関係を律することになる。
　詳しくは，下記【解説】のとおりである。

裁 決 事 例 要 旨

他人名義によるクリニック経営における実質的な経営者の判定（平成18年5月12日裁決）

　請求人は，本件クリニックの経営者は本件各医師である旨主張するが，本件各医師は，本件クリニックにおける社会保険診療報酬の振込を受けるために開設されていた本件各診療報酬口座の開設の事実を承知しておらず，診療報酬がいくら振り込まれたのかも知らなかった旨答述していることからすれば，本件各診療報酬口座は，請求人により支配管理されていたものと見るのが相当であること，また，本件各医師が本件クリニックに係る入出金に全く関与していな

第3章　開業医等の事業に係る所得の課税関係

かった旨答述していることからすれば，本件クリニックにおける入出金に関しては，請求人の管理下にあったと見るのが相当であることなどから，本件クリニックの実質的な経営者は，請求人であって，本件各医師は，請求人に雇われた立場で，本件クリニックに係る医療法上の開設者兼管理者の地位にあったものとして，本件クリニックの診療に従事していたものと見るのが相当である。したがって，本件クリニックの収益は請求人に帰属するものと認められる。

解　説

1　医師法及び医療法上の病院経営に関する定めの概要

医師法17条及び歯科医師法17条においては，医師又は歯科医師でなければ医業又は歯科医業をなしてはならない旨を規定している。この場合の医業又は歯科医業については法令上具体的な定義規定はないが，一般的に，医療行為（医行為）を業として（反復継続の意思をもって）行うことをいうと解されている。

一方，医療法7条1項において，次に掲げる場合には，その開設地の都道府県知事等の許可を得なければならない旨を定めている。

① 　病院を開設しようとするとき

② 　臨床研修等修了医師及び臨床研修等修了歯科医師でない者が診療所を開設しようとするとき

このうち②の場合の許可は，医師又は歯科医師の資格のない者が診療所を開設するときに限られているが，医師又は歯科医師の資格のある者が診療所を開設するときについては，同法8条において，臨床研修等修了医師又は臨床研修等修了歯科医師が診療所を開設したときは，その開設地の都道府県知事等に届け出をすることで足りる旨を定めている。

したがって，医業又は歯科医業をなすことのできる者は医師又は歯科医に限られるものの，病院又は診療所の開設者は，医師又は歯科医師に限られないことになっている。

なお，医療法10条及び12条では，病院又は診療所の開設者は，その病院

67

又は診療所が医業をなすものである場合は臨床研修等修了医師に，歯科医業を
なすものである場合は臨床研修等修了歯科医師に，これを管理させなければな
らないこととされている。ただし，病院又は診療所の開設者が臨床研修等修了
医師又は臨床研修等修了歯科医師である場合は，原則として自らその病院又は
診療所を管理しなければならないこととされている。ゆえに，医療法上，病院
又は診療所には「開設者」の立場の者のほかに「管理者」の立場の者が存在す
ることになる。

2　社会保険診療報酬の所得計算の特例等の適用対象者

　上記の医師法又は歯科医師法上の医業又は歯科医業は，医療行為を「業とし
て行う」ことをいうと解されており，医療行為を業として行えるのは医師又は
歯科医師の資格を有する者に限定されている。一方，租税特別措置法 26 条の
「社会保険診療報酬の所得計算の特例」では，その特例の適用対象者を「医業
又は歯科医業を営む個人」と定めている。要するに同法 26 条では医業又は歯
科医業を「営む」と規定されており，これを営む者は医師又は歯科医師の資格
を有する者に限定されていないと解されている。

　しこうして，社会保険診療報酬の所得計算の特例の適用対象者には，医業又
は歯科医業を営む医師又は歯科医師のほか，「都道府県知事等の許可を受けて
病院又は診療所を開設し，医師又は歯科医師を雇用して医業又は歯科医業を営
む個人」が含まれると解され，さらに，「開設者でも管理者でもない，実質的
な経営者」が含まれると解される。要するに，社会保険診療報酬の所得計算の
特例の適用対象者は，「病院又は診療所の経営者」をいうものと解される。

　なお，病院又は診療所の開設者又は経営者のほかに別人の管理者がいる場合
には，その管理者は開設者又は経営者の使用人の立場にいることになるわけで，
その管理者名義で社会保険診療報酬の請求をしたとしても，その管理者は社会
保険診療報酬の所得計算の特例の適用対象者にはならない。

(注)　社会保険診療報酬の請求は，保険医療機関として指定を受けた者が行うこ
　　　ととされており，医師又は歯科医師であることを要しないこととされている。

第3章　開業医等の事業に係る所得の課税関係

3　雇用した医師の名義で病院等を経営する場合の問題点

　質問は，雇用した医師の名義で病院又は診療所を経営したいとのことである。

　医師法等上は，経営しようとする者自身が開設者となり雇用した医師を管理者として自身で経営をすることができるのであるから，開設者及び管理者として他人の名義を借りる必要はないと考えられる。しかし，あえて病院等の開設者及び管理者を他人名義とした場合には，形式的にはその名義人の営む事業の体裁をとることになるし，その他人名義で請求した社会保険診療報酬に係る支払調書もその他人の名義で発出されることになる。

　ただし，税務上は，社会保険診療報酬の所得計算の特例は医業又は歯科医業を営む本人について適用されることになる。また，雇用した医師名義で請求した社会保険診療報酬に係る源泉所得税は当該本人の所得税額の控除の対象となる。

　こういったケースにおいては，租税回避問題，実質所得者課税の問題に発展しかねないし，また，多数の診療所に分散する場合には，実質所得者課税の問題に絡んで消費税の課税上の問題が生ずることもあるので，留意する必要がある。

Q15 病院等を共同経営する場合の課税関係

UESTION

甲，乙の2人の医師が，50％ずつの出資割合により診療所を共同経営する予定である。診療所の開設者及び管理者の名義は甲とし，甲の役務提供の程度を勘案して，診療所経営により生じる損益の帰属割合は，甲60％，乙40％とする予定である。

この場合，税務上はどのように取り扱われることになるのか。

Point

病院又は診療所においては開設者及び管理者を定めなければならないこととされているが，これらを組合契約により共同経営とする場合には，実質的な経営者は複数以上存在することになるため，税務上どのように取り扱われるかといった問題がある。

Answer

質問のケースは，民法667条に規定する組合契約（任意組合契約）を締結して診療所の経営を行うことになるものと考えられる。この場合，課税上は，原則として，その組合の収入，支出，資産及び負債等を，組合契約又は民法674条の規定による損益分配の割合に応じて配分した金額を，各組合員のこれらの金額として計算することとされている（所基通36・37共-19，36・37共-20(1)）。

したがって，質問のケースの場合は，その組合の収入，支出，資産及び負債等を，甲60％，乙40％の割合により按分してそれぞれの損益計算等を行うことになる。

後述する社会保険診療収入に係る概算経費率の適用についても，甲60％，乙40％の割合により社会保険診療収入が帰属するものとして適用することになる。また，消費税の納税義務の判定においても同様である（消基通1-3-1）。

（注）　投資事業有限責任組合契約又は有限責任事業組合契約の場合についても同様である。

第3章　開業医等の事業に係る所得の課税関係

Q16 夫婦で診療所を経営する場合の課税関係
UESTION

　夫は病院の勤務医で，妻は開業医である。このたび，夫は退職して妻の診療所で働くことになったが，妻の診療所は閉鎖し，開設者及び管理者の名義を夫にし，診療所の名称は変更して業務を行うこととした。

　今後の事業の主体は夫であり，妻はその事業の専従者ということになる。この場合，課税上，夫は事業所得者，妻は給与所得者ということで問題はないか。

Point

　生計を一にする親族間における事業の場合，誰が事業主であるかの判定を要することになるが，その判定にあたっては，その親族内の立場が重視されるのか，その事業を切り盛りしている者は誰なのかが重視されるのかといった問題がある。

Answer

　生計を一にしている親族間における事業の事業主が誰であるかの判定をする場合には，原則として，その事業の経営方針の決定につき支配的影響力を有すると認められる者がその事業の事業主に該当するものと推定することとされている。

　質問のケースについては，今後の事業の主体は夫であり妻はその事業の専従者ということであれば夫が診療所の経営方針の決定につき支配的影響力を有することになるであろうから，親族内の置かれた夫婦の立場にかかわらず，事業主は夫ということで差し支えはない。

　ただ，これまでの妻の診療所についてきてくれた患者各位のこともあり，診療等の従事実態を整理し，収支についても夫と明確に区分するということであれば，その収支に係る部分の事業主は妻ということでも差し支えないであろう。

　詳しくは，次の【解説】のとおりである。

71

解 説

　生計を一にしている親族間における事業（農業を除く。以下同じ）の事業主が誰であるかの判定をする場合には，その事業の経営方針の決定につき支配的影響力を有すると認められる者がその事業の事業主に該当するものと推定することとされている。

　しかし，支配的影響力といっても具体性がなく，必ずしも明らかではないので，その支配的影響力を有すると認められる者が誰であるかが明らかでないときには，次に掲げる場合に該当する場合は，それぞれ次に掲げる者が事業主に該当するものと推定し，その他の場合は生計を主宰している者が事業主に該当するものと推定することとされている（所基通 12-5）。

　いずれにも当てはまらない場合には，生計を主宰している者が事業主に該当するものと推定することとしているのは，家族経営の実態に配慮したものと考えられる。

① 生計を主宰している者が一の店舗における事業を経営し，他の親族が他の店舗における事業に従事している場合又は生計を主宰している者が会社，官公庁等に勤務し，他の親族が事業に従事している場合において，当該他の親族が当該事業の用に供されている資産の所有者又は賃借権者であり，かつ，当該従事する事業の取引名義者（その事業が免許可事業である場合には，取引名義者であるとともに免許可の名義者）である場合　当該他の親族が従事している事業の事業主は，当該他の親族

② 生計を主宰している者以外の親族が医師，歯科医師，薬剤師，弁護士，税理士，公認会計士，あん摩マッサージ指圧師等の施術者，映画演劇の俳優その他の自由職業者として，生計を主宰している者とともに事業に従事している場合において，当該親族に係る収支と生計を主宰している者に係る収支とが区分されており，かつ，当該親族の当該従事している状態が，生計を主宰している者に従属して従事していると認められない場合　当該事業のうち当該親族の収支に係る部分の事業主は，当該親族

③ ①又は②に該当するときのほか，生計を主宰している者が遠隔地におい

第3章　開業医等の事業に係る所得の課税関係

て勤務し，その者の親族が国もとにおいて事業に従事している場合のように，生計を主宰している者と事業に従事している者とが日常の起居を共にしていない場合　当該親族が従事している事業の事業主は，当該親族

　以上のとおり，生計を一にしている親族間における事業の事業主が誰であるかの判定をする場合には，原則として，その事業の経営方針の決定につき支配的影響力を有すると認められる者がその事業の事業主に該当するものと推定することとされているので，質問のケースについても，今後の事業の主体は夫であり妻はその事業の専従者ということであれば夫が診療所の経営方針の決定につき支配的影響力を有することになるであろうから，親族内の置かれた夫婦の立場にかかわらず，事業主は夫ということで差し支えはない。

　ただ，これまでの妻の診療所についてきてくれた患者各位のこともあり，診療等の従事実態を整理し，収支についても夫と明確に区分するということであれば，その収支に係る部分の事業主は妻ということでも差し支えないことになる。その場合には，【Q15】の【Answer】にあるとおり，組合契約を締結して法律関係を明確にしておくことが望ましいと考えられる。

Q17 社会保険診療収入に係る概算経費率適用の特例
UESTION

　社会保険診療収入に係る必要経費は，実際にかかった費用の金額によらず所定の概算経費率によって計算するとのことであるが，概算経費とはいうものの，内容的には，実際にかかった費用の金額を基にして計算することになっているので，かえって繁雑な計算をしなければならないように思う。

　この特例について具体的に説明してほしい。

Point

　社会保険診療収入に係る概算経費率の特例は，小規模医療機関の事務処理の負担の軽減を図るなどの目的で設けられていると説明されることもある。しかし，実務的には，軽減どころかかなり繁雑な所得計算が必要であり，実際的には，繁雑な計算をした結果として税負担の軽減ができることが判明した場合に選択される特例となっている。

Answer

　医業又は歯科医業に係る総収入金額と必要経費のそれぞれ帳簿上の実額を，社会保険診療収入，自由診療収入及び雑収入の別にそれぞれ区分計算する必要がある。

　その上で，社会保険診療収入に限っては，その社会保険診療収入の金額に概算経費率を適用して必要経費の金額を算出し，これを実額である必要経費の金額に代えて必要経費の金額とすることになる。

　また，自由診療収入及び雑収入については，それぞれ区分計算した実額である必要経費の金額を必要経費の金額とすることになる。

　詳しくは，次の【解説】のとおりである。

┃ 解　説

1　社会保険診療収入と自由診療収入及び雑収入に係る所得金額の区分計算

　租税特別措置法 26 条の「社会保険診療報酬の所得計算の特例」は，医業又

は歯科医業を営む個人の「社会保険診療収入の金額」が5,000万円以下であり，かつ，その個人が営む医業又は歯科医業から生ずる事業所得に係る「総収入金額」に算入すべき金額の合計額が7,000万円以下であるときに適用することとされている。

この場合の「総収入金額」は，社会保険診療収入のほか自由診療収入及び雑収入の合計額であるが，この特例の適用対象となる金額は「社会保険診療収入の金額」のみである。そしてその社会保険診療収入に係る必要経費は，支払を受ける社会保険診療収入の金額に応じて，次の金額を，事業所得の金額の計算上，必要経費に算入することとされている。ここで適用される割合が，いわゆる「**概算経費率**」である。

―――――――――――――――――― 速算表 ――――――――――――――――――

社会保険診療収入の金額	概算経費率	加算額
2,500万円以下	72%	― 円
2,500万円超　3,000万円以下	70%	50万円
3,000万円超　4,000万円以下	62%	290万円
4,000万円超　5,000万円以下	57%	490万円

(注)　例えば，社会保険診療収入の金額が3,500万円の場合には，その社会保険診療収入に係る必要経費の金額は，2,460万円となる。
　　　3,500万円×62％＋290万円＝2,460万円

このため，この特例が適用される場合には，医業又は歯科医業に係る総収入金額と必要経費の総額（それぞれ帳簿上の実額）を，社会保険診療収入，自由診療収入及び雑収入の別にそれぞれ区分計算する必要がある。

その上で，社会保険診療収入に限っては，その社会保険診療収入の金額に上記の概算経費率を適用して必要経費の金額を算出し，これを実額である必要経費の金額に代えて必要経費の金額とすることになる。また，自由診療収入及び雑収入については，それぞれ区分計算した実額である必要経費の金額を必要経費の金額とすることになる。

なお，この場合の自由診療収入には，一般の自由診療収入のほか，室料差額

収入，健康診断料，母子保健法に基づく検診料，介護保険法に基づく主治医意見書作成料などが含まれる。また，雑収入には，次のようなものが該当する。

① 貸与寝具・テレビ等の使用料，洗濯代
② 電話・自販機の使用料
③ 医薬品等の仕入割戻し

2 概算経費率を適用する場合の医業等による事業所得の計算の手順

(1) 青色申告決算書又は収支内訳書の作成

まず，医業又は歯科医業による事業所得についても，その他の事業所得と同様，その医業又は歯科医業に係る年間損益等の全体について青色申告決算書を作成する必要がある。もっとも，社会保険診療報酬の所得計算の特例は青色申告者に限って適用されるものではないので，白色申告者の場合には収支内訳書を作成する必要がある。

(2) 収入金額の内訳及び自由診療割合の計算

税務署から入手した「医師又は歯科医師用の付表」を使用して，社会保険診療収入及び自由診療収入の別に診療件数，診療実日数及び収入金額を，それぞれ集計して記入する。この場合，社会保険診療収入については，決定点数もそれぞれ集計して記入し，収入金額は診療報酬当座口への振込額と窓口収入金額の別に集計する。雑収入については，収入金額の合計額を記入する。

その上で，次の算式のいずれかの方法により自由診療割合を算出する。

A 診療実日数による自由診療割合

$$\frac{自由診療実日数}{総診療実日数} \times 100 = \underline{\hspace{2em}}\%$$

B 収入による自由診療割合

$$\frac{自由診療実収入}{総診療収入} \times 100 \times \overset{(調整率)}{\underline{\hspace{2em}}}\% = \underline{\hspace{2em}}\%$$

これらの割合は，自由診療収入に係る所得計算を行う際に，自由診療と社会

第3章　開業医等の事業に係る所得の課税関係

保険診療のいずれに係る経費であるか明らかでない経費（共通経費）を合理的に区分するために使用するものである。

また，算式Ｂの「調整率」は，診療科目別に次の割合である。これは，同一の原価によって診療が行われた場合でも，一般に自由診療の方が社会保険診療よりも単価が高いため，診療日数による場合との開差を少なくするためのものである。

　　眼科・外科・整形外科＝80％

　　産婦人科・歯科＝75％

　　上記以外（美容整形を除く）＝85％

(3) 自由診療分の必要経費の実額の計算

税務署から入手した「医師又は歯科医師用の付表」を使用して，医業又は歯科医業による事業所得に係る必要経費のうち自由診療分の実額を算定する。

A　一般経費（青色特典経費以外の経費）分

$$\left[\begin{array}{c} \text{一般経費の総額} \\ \underline{\hspace{2cm}}\text{円} \end{array} - \begin{array}{c} \text{自由診療分と社会保険診療分とに明確} \\ \text{に区分できる一般経費①}\ \underline{\hspace{2cm}}\text{円} \end{array} \right] \times \begin{array}{c} \text{自由診療割合} \\ \underline{\hspace{2cm}}\text{％} \end{array}$$

$$+ \begin{array}{c} \text{①のうち自由診療分に係} \\ \text{る一般経費}\ \underline{\hspace{2cm}}\text{円} \end{array} = \begin{array}{c} \text{自由診療分の一般経費} \\ \text{の実額②}\ \underline{\hspace{2cm}}\text{円} \end{array}$$

（注）　算式中の「自由診療分と社会保険診療分とに明確に区分できる一般経費」とは，次のようなものをいう。

・事業税及び消費税（自由診療分）

・未収金を個別管理している場合の貸倒損失

・第三者に委託したレセプト請求費用（社会保険診療分）

B　青色特典経費分

◆　専従者給与額

$$\begin{array}{c} \text{専従者給与額} \\ \underline{\hspace{2cm}}\text{円} \end{array} \times \begin{array}{c} \text{自由診療割合} \\ \underline{\hspace{2cm}}\text{％} \end{array} = \begin{array}{c} \text{自由診療分の専従者給} \\ \text{与額③}\underline{\hspace{2cm}}\text{円} \end{array}$$

◆　一括評価による貸倒引当金繰入額

$$\begin{array}{c} \text{自由診療分の一括評価に} \\ \text{よる貸金額}\ \underline{\hspace{2cm}}\text{円} \end{array} \times \frac{55}{1000} = \begin{array}{c} \text{自由診療分の一括評価によ} \\ \text{る繰入額④}\ \underline{\hspace{2cm}}\text{円} \end{array}$$

◆ 退職給与引当金繰入額

退職給与引当金繰入額＿＿＿＿＿円 × 自由診療割合＿＿＿＿＿％ ＝ 自由診療分の退職給与引当金繰入額⑤ ＿＿＿＿＿円

（4）社会保険診療分の必要経費の実額の計算

　税務署から入手した「医師又は歯科医師用の付表」を使用して，医業又は歯科医業による事業所得に係る必要経費のうち社会保険診療分の実額を算定する。

A　一般経費（青色特典経費以外の経費）分

一般経費の総額＿＿＿＿＿円 － 自由診療分の一般経費の実額② ＿＿＿＿＿円 ＝ 社会保険診療分の一般経費の実額⑥ ＿＿＿＿＿円

B　青色特典経費分

◆ 専従者給与額

専従者給与額＿＿＿＿＿円 － 自由診療分の専従者給与額③ ＿＿＿＿＿円 ＝ 社会保険診療分の専従者給与額⑦ ＿＿＿＿＿円

◆ 一括評価による貸倒引当金繰入額

$\left[\begin{array}{l}\text{一括評価による繰入額＿＿＿＿＿円} - \text{自由診療分の一括評価による繰入額④ ＿＿＿＿＿円}\end{array}\right]$

$- \left[\begin{array}{l}\text{一括評価による繰戻額＿＿＿＿＿円} - \text{自由診療分の一括評価による繰戻額 ＿＿＿＿＿円}\end{array}\right]$

＝ 社会保険診療分の貸倒引当金繰入額⑧ ＿＿＿＿＿円

◆ 退職給与引当金繰入額

退職給与引当金繰入額＿＿＿＿＿円 － 自由診療分の退職給与引当金繰入額⑤ ＿＿＿＿＿円

＝ 社会保険診療分の退職給与引当金繰入額⑨ ＿＿＿＿＿円

第3章　開業医等の事業に係る所得の課税関係

(5) 社会保険診療分の概算経費率による必要経費の額及び措置法差額の計算

A　概算経費率による必要経費の額の計算

社会保険診療収入の
総額 _____ 円 × 速算表の概算経
費率 _____ ％ + 速算表の加算
額 _____ 円

= 社会保険診療収入に係る概算
経費の金額⑩ _____ 円

B　措置法差額の計算

社会保険診療収入に係る概算
経費の金額⑩ _____ 円 − 社会保険診療分の必要経費の実額
(⑥＋⑦＋⑧＋⑨)⑪ _____ 円

= 措置法差額⑫
_____ 円

(6) 青色申告決算書又は収支内訳書への措置法差額の記入

　措置法差額については，上記 (1) で作成した，青色申告決算書又は収支内訳書のそれぞれの書式の余白部分に「措置法差額_____円」と記載し，それぞれの書式の「所得金額」欄には，青色申告特別控除額控除後の事業所得の金額からその措置法差額を控除した残額を記入する。

　また，確定申告書B第二表の「○措置法適用条文等」欄に，「措置法第26条」と記入する。

(7) 雑収入分の必要経費の実額の計算

　上記 (3) 及び (4) の算式中の「一般経費の総額」は，自由診療分と社会保険診療分とに配分されるわけであるが，その一般経費の総額は，事業所得に係る必要経費の総額（青色特典経費を除く）であるから，雑収入分に配分される必要経費の額はゼロになる。この点は，厳密にいえば，雑収入分の必要経費であることが明確に区分できるものについては，雑収入分の必要経費として先取りすべきではないかと考える。

Q18
UESTION
複数の診療科目を併営する場合の自由診療割合等の計算

　社会保険診療収入について概算経費率の適用を受ける場合には，まず，「自由診療割合」を算出する必要があるが，内科と歯科を併営している医師が自由診療割合を収入金額の割合によって計算するときは，自由診療収入割合及び調整率のほかに診療科目別収入割合が相互に絡むことになり複雑になると考えられる。

　具体的にどのような方法で計算することになるのか。

Point

　社会保険診療収入について概算経費率の適用を受ける場合において，自由診療割合を収入金額の割合によって算出するときには，診療科目ごとにそれぞれの調整率を加味することになる。

　しかし，診療科目が複数以上ある場合には，その科目ごとの収入割合をどのように加味すべきかといった問題がある。

Answer

　診療科目ごとに計算した自由診療収入割合（調整率適用後の割合）に，診療科目間の総診療収入の構成割合をそれぞれ乗じて算出した割合を合計して，実際に使用する「自由診療割合」を算定する。要するに，診療科目ごとに計算した自由診療収入割合に，その診療所等の合計診療収入に占める割合を加味するわけである。

　詳しくは，次の【解説】のとおりである。

解　説

　社会保険診療収入について概算経費率の適用を受ける場合には，【Q17】の【解説】の2（2）にあるとおり，まず，次の算式のいずれかの方法により「自由診療割合」を算出することになっている。

第3章　開業医等の事業に係る所得の課税関係

A　診療実日数による自由診療割合

$$\frac{自由診療実日数}{総診療実日数}\times100=\underline{}\%$$

B　収入による自由診療割合

$$\frac{自由診療実収入}{総診療収入}\times100\times\overset{（調整率）}{\underline{}}\%=\underline{}\%$$

このうち，算式Bの収入金額の割合による場合には，「調整率」を乗ずることとされており，それは，診療科目別に次の割合とされている。

眼科・外科・整形外科＝80 %

産婦人科・歯科＝75 %

上記以外（美容整形を除く）＝85 %

内科と歯科を併営するなど診療科目が単一でない場合において算式Bの収入金額の割合によるときは，自由診療収入割合及び調整率のほかに，診療科目別収入割合が絡んでくる。この関係を例示すると次のようになる。

イ　内科

・社会保険診療収入　8,000,000円（収入割合80.00 %）

・自由診療収入　　　2,000,000円（収入割合20.00 %）

・総診療収入合計　10,000,000円（収入割合100.00 %）

※自由診療収入割合20.00 % × 調整率85 %＝17.00 %

ロ　歯科

・社会保険診療収入　10,000,000円（収入割合71.43 %）

・自由診療収入　　　 4,000,000円（収入割合28.57 %）

・総診療収入合計　14,000,000円（収入割合100.00 %）

※自由診療収入割合28.57 % × 調整率75 %＝21.43 %

ハ　内科・歯科の収入割合（収入総額2,400万円に占める割合）

・内科41.67 %

・歯科58.33 %　　　合計100.00 %

このケースの場合において，概算経費率の適用を受けるときに使用する「自由診療割合」は，次の算式により算定することになる。

81

17.00 ％ ×41.67 ％＝7.08 ％

21.43 ％ ×58.33 ％＝12.50 ％

7.08 ％＋12.50 ％＝<u>19.58 ％</u>…使用する「自由診療割合」

　要するに，とりあえず内科の自由診療割合 17.00 ％と歯科の自由診療割合 21.43 ％を算定し，算定後のそれぞれの自由診療割合に，内科・歯科の収入割合（内科 41.67 ％・歯科 58.33 ％）を加味して，使用する「自由診療割合」を算定するわけである。

第３章　開業医等の事業に係る所得の課税関係

Q19 自由診療専用の外注先と併用の外注先がある場合の自由診療分の実額の計算

歯科医の外注先である技工所が２カ所あり，そのうちの１カ所には自由診療に係るものだけを外注しており，もう１カ所には自由診療，社会保険診療のいずれの診療に係るものも外注している。

この場合，自由診療に係るものだけを外注している技工所分の外注費を「自由診療分と社会保険診療分とに明確に区分できる一般経費」に含めて，自由診療分の一般経費の実額を計算することができるか。

Point

社会保険診療報酬の所得計算の特例の適用を受ける場合の「自由診療分の一般経費の実額」の計算をする場合の前提となる「自由診療分と社会保険診療分とに明確に区分できる一般経費」の範囲を，拡張的に解釈すると，自由診療分として按分される経費が過大となり実態にそぐわないことになるといった問題がある。

Answer

収入金額の増減に直接結び付くような原価や外注費の場合には，それらの経費から自由診療分として明らかな部分を除外すると，残った部分には社会保険診療分の経費割合が多くなる。

にもかかわらずこの除外後の金額に一律に「自由診療割合」を乗じると，さらに自由診療分として按分され，実態にそぐわないことになるため，原価や外注費などの経費の中に含まれている経費を除外して自由診療分の一般経費の実額を計算することは不適切である。

詳しくは，次の【解説】のとおりである。

解　説

社会保険診療報酬の所得計算の特例の適用を受ける場合の「自由診療分の一般経費の実額」は，【Q17】の【解説】の２（3）の算式にあるとおり，次の算式により計算することになっている。

83

$$\left[\begin{array}{c}\text{一般経費の総額}\\\underline{}\text{円}\end{array} - \begin{array}{c}\text{自由診療分と社会保険診療分とに明確}\\\text{に区分できる一般経費①}\ \underline{}\text{円}\end{array}\right] \times \begin{array}{c}\text{自由診療割合}\\\underline{}\text{\%}\end{array}$$

$$+ \begin{array}{c}\text{①のうち自由診療分に係}\\\text{る一般経費}\ \underline{}\text{円}\end{array} = \begin{array}{c}\text{自由診療分の一般経費}\\\text{の実額②}\ \underline{}\text{円}\end{array}$$

　この算式中の「自由診療分と社会保険診療分とに明確に区分できる一般経費」とは，次のようなものをいうこととされており，内容的には限定的である。

　・事業税及び消費税（自由診療分）

　・未収金を個別管理している場合の貸倒損失

　・第三者に委託したレセプト請求費用（社会保険診療分）

　質問は，この場合の「自由診療分と社会保険診療分とに明確に区分できる一般経費」に，自由診療に係るものだけを外注している技工所分の外注費を含めることができるか否かというものである。

　収入金額の増減に直接結び付くような原価や外注費の場合には，それらの経費から自由診療分として明らかな部分を除外すると，残った部分には社会保険診療分の経費割合が多くなる。にもかかわらずこの除外後の金額に一律に「自由診療割合」を乗じると，さらに自由診療分として按分され，実態にそぐわないことになる。

　したがって，原価や外注費などの経費の中に自由診療分として明らかな部分が含まれているとしても，それらの経費を除外して自由診療分の一般経費の実額を計算することは不適切である。

　仮に，このような方法により自由診療分の一般経費の実額を計算するとすれば，【Q17】の【解説】の2(2)の「自由診療割合」自体の計算をする際に，その除外する原価や外注費などの経費に対応する診療実日数又は診療収入を分母の総診療実日数又は総診療収入から除外して自由診療割合を計算し直す必要があることになる。

　質問の場合の技工所に対する外注費についても，収入金額の増減に直接結び付く経費であるから，「自由診療分と社会保険診療分とに明確に区分できる一般経費」に含めることは適当ではない。

第３章　開業医等の事業に係る所得の課税関係

Q20
UESTION
事業専従者給与の金額がある場合の自由診療分の実額の計算

２人とも歯科医である夫婦のうち妻が夫の事業専従者となっている場合において，その事業専従者が担当する診療科目や患者は夫のそれと区分されているから，その事業専従者が担当した患者に係る自由診療割合を事業専従者給与の総額に乗ずることによって自由診療分に相当する事業専従者給与の金額を算定することが可能である。

このような場合は，【Q17】の【解説】の２（3）Bの特典経費分のうちの専従者給与額は，算式中の「自由診療割合」に代えて，事業専従者給与の総額に「事業専従者である妻が担当した患者に係る自由診療割合」を乗ずることとしてもよいか。

Point

事業専従者給与の金額のうち自由診療収入に対応する部分を算出する際に適用する自由診療割合は，個々の診療所全体の自由診療収入の割合によることとされているが，この割合を，事業専従者が従事した診療全体の自由診療収入の割合によることができるか否かといった問題がある。

Answer

【Q17】の【解説】の２（3）Bにおいては，特典経費分のうち専従者給与額について，次の算式により計算することとしている。

$$\text{専従者給与額} \times \frac{\text{自由診療割合}}{\text{_____}\%} = \frac{\text{自由診療分の専従者}}{\text{給与額③_____円}}$$

質問は，この算式中の「自由診療割合」に代えて「事業専従者である妻が担当した患者に係る自由診療割合」を使用できないかというものである。

これは事業専従者についての認識の仕方の問題であって，事業専従者を前問にあるような歯科技工の外注先と同様に位置付けすると，「自由診療割合」自体の見直しが必要になってくるし，また，事業専従者は単なる使用人ではなく事業の運営を含め全体の業務を行っていると位置付けすると，事業専従者である妻が担当した患者に係る自由診療だけにこだわることには問題があることに

85

なる。

　こういったことから，下記【裁決事例要旨】にあるように，原則どおりの「自由診療割合」によることが相当と考えられる。

裁 決 事 例 要 旨

自由診療報酬分に係る専従者給与額の算定方法（平成 12 年 6 月 21 日裁決）

　歯科医業を営む請求人は，社会保険診療報酬の所得計算の特例を適用するにあたって，保険診療収入と自由診療収入のいずれの収入に係る必要経費であるかの区分ができない専従者（歯科医師）給与の額を区分計算する際に，専従者が担当する診療科目・患者は請求人と区分されていることから，専従者が担当した患者に係る自由診療収入割合基づいて計算すべである旨主張する。しかし，専従者の治療自体は請求人のそれと区別されるものの，専従者は医院の運営を含め全体の業務を行っていることから，専従者給与以外の必要経費の区分と同様，医院全体の自由診療収入の割合に基づいた計算により区分するのが相当と認められる。

第3章 開業医等の事業に係る所得の課税関係

Q21 特例適用要件7,000万円以下の「総収入金額」の範囲

社会保険診療報酬の所得計算の特例は，医業又は歯科医業を営む個人の社会保険診療収入の金額が5,000万円以下であり，かつ，その個人が営む医業又は歯科医業から生ずる事業所得に係る総収入金額に算入すべき金額の合計額が7,000万円以下であるときに適用することとされている。
この場合の「総収入金額」とは，どのような範囲をいうのか。

Point

概算経費率の適用要件のうち「事業所得に係る総収入金額に算入すべき金額の合計額が7,000万円以下であること」については，平成25年3月の税制改正により追加され，平成26年分の所得税から適用されているものである。

この収入金額の範囲については，「医業又は歯科医業から生ずる事業所得」に係るものとされていることから，医業又は歯科医業にどの程度まで関連する収入をいうのかといった問題がある。

Answer

租税特別措置法26条の「社会保険診療報酬の所得計算の特例」は，医業又は歯科医業を営む個人の社会保険診療収入の金額が5,000万円以下であり，かつ，その個人が営む医業又は歯科医業から生ずる事業所得に係る総収入金額に算入すべき金額の合計額が7,000万円以下であるときに適用することとされている。

この場合の総収入金額は，社会保険診療収入のほか自由診療収入及び雑収入の合計額であるが，経常的に生ずるもの以外の収入は含まないこととされており，例えば次の金額は含まれないこととされている（法人税措置法関係通達67-2の2を援用）。

① 国庫補助金，補償金，保険金その他これらに準ずるものの収入
② 固定資産又は有価証券の譲渡に係る収入
③ 受取配当金，受取利子，固定資産の賃貸料等営業外収入
④ 貸与寝具・テレビ等の使用料，洗濯代

87

⑤　医薬品等の仕入割戻し

⑥　電話・自販機等の手数料

⑦　マスク，歯ブラシ等の物品販売収入

第３章　開業医等の事業に係る所得の課税関係

Q22 社会保険診療収入に係る部分の臨時的・偶発的な損失等の取扱い

QUESTION

　私は開業医で，以前から「社会保険診療報酬の所得計算の特例」の適用を受けて所得税の申告をしている。このたび，医療用機器の一部を除却したことにより除却損が発生した。この場合の除却損の金額は，概算経費率により計算した必要経費とは別枠で必要経費に加算することができるのか。

POINT

　社会保険診療報酬の所得計算の特例を適用して算出した必要経費には，いわゆる「概算経費」であるから当然一般的な必要経費は含まれると解されるが，臨時的・偶発的に生じた損失も含まれるのか否かが問題となる。

ANSWER

　租税特別措置法26条の「社会保険診療報酬の所得計算の特例」は，社会保険診療報酬の金額が5,000万円以下であり，かつ，その個人が営む医業又は歯科医業から生ずる事業所得に係る総収入金額に算入すべき金額の合計額が7,000万円以下であるときに適用することとされている。

　この特例の適用を受ける場合のその社会保険診療に係る費用として必要経費に算入する概算経費の金額は，所得税法37条《必要経費》１項及び同法45条から57条《必要経費の特例》の規定は適用されず，実額経費に該当するものの全てがこの特例の規定により計算した概算経費の中に含まれるものと解されている。

　したがって，質問の医療用機器の一部を除却したことにより生じた除却損の金額についても，社会保険診療収入に対応する部分の金額がこの特例の規定により計算した概算経費の金額の中に含まれる。

89

Q23 社会保険診療報酬を返還した場合の税務処理

UESTION

　私は開業医で，以前から「社会保険診療報酬の所得計算の特例」の適用を受けて所得税の申告をしている。このたび，社会保険の監査の結果，昨年分の社会保険診療報酬の額が過大であると指摘され，今年になってその過大請求分の金額を返還した。

　この場合，昨年分の社会保険診療報酬の所得計算をやり直すことになるのか，それとも本年分の所得計算の際に調整することになるのか。

Point

　社会保険診療報酬の所得計算をやり直すことになるのか，それとも，過大請求分として返還すべき金額は，自由診療収入に係る必要経費になるのか，雑収入に係る必要経費になるのか，必要経費になるとした場合，いつの時点で計上するのかといった問題がある。

Answer

　過大請求分として返還すべき金額を除外して社会保険診療報酬の所得計算をやり直し，過大請求分として返還すべき金額を自由診療収入又は雑収入に加算する。

　実際に返還した金額は，その返還した時点の自由診療収入又は雑収入に係る必要経費として計上する。

　詳しくは，下記【解説】のとおりである。

裁 決 事 例 要 旨

無効な行為により生じた経済的成果がその行為の無効であることに基因して失われたことによる返還債務は，それが現実に返還されるまでは担税力があり，現実に返還したときに必要経費に算入されるとした事例（平成21年8月28日裁決）

　請求人は，保険者に返還すべきこととなった返還債務（以下「本件返還債務」

第3章　開業医等の事業に係る所得の課税関係

という）の金額は，監査機関に返還同意書を提出したときに債務が確定したと認められるからその年分の事業所得の必要経費に算入されるべきである旨主張する。

　しかし，本件返還債務は，請求人が保険者に対して本来請求することができない診療報酬を不正又は不当に請求したために生じたものであり，事業所得の基礎となった事実のうちに含まれていた無効な行為により生じた経済的成果と同視し得るものが，その行為の無効であることに基因して保険者から返還を求められたことにより生じたものである。事業所得に対する課税は納税者の担税力に着目してなされるものであるところ，当該所得が無効な行為により得られた利得であるときであっても，少なくともそれが現実に返還されるまでは担税力を有するものであり，その担税力が失われるまでは損失が生じたということはできないから，資産損失として必要経費に算入される時期は，現実に返還した年分である。

(注)　平成9年4月15日裁決も，同旨である。

┃ 解　説

1　社会保険診療報酬の所得計算のやり直し

　社会保険診療報酬として支払を受けた金額であっても，社会保険診療に関する法律等に照らして適正な金額を超える部分の金額は社会保険診療報酬に該当しないため，その部分の金額は過大請求分として返還すべきこととなる。

　一方，社会保険診療報酬の所得計算は，その年分の医業等に係る総収入金額のうちの社会保険診療収入の金額に，前記【Q17】の【解説】の1の概算経費率を適用して必要経費の金額を算出することとされているので，その社会保険診療収入の金額の中に過大請求分として返還すべき金額が含まれている場合には，その部分の金額を除外した金額に対して上記1の概算経費率を適用して必要経費の金額をやり直す必要がある。

　その再計算の際に社会保険診療収入から除外した金額については，

①　診療等の対価ではあるが社会保険診療報酬として請求できない自由診療

91

に係るものである場合には，自由診療収入に加算し，

② 診療等を行っていないにもかかわらず社会保険診療報酬として請求して
いたものである場合には，雑収入に加算する

ことになる（所法36①）。そして，これらの処理をするため，過大請求分の
生じた年分について修正申告をする必要がある。

2 返還すべき金額の必要経費算入とその時期

社会保険の監査の結果，社会保険診療報酬の額が過大であると指摘された場
合のその過大請求分の金額は，上記1のとおり自由診療収入又は雑収入に加算
することになるが，この金額はいずれ返還することになるため，過大請求分と
して返還すべき金額は，自由診療収入又は雑収入に係る必要経費になるのか，
必要経費になるとした場合，いつの時点で計上するのかといった問題がある。

その点，所得税法上，事業所得の金額の計算の基礎となった事実のうちに含
まれていた無効な行為により生じた経済的成果がその行為が無効であることに
基因して失われ，又はその事実のうちに含まれていた取り消すことのできる行
為が取り消されたことにより生じた損失の金額は，必要経費に算入すること
としており（所法51②，所令141），社会保険診療報酬の過大請求分として返還
すべき金額は，ここに規定する損失に当てはまるものと解されるので，医業等
に係る事業所得の必要経費に算入することができる。

必要経費に算入する場合，社会保険診療収入に係る所得金額の計算のやり直
しに伴ってその返還すべき金額を自由診療収入又は雑収入に加算することとの
裏腹の関係で，その返還すべき金額は自由診療収入又は雑収入に係る所得金額
の計算上の必要経費に加算することになる。つまり，両建て経理をすることに
なる。

返還すべき金額の必要経費算入の可否については，上記**【裁決事例要旨】**に
あるとおりと考える。ただし，その損失の必要経費の算入時期については，そ
の裁決事例にあるように，その返還債務が現実に返還されるまでは請求人が担
税力を有するものと認められるとすることについては，異論があり得る。

というのは，社会保険診療報酬過大請求の時点では，その請求人が現実にそ

の利得を支配し経済的成果を享受しているといえるものの，社会保険の監査の結果不正又は不当の請求の事実が明白となり監査機関に返還同意書を提出した時点においては，返還債務が確定していると考えることができるからである。要するに，その時点に至っては借金を抱えているのと同様の位置付けになっているわけで，必要経費として確定しているという見方ができると考える。

Q24
UESTION

患者負担分の診療報酬を受け取らなかった場合の税務処理

私は開業医である。窓口収入である患者負担分を受けとらなかった場合，その受け取らなかった金額は社会保険診療報酬の所得計算上，どのように取り扱うことになるのか。

Point

受け取らなかった患者負担分の金額は収入金額に計上しなければならないのか，収入金額に計上するとした場合にはその金額を事業遂行上の損失として必要経費に計上することができるのかといったことが問題となる。

Answer

社会保険診療報酬の所得計算の特例の適用対象となる診療収入には，その支払機関から支払を受ける部分と保険患者から病院又は診療所の窓口で支払を受ける部分とがある。後者がいわゆる窓口収入といわれるものである。

この窓口収入については，病院又は診療所によっては事務負担などの事情により支払を受けないケースがあるようである。しかし，下記【裁決事例要旨1・2】にあるように，課税上はその支払を受けない金額であっても，事業所得の金額の計算上，社会保険診療報酬に係る収入金額に加算する必要がある（所法36①）。ただし，収入金額には加算するものの実際には支払を受けないため，経済的成果が失われているので，同額を必要経費に加算することになる（所法51②，所令141）。要するに，両建て経理をすることになる。

ところが，社会保険診療報酬の所得計算の特例の適用を受ける場合には，収入金額に加算する金額は社会保険診療収入の金額であるため，その加算後の社会保険診療の収入金額を基礎として概算経費率を適用して必要経費の金額を計算し直すことが必要になり，その概算経費率による再計算後の必要経費の金額の中にはその支払を受けないことによる損失相当額も含まれることになる。

したがって，社会保険診療報酬の所得計算の特例の適用を受ける場合には，その損失の金額を概算経費率による再計算後の必要経費の金額に加算することはできない。

94

第3章　開業医等の事業に係る所得の課税関係

裁 決 事 例 要 旨 1

社会保険診療に係る患者の一部負担金のうち，医師が請求しなかった部分も，社会保険診療報酬の所得計算の特例に規定する社会保険診療に係る収入金額に該当するとした事例（平成4年3月9日裁決）

　請求人が患者に請求すべき金額は，厚生省告示の患者の一部負担金と同額となり，当該一部負担金と実際に窓口で患者から受領した保険収入との差額は，本来値引きに相当する金額であり，収入すべき金額である。

裁 決 事 例 要 旨 2

患者負担金を免除した場合の収入の計上時期（平成9年2月6日裁決）

　社会保険診療報酬に係る収入金額は，保険患者から受ける窓口収入金額及び健康保険法等に定める支払の事務取扱機関から受領した金額の合計額であり，仮に請求できない金額があるとしても，社会保険診療報酬の額は診療行為を行ったつど，診療報酬額として確定する。

Q25
UESTION

地方公共団体から支払を受ける患者負担金相当額，利子補給金及び事務取扱手数料

老人医療に関して地方公共団体から支払を受ける患者負担金相当額，利子補給金，事務取扱手数料がある。これらの収入は社会保険診療収入として概算経費率の適用対象になるのか。

Point

医療機関に対して支払われる老人医療の助成金は，地方公共団体から医療機関に対して支払われるものであるから，社会保険診療報酬の所得計算の特例の適用対象とならないのではないかといった問題がある。

Answer

老人医療に係る社会保険診療については，患者の自己負担金の支払を免除し，それ相当額などを地方公共団体が医療機関に対して支払うケースがあり，その支払金の内訳は，患者負担金相当額，利子補給金及び事務取扱手数料となっている。

この場合の患者負担金相当額は医療機関のいわゆる窓口収入に相当するもので立替払いのようなものであるから社会保険診療報酬の所得計算の特例の適用対象となる。

また，利子補給金は診療等の時から地方公共団体から支払われるまでの間の利息に相当するものであり，事務取扱手数料は地方公共団体に対して請求する手間賃に相当するものであるため，診療等に係る収入に当たらず，雑収入として取り扱われる。

第 3 章　開業医等の事業に係る所得の課税関係

Q26

UESTION

母子保健法に基づいて支払われる養育医療費, 妊婦又は乳児の健康診査に係る診断料

母子保険法に基づいて支払を受ける診療報酬には養育医療費とか妊婦又は乳児の健康診査の診断料があるが, いずれも社会保険診療収入として概算経費率の適用対象になるのか。

Point

概算経費率の適用対象になる社会保険診療収入は, 同一法律に基づく診療であっても租税特別措置法26条2項に具体的に掲げられているものに限定されていることに留意する必要がある。

Answer

租税特別措置法26条2項には母子保険法による診療報酬も掲示されているが, 同条項の適用対象とされているのは, 未熟児に対する養育医療費であり, 妊婦の健康診査や乳児の健康診査の診断料については適用対象に含まれていない。それゆえ, 妊婦や乳児の健康診査の診断料については, 概算経費率の適用対象にはならない。

要するに, 社会保険診療収入に係る概算経費率の適用対象となるのは, 租税特別措置法26条2項に掲げられる診療報酬に限定されていることに留意する必要がある。

Q27 UESTION 柔道整復師の社会保険診療報酬に対する所得計算の特例の適用

　私は柔道整復師で，社会保険による診療も行っている。この社会保険診療報酬について，概算経費率による所得計算の特例の適用を受けることができるか。

Point

　社会保険診療報酬の所得計算の特例の規定は，社会保険診療収入について適用されるものであるが，医師又は歯科医師の資格のない柔道整復師が行った社会保険診についても適用されるか否かの問題がある。

Answer

　租税特別措置法26条1項の規定の適用対象者の範囲については，【Q14】の【解説】の2において説明したとおりである。

　医業又は歯科医業を「業として」行えるのは医師又は歯科医師の資格を有する者に限定されているものの，同法26条1項の規定の適用対象者は，医業又は歯科医業を「営む」個人とされている。

　一方，柔道整復師は，柔道整復業を業としてなすものであって医業又は歯科医業を業とするものではない。ゆえに，柔道整復業を営む柔道整復師は，同法26条1項の規定の適用対象者には当たらない。このことは，助産師業，あんま業，はり業，きゅう業などについても同様である。

裁決事例要旨

柔道整復業に係る社会保険診療収入に係る概算経費（平成14年3月15日裁決）

　請求人は，柔道整復業を営む個人（柔道整復師）であり，保険診療収入に対する必要経費を租税特別措置法26条1項の規定に準ずると主張して，独自の算定方法の概算経費で確定申告したが，同項の規定は，医師又は歯科医師の医業による社会保険診療報酬に対してだけ適用されると解されるため，柔道整復師である請求人の社会保険診療収入に対しては適用できない。

第 3 章　開業医等の事業に係る所得の課税関係

Q28 UESTION　社会保険診療報酬の所得計算の特例の適用を受けていなかった場合の更正の請求等による適用の可否

　私は開業医で，その事業に係る所得の税務申告については，顧問税理士に任せっきりであったため，社会保険診療報酬の所得計算の特例の適用を受けないままで，これまでの所得税の申告をしてきた。この場合，更正の請求をすることにより，以前の年分に遡って同特例の適用を受けることができるか。

Point

　社会保険診療報酬の所得計算の特例の規定は，納税者の選択の有無にかかわらず一律に適用されるかのような規定ぶりになっているため，その適用があるべきケースにおいて実際に適用を受けていなかった場合に，更正の請求などの方法によって適用を受けることができるか否かが問題となる。

Answer

　更正の請求ができる事由に当たらず，また，やむを得ない事情があるとは認められないため，遡って社会保険診療報酬の所得計算の特例の適用を受けることはできない。

　詳しくは，下記【解説】のとおりである。

裁決事例要旨 1

社会保険診療報酬の所得計算の特例を適用しないで申告をした場合には，同特例を適用した場合の所得の減少を理由とする更正の請求は認められないとした事例

(昭和 62 年 11 月 24 日裁決)

　租税特別措置法 26 条《社会保険診療報酬の所得計算の特例》3 項には，確定申告書に同条 1 項の規定により計算した旨の記載がない場合には，同条の規定は適用されないと明記されているところ，本件申告書には，その旨の記載がない以上，更正の請求によって同条の適用を求めることはできない。

(注)　昭和 63 年の税制改正により，「やむを得ない事情」がある場合には，同条

99

の適用があることとされた。次の【裁決事例要旨2】参照。

裁 決 事 例 要 旨 2

やむを得ない事情による特例の適用の可否 （平成9年12月16日裁決）

　請求人は，事業所得の金額の算定について所得税法37条1項《必要経費》の規定に基づき実額計算の方法により必要経費を算定したが，租税特別措置法26条《社会保険診療報酬の所得計算の特例》1項の規定を適用しなかったのは，同項の規定の選択適用ができることを知らなかったこと，また，当時の関与税理士に任せっきりであり，当該税理士から請求人に対し何ら説明がなかったことによるものであるから，これらのことは，同条4項に規定するやむを得ない事情に該当するので，同条1項の規定の適用を認めるべきである旨主張する。

　しかしながら，請求人自身が同条1項の規定の選択適用ができることを知らなかったことは，税法の不知等に当たり，また，請求人に対し税理士から説明がなかったとしても請求人の委任を受けた税理士の作成による確定申告書に，請求人の署名押印がなされているから，いずれも同条4項に規定するやむを得ない事情があるとは認められないので，社会保険診療報酬の特例の適用は認められない。

解　説

　租税特別措置法26条《社会保険診療報酬の所得計算の特例》1項の規定によれば，所定の収入金額要件に適合する場合には，社会保険診療収入に係る必要経費の金額は，所得税法37条《必要経費》1項及び同法45条から57条《必要経費の特例》の規定にかかわらず，その年分の社会保険診療収入の金額に応じて所定の概算経費率を適用して算定した金額とすると定めており，納税者の選択によらず，一律に実額経費に代えて概算経費率による経費とするかのような規定ぶりとなっている。

　この租税特別措置法26条1項の規定が，所定の収入金額要件に適合する場

第3章　開業医等の事業に係る所得の課税関係

合には一律に実額経費に代えて概算経費率による経費とするということであれば，納税者の選択の余地はないわけで，この特例の適用をしていない場合には修正申告又は更正の請求等によって事後的に是正する必要がある。

しかし，同条3項では，確定申告書にこの特例の規定により事業所得の金額を計算した旨の記載がない場合には，この特例の規定を適用しないと定めている。このため，その記載をするか否かは，確定申告書の提出の際，その納税者の選択によることができると解されている。

ただし，同条4項では，その記載ができなかった（その適用を受けることの選択ができなかった）ことについて「やむを得ない事情」がある場合には，その適用を事後的に認めることとしている。

そこで問題となるのが，「やむを得ない事情」であるが，その前に，そもそも更正の請求ができるか否かの問題がある。その点，上記【裁決事例要旨1】にあるように，社会保険診療報酬の所得計算の特例は，確定申告書にこの特例の規定により計算した旨の記載がない場合には適用されないと明記されているのであるから，その旨の記載がない以上，更正の請求によってこの特例の適用を受けることはできない。ただし，この裁決は昭和63年の税制改正前のものであり，その後「やむを得ない事情」がある場合の宥恕規定が追加されている。

そこで「やむを得ない事情」があるか否かであるが，上記【裁決事例要旨2】では，請求人自身が同条1項の規定の選択適用ができることを知らなかったことは，税法の不知等に当たり，また，請求人に対し税理士から説明がなかったとしても請求人の委任を受けた税理士の作成による確定申告書に，請求人の署名押印がなされているから，いずれも同条4項に規定するやむを得ない事情があるとは認められないとしている。要するに，法の不知はやむを得ない事情に当たらないとしている。

この点については，『税法解釈の常識〈税法条文の読み方教室〉』荒井勇著（税務研究会）では，「一定の税務計算上の特例を適用するにつき，申告書への記載等を要件とする場合がかなり多いのですが，その記載がなかったことについて「やむを得ない事情があると認めるときは」税務署長がその特例の適用をすることができる旨の規定が各所でされています。この規定の適用については，

今日の納税者の税法に対する知識の程度からいって，初回であれば，規定をうっかり知らないで記載せずに提出したようなことが考えられるので，かなり広く寛大に解釈してもやむを得ないのではないかと思います。すなわち，善意であって，むずかしい規定をよく知らなかったというような場合には，わが国の税務行政の現状からいって，「やむを得ない事情」に該当するものとして取り扱ってよいことが多いでしょう。」と記されている（元内閣法制局第3部長・昭和55年11版・185頁）。

　ここに記載されている内容と上記【裁決事例要旨2】とでは，一見相反しているように見受けられる。つじつまを合わせるとしたら，昭和55年の出版時点と平成9年の裁決時点とでは，「わが国の税務行政の現状」が異なるということなのか，あるいは，医師等や税理士たるものが租税特別措置法26条の規定の不知などあり得ないということなのか疑義のあるところである。

(注)　『コンメンタール所得税法』武田昌輔監修（第一法規）の租税特別措置法26条4項の【注釈】では，「例えば，確定申告の時点では，社会保険診療報酬の額が5,000万円を超えるとして，実額により確定申告をしていたが，その後，社会保険診療報酬の額の計算に誤りがあり報酬額を基金に返却したため5,000万円以下となったような場合には，この特例の適用が受けられるケースもあることになる。」とされている。

　　この記述は，不正・不当な社会保険診療報酬の請求の事実が判明し，その過大な請求部分の金額を返還すべきこととなった場合（【Q23】参照）に，その過大な請求部分の金額を社会保険診療収診療収入から自由診療収入又は雑収入に振り替えることにより社会保険診療収入の金額が5,000万円以下となるような場合には，「やむを得ない事情」があるものとして，この特例の適用が受けられることを解説しているものと考えられる。

第3章 開業医等の事業に係る所得の課税関係

Q29 社会保険診療報酬の所得計算の特例の適用を受けていた場合の更正の請求又は修正申告による撤回の可否

　私は開業医で，社会保険診療収入について概算経費率の適用を選択して確定申告をしたが，自由診療割合の計算上分母の金額を総診療収入金額とすべきところを社会保険診療収入金額としたため，自由診療割合が過大となり，その結果，事業所得に係る必要経費の金額の総額が過大となってしまった。
　この場合，その後の修正申告の際に，概算経費率の適用しないところで再計算して申告し直すことができるか。

Point

　社会保険診療報酬の所得計算の特例の規定は，納税者の選択の有無にかかわらず一律に適用されるかのような規定ぶりになっているため，その社会保険診療収入について概算経費率を適用して確定申告書を提出していた場合において，その後，修正申告の際に，必要経費の実額により所得金額を計算した方が有利であることが判明したといったときに，更正の請求又は修正申告の際に特例の適用を撤回することができるか否かといった問題がある。

Answer

　社会保険診療報酬の所得計算の特例は，確定申告書に概算経費率により計算した旨の記載がない場合には適用しないと明記されているため，確定申告書にその旨の記載がないときはその後において同特例を適用することはできず，また，その特例の適用を確定申告後に撤回することについても法令上の明文の規定はないため撤回することもできない。
　しかし，概算経費率による必要経費の計算に錯誤があり，かつ，修正申告をする必要があるケースに限っては，概算経費率を適用せずに必要経費の計算をすることができるとした最高裁判決がある。
　詳しくは，下記【解説】のとおりである。

103

裁判例要旨 1

更正の請求による特例適用の撤回はできないとした事例（昭和 62 年 11 月 10 日最高裁（三小）判決）

　措置法 26 条 1 項は，医師の社会保険診療に係る必要経費の計算について，実際に要した個々の経費の積上げに基づく実額計算の方法によることなく，一定の標準率に基づく概算による経費控除の方法を認めたものであり，納税者にとっては，実際に要した経費の額が右概算による控除額に満たない場合には，その分だけ税負担軽減の恩恵を受けることになり有利であるが，反対に実際に要した経費の額が右概算による経費額を超える場合には，税負担の面から見る限り右規定によることは不利であることになる。もっとも，措置法の規定は，確定申告書に同条項の規定により事業所得の金額を計算した旨の記載がない場合には，適用しないとされているから（同法 26 条 3 項），同条項の規定を適用して概算による経費控除の方法によって所得を計算するか，あるいは同条項の規定を適用せずに実額計算の方法によるかは，専ら確定申告時における納税者の自由な選択に委ねられているということができるのであって，納税者が措置法の右規定を選択して確定申告をした場合には，たとえ実際に要した経費の額が右概算による控除額を超えるため，右規定を選択しなかった場合に比して納付すべき金額が多額になったとしても，納税者としては，そのことを理由に通則法 23 条 1 項 1 号に基づく更正の請求をすることはできないと解すべきである。けだし，通則法 23 条 1 項 1 号は，更正の請求が認められる事由として，「申告書に記載した課税標準等若しくは税額等の計算が国税に関する法律の規定に従っていなかったこと又は当該計算に誤りがあったこと」を定めているが，措置法 26 条 1 項の規定により事業所得の金額を計算した旨を記載して確定申告をしている場合には，所得税法の規定にかかわらず，同項所定の率により計算した金額をもって所得計算上控除されるべき必要経費とされるものであり，同規定が適用される限りは，もはや実際に要した経費の額がどうであるかを問題とする余地はないのであって，納税者が措置法の右規定に従って計算に誤りなく申告している以上，仮に実際に要した経費の額が右概算による控除額を超

第3章　開業医等の事業に係る所得の課税関係

えているとしても，そのことは，右にいう「国税に関する法律の規定に従って
いなかったこと」又は「当該計算に誤りがあったこと」のいずれにも該当しな
いというべきだからである。このように解しても，納税者としては，法が予定
しているとおり法定の申告期限までに収支決算を終了してさえいれば，措置法
26条1項所定の概算による経費控除の方法と実額計算の方法とのいずれを選
択するのが税負担の面で有利であるかは容易に判明することであるから，必ず
しも納税者に酷であるということはできないし，かえって右のように所得計算
の方法について納税者の選択が認められている場合において，その選択の誤り
を理由とする更正の請求を認めることはいわば納税者の意思によって税の確定
が左右されることにもなり妥当でないというべきである。

裁 判 例 要 旨 2

修正申告による特例適用の撤回ができるとした事例（平成2年6月5日最高裁（三小）
判決）

　歯科医師の事業所得の金額の計算上その診療収入から控除されるべき必要経
費は，自由診療収入の必要経費と社会保険診療報酬の必要経費との合計額であ
るところ，本件においては，診療経費総額を自由診療収入分と社会保険診療報
酬分に振り分ける計算過程において，診療総収入に対する自由診療収入の割合
を出し，これを診療経費総額に乗じて自由診療収入分の必要経費を算出し，こ
れを診療経費総額から差し引いて社会保険診療報酬の実際の必要経費（実額経
費）を算出すべきところ，誤って社会保険診療報酬に対する自由診療収入の割
合を出し，これを診療経費総額に乗じて自由診療収入分の必要経費を算出し，
これを診療経費総額から差し引いて実額経費を算出したため，自由診療収入分
の必要経費を正しく計算した場合よりも多額に，実額経費を正しく計算した場
合よりも少額に算出してしまい，そのため右実額経費よりも概算経費の方が有
利であると判断して概算経費選択の意思表示をしたというのであるから（なお，
本件記録によれば，右の誤りは本件確定申告書に添付された書類上明らかである），
右概算経費選択の意思表示は錯誤に基づくものであり，上告人の事業所得の金

105

額の計算上その診療総収入から控除されるべき必要経費の計算に誤りがあったというべきである。

　ところで，通則法19条1項1号によれば，確定申告に係る税額に不足があるときは修正申告をすることができるところ，本件においては，確定申告に係る自由診療収入の必要経費の計算の誤りを正せば，必然的に事業所得の金額が増加し，確定申告に係る税額に不足額が生ずることになるため，修正申告をすることができる場合に当たることになる。そして，右修正申告をするにあたり，修正申告の要件を充たす限りにおいては（すなわち，確定申告に係る税額を増加させる限りにおいては），確定申告における必要経費の計算の誤りを是正する一環として，錯誤に基づく概算経費選択の意思表示を撤回し，所得税法37条1項等に基づき実額経費を社会保険診療報酬の必要経費として計上することができると解するのが相当である。本件修正申告において，Xは，（中略）税額を増加させるものであり，修正申告の要件を充たし，概算経費選択の意思表示の撤回が有効にされたものとして，本件修正申告は適法というべきである。

　したがって，本件修正申告における概算経費選択の意思表示の撤回を認めず，自由診療収入の必要経費については修正申告による金額としながら，社会保険診療報酬の必要経費については確定申告における概算経費の金額とすべきであるとした本件課税処分は違法である。

▎解　説

　社会保険診療報酬の所得計算の特例は，確定申告書に概算経費率により計算した旨の記載がない場合には適用しないと明記されているため，確定申告書にその旨の記載がないときはその後において同特例を適用することはできず（前記【Q28】参照），また，その特例の適用を確定申告後に撤回することについても法令上の明文の規定はないため撤回することもできない。これが大原則である。

　ところが，上記の【裁判例要旨1】（以下「先判決」という）では，更正の請求の際には撤回することができないとし，【裁判例要旨2】（以下「後判決」と

いう）では，修正申告の際には撤回することができるとしており，一見矛盾しているように見える。

この対比については，様々な見解があり，それらの見解については，佐藤孝一著『社会保険診療報酬に係る必要経費の算定につき特例計算から収支計算への変更を認めた最高裁判決とその射程距離』（平成6年2月税務経理協会「税経通信」227頁）において詳しく述べられている。

「先判決」は，上記裁判例要旨の中にあるとおり「納税者が措置法の右規定を選択して確定申告をした場合には，たとえ実際に要した経費の額が右概算による控除額を超えるため，右規定を選択しなかった場合に比して納付すべき金額が多額になったとしても，納税者としては，そのことを理由に通則法23条1項1号に基づく更正の請求をすることはできないと解すべきである」とし，通則法23条1項1号は，更正の請求が認められる事由として「申告書に記載した課税標準等若しくは税額等の計算が国税に関する法律の規定に従っていなかったこと又は当該計算に誤りがあったこと」を定めているので，「納税者が規定に従って計算に誤りなく申告している以上，仮に実際に要した経費の額が右概算による控除額を超えているとしても，そのことは，右にいう「国税に関する法律の規定に従っていなかったこと」又は「当該計算に誤りがあったこと」のいずれにも該当しないというべきだからである。」としている。

この点については，「後判決」においても判決文の中で，特例の適用を受けて確定申告をしている場合は，「仮に実額経費の金額が概算経費の金額を上回っている場合でも，右概算経費の金額が国税に関する法律の規定に基づく社会保険診療の必要経費になる」（昭和62年11月10日最高裁（三小）判決を引用）としており，同旨であると理解できる。その点では，いずれの判決も伝統的な解釈に基づいているといえる。

しかしながら，「後判決」では，上記裁判例要旨の中にあるとおり「本件においては，診療経費総額を自由診療と社会保険診療報酬分に振り分ける計算過程において，診療総収入に対する自由診療収入の割合を出し，これを診療経費総額に乗じて自由診療収入分の必要経費を算出し，これを診療経費総額から差し引いて社会保険診療報酬の実際の必要経費（実額経費）を算出すべきところ，

誤って社会保険診療報酬に対する自由診療収入の割合を出しこれを診療経費総額に乗じて自由診療収入分の必要経費を算出し，これを診療経費総から差し引いて実額経費を算出したため，自由診療収入分の必要経費を正しく計算した場合よりも多額に，実額経費を正しく計算した場合よりも少額に算出してしまい，そのため右実額経費よりも概算経費の方が有利であると判断して概算経費選択の意思表示をしたというのであるから，右概算経費選択の意思表示は錯誤に基づくものであり，Xの事業所得の金額の計算上その診療総収入から控除されるべき必要経費の計算に誤りがあったというべきである」として，後判決のケースの問題の発生原因を明示した上で，「本件においては，確定申告に係る自由診療収入の必要経費の計算の誤りを正せば，必然的に事業所得の金額が増加し，確定申告に係る税額に不足額が生ずることになるため，修正申告をすることができる場合に当たる」としている。

「後判決」のケースの特徴は，自由診療割合の算式の分母を「診療総収入」とすべきところを「社会保険診療収入」としてしまったことにより自由診療収入割合の計算を誤って過大に計算していた結果，必要経費の総額が過大となってしまっていたという点である。これを再計算すれば必要経費の総額が減少するケースであるため修正申告を要することになる。ところが，その修正申告による所得金額の計算方法としては，二つの方法が考えられる。

その1の方法は，概算経費率の適用を撤回して，社会保険診療収入に係る必要経費及び自由診療収入に係る必要経費のいずれの金額も実額経費により計算する方法である。

その2の方法は，社会保険診療収入に係る必要経費の方は概算経費率の適用を維持して計算し自由診療収入に係る必要経費の方は実額経費による方法である。

その2の方法による場合には，社会保険診療収入に係る必要経費の方は確定申告に係る必要経費と同額になるが，自由診療収入に係る必要経費の方は自由診療割合を誤って過大に計算していたことから確定申告に係る必要経費より少額になる。その結果，この二つの方法を比較するとその1の方法による必要経費の総額よりその2の方法による必要経費の総額の方が少額になる。

第3章　開業医等の事業に係る所得の課税関係

「後判決」のケースでは，納税者はその1の方法によって修正申告をし，課税庁側は必要経費の総額がより少額になるその2の方法によって更正処分をしている。自由診療収入割合の計算を誤って過大に計算していた結果，必要経費の総額が過大となっていたという点で共通しているものの，問題は，概算経費率の適用を修正申告の際に併せて「撤回」できるか否かである。

伝統的な解釈では，特例の適用を受けて確定申告をしている場合には，仮に実額経費の金額が概算経費の金額を上回っているときでも，その概算経費が国税に関する法律の規定に基づく社会保険診療の必要経費になるわけであるから，修正申告の際に是正可能な範囲は「計算誤り」であって，「特例の適用誤り」には及ばないものと解される。

ところが，「後判決」では，上記裁判例要旨の中にあるとおり「自由診療収入分の必要経費を正しく計算した場合よりも多額に，実額経費を正しく計算した場合よりも少額に算出してしまい，そのため右実額経費よりも概算経費の方が有利であると判断して概算経費選択の意思表示をしたというのであるから（なお，本件記録によれば，右の誤りは本件確定申告書に添付された書類上明らかである），右概算経費選択の意思表示は錯誤に基づくものであり，上告人の事業所得の金額の計算上その診療総収入から控除されるべき必要経費の計算に誤りがあったというべきである。」として，「計算誤り」のみならず「特例の適用誤り」についても修正申告の対象になるとされている。この点については，実務家的な見方をすると，自由診療収入分の実額経費の計算誤り，正確には「自由診療割合」の計算誤りがあったことが重大なミスであり，ゆえにその点についてのみ修正申告を要するのであって，概算経費の有利不利による撤回にまで及ぶものではないと考える。

なお，「後判決」では，確定申告書に添付された書類上明らかな「計算誤り」があったため概算経費選択の意思表示に錯誤が生じた，すなわち錯誤が客観的に明白かつ重大であったとの見方をしていると考えられる（昭和39年10月22日最高裁（一小）判決）。しかし，実務家的に掘り下げると，概算経費率の特例は計算の簡便性を図るどころか，【Q17】から【Q22】までにおいて解説したとおり極めて複雑で実額計算の方が簡単であり，その計算過程の一部にお

いて「自由診療割合」の計算の分母の数字を意図的に入れ替えることにより故意に必要経費を過大に計上することもできないわけではない。しかるに，自由診療割合の計算の分母が何たるかを熟知している当事者自身の計算を，確定申告書に添付された書類上誤りが明らかであるから「錯誤」が生じたとして，伝統的な解釈に例外を認めることには納得し兼ねるところがないわけではない。

重ねていえば，「後判決」では，上記裁判例要旨の中にあるとおり「修正申告の要件を充たす限りにおいては（すなわち，確定申告に係る税額を増加させる限りにおいては），確定申告における必要経費の計算の誤りを是正する一環として，錯誤に基づく概算経費選択の意思表示を撤回し，所得税法 37 条 1 項等に基づき実額経費を社会保険診療報酬の必要経費として計上することができると解するのが相当である」とされ，さらに注目すべきは，「本件修正申告における概算経費選択の意思表示の撤回を認めず，自由診療収入の必要経費については修正申告による金額としながら，社会保険診療報酬の必要経費については確定申告における概算経費の金額とすべきであるとした本件課税処分は違法である」とされていることからして，課税庁のいわゆる「片手落ち」ないし「いいとこどり」を戒めている感もなくはないが，この特例は納税者側にとっても元来そのような特質を持った制度であるといえよう。

第3章　開業医等の事業に係る所得の課税関係

Q30 社会保険診療収入の収入金額としての計上時期

社会保険診療報酬は診療等をした翌月にまとめて基金等に請求し，実際に基金等から支払を受けるのは請求してから2カ月後になる。この場合の請求額はいつの時点の収入金額とすることになるのか。

Point

社会保険診療報酬が入金されるには，診療等の後支払を受けるまで最長4カ月近くかかるため，社会保険診療収入として計上すべき時期が問題となる。

Answer

社会保険診療収入のうち基金等に請求するものについては，実務上は，診療等をした翌月にまとめて基金等に請求するその時点で収入金額に計上する方法が一般的に採用されているようであり，税務上もその方法によることが認められている。

詳しくは，次の【解説】のとおりである。

解　説

所得税法上，各種所得の金額の計算上収入金額に算入すべき金額は，原則として，その年において収入すべき金額とされており，収入することが確定しているのであれば現実に入金されていなくても収入金額に算入すべきこととされている（所法36①）。この場合，医師が行う診療行為のような人的役務の提供による対価の収入すべき時期については，原則としてその契約した役務の提供を完了した時とされている（所基通36-8(5)）。

このため，医師又は歯科医師の診療報酬については，個々の診療行為の終了したつど請求し，そのつど収入金額に計上することとしている。これは，社会保険診療収入，自由診療収入を問わず同じである。

ただし，社会保険診療収入のうち基金等に請求するものについては，診療行

111

為の終了したつど収入金額に計上することは事務的にみて困難などといった問題があり，実務上は，診療等をした翌月にまとめて基金等に請求するその時点で収入金額に計上する方法が一般的に採用されているようであり，税務上もその方法によることが認められている。

　なお，診療等をした翌月にまとめて基金等に請求しても，その請求額については，社会保険の監査の結果，不正・不当とされ過大であるとされた部分があるときは，その部分の金額を返還しなければならないことになるが，この点については，【Q23】の【解説】にあるとおり，現実に返還されるまでは収入金額に計上しておく必要がある。

(注)　社会保険診療収入のうち患者負担分の窓口収入や自由診療収入については，原則どおり個々の診療行為の終了した時に収入金額に計上する必要がある。

Q31 患者負担分の窓口収入の一括計上

患者負担分の窓口収入の金額は，診療等をした翌月にまとめて計算した基金等に対する請求額の算定の基礎となった決定点数から逆算できるので，その窓口収入についても，基金等に請求する時点でまとめて収入金額に計上することとしても差し支えないのではないか。

Point

社会保険診療収入のうち患者一部負担の窓口収入については，個々の診療行為の終了のつど収入金額に計上することによる事務負担の問題がある。

Answer

患者一部負担の窓口収入の金額は，毎月まとめて計算する基金等に対する請求額の算定の基礎となった決定点数から概算額を算定することができるが，必ずしも正確な窓口収入に一致するわけではないし，現金出納帳の毎日の記帳義務の上からみても，毎月一括計上することには問題がある。

特に，歯科の場合は，社会保険診療による治療であっても外注費等の高騰部分を患者から差額徴収している事例も多いので，自由診療収入との正確な区分計算のためにも毎日の記帳が必要である。

Q32 歯列矯正収入の計上時期

UESTION

歯列矯正の診療報酬としては，矯正料のほか処置料や観察料などがあるが，このうち矯正料については，矯正装置を装着した時点で全額の支払を受けている。この矯正料の収入金額の計上時期については，診療期間の年数に応じて収入金額に計上することはできないか。

Point

歯列矯正の矯正料は，長期間を要する歯列矯正の収入の大部分を占めるものであるため，矯正装置を装着した時点で一括計上することとすると，超過累進税率の関係で税負担が過重になるという問題がある。

Answer

歯列矯正の矯正料（装置代金，装着料及び基本料を含む）について，患者との契約に基づき矯正表置を装着した時点で一括して請求し受領することとしている場合には，その矯正装置を装着した時点で一括して収入金額に計上すべきことになる。

詳しくは，次の【解説】のとおりである。

解 説

所得税法上，各種所得の金額の計算上収入金額に算入すべき金額は，原則として，その年において収入すべき金額とされており，収入することが確定しているのであれば現実に入金されていなくても収入金額に算入すべきこととされている（所法36①）。

この場合，人的役務の提供による対価の収入すべき時期については，その契約した役務の提供を完了した時とされている。ただし，人的役務の提供による報酬を期間の経過又は役務の提供の程度等に応じて収入する特約又は慣習がある場合には，その特約又は慣習によりその収入すべき事由が生じた時とされて

いる。ゆえに、診療報酬の収入金額の算入すべき金額は、原則として個々の診療行為の終了した時となる（所基通36-8（5））。

このため、医師又は歯科医師の診療報酬は、一般的に、診療期間の長短にかかわらずその期間内の診療のつど、個々の診療に係る報酬の金額を請求し、そのつど、収入金額に計上することとしている。

歯列矯正の矯正料（装置代金、装着料及び基本料を含む）を患者との契約に基づき矯正装置を装着した時点で一括して請求し受領することとしている場合については、上記ただし書きに該当し、たとえその矯正料の金額が長期間を要する歯列矯正の収入の大部分を占めるとしても、その矯正装置を装着した時点で一括して収入金額に計上すべきことになる。

なお、患者が転居等により歯列矯正の治療を中断し、患者との契約に基づき矯正料の一部の金額を返還すべきこととなったときは、その返還をした時点で当該金額を必要経費に算入することになる。

なお、次のような裁決事例がある。

裁 決 事 例 要 旨

歯列矯正収入の計上時期は矯正装置装着時であるとした事例（平成29年7月26日裁決）

請求人は、歯列矯正治療に係る治療費（矯正診療費）の事業所得に係る総収入金額の計上時期について、矯正装置の装着等の時に患者（本件各患者）に対し、治療費用等を請求する旨が記載された書面（本件書面）を交付しているものの、本件書面は、矯正診療費の総額などを示して患者の便宜を図るために交付するものにすぎず、本件各患者に対して矯正診療費の支払を請求するものではないことから、当該矯正診療費を一括又は分割により支払を受けたそれぞれの日である旨主張する。

しかしながら、歯列矯正治療は、通常数年の治療期間を要すること、請求人の歯列矯正治療に対応する中核的な治療は矯正装置の装着であることに照らすと、請求人と本件各患者との間の契約の実態も踏まえて、収入の原因となる権

利の確定時期を決するべきであるところ，請求人は，本件各患者が矯正診療費の金額，予定治療期間及び治療上の注意事項を承諾した後に，本件各患者に対し矯正装置を装着していること，本件各患者の矯正診療費が治療開始後の本件各患者都合により返却されることはないことなどからすれば，請求人は，本件各患者の治療開始時，すなわち，矯正装置の装着時に本件各患者の矯正診療費の全額について請求する権利を有しているものと認められる。したがって，本件各患者に係る矯正診療費の事業所得の総収入金額に収入すべき時期は，矯正装置の装着時とするのが相当である。

第 3 章　開業医等の事業に係る所得の課税関係

Q33 休日診療等の対価として地方公共団体から支払を受ける委嘱料等

UESTION

　開業医が地方公共団体からの委嘱により休日診療等を行った場合に支払を受ける委嘱料は，事業所得になるのか。事業所得になる場合は，社会診療報酬に係る概算経費率を適用対象となるのか。

Point

　勤務医師の診療行為による所得は給与所得に該当するが，開業医師の診療行為による所得は，原則として事業所得に該当するものの，従事内容によっては給与所得に該当する場合があるので留意を要する。

Answer

　開業医である医師又は歯科医師が，地方公共団体等から委嘱を受けて休日，祭日又は夜間に，自己の経営する病院又は診療所において診療等を行った場合に支払を受ける委託料等については，その医師等の事業所得を生ずべき事業の遂行に付随して生じた雑収入として，事業所得の金額の計算上総収入金額に算入することされている（所基通 27-5（5））。この場合の収入は，社会保険診療に係る収入に該当しないため，社会保険診療報酬に係る概算経費率の適用対象とはならない。

　また，所属する医師会等が所属する医師又は歯科医師の輪番制で，地方公共団体等が設けた施設（病院，保健所，救急センターなど）において，その施設の看護師等，医療用器具備品等，医薬品等を使用して診療等を行い，その診療等に係る報酬は当該施設に支払われ，その診療等に従事する医師等に対しては，当該施設から一定の委託料等が支払われる場合のその委託料等については，診療等に従事する医師等の非独立的な労務の対価としての性質が強いため，給与等に該当し給与所得に係る収入金額に算入することとされている（所基通 28-9 の 2，昭和 59 年 1 月 30 日付直所 5-3，直法 6-2）。

　教育委員会等から任命されるいわゆる学校医や会社の嘱託医・産業医などが支払を受ける手当等についても，従事内容により，原則として給与等に該当し給与所得に係る収入金額に算入することになる（所基通 28-9 の 3）。

117

なお，次のような裁判例及び裁決事例がある。

裁 判 例 要 旨

事業所得と給与所得の区分（昭和56年4月24日最高裁判決）

　事業所得とは，自己の計算と危険において独立して営まれ，営利性，有償性を有し，かつ反復継続して遂行する意思と社会的地位とが客観的に認められる業務から生ずる所得をいい，これに対し，給与所得とは，雇用契約又はこれに類する原因に基づき雇用者の指揮命令に服して提供した労務の対価として使用者から受ける給付をいう。

裁 決 事 例 要 旨

病院等の非常勤医師として受けた金員は給与所得の収入金額に当たるとした事例
（昭和59年5月24日裁決）

　請求人は，病院等の非常勤医師として受けた金員は給与所得ではなく雑所得の収入金額であると主張するが，①非常勤医師としての服務は，病院長等の管理監督の下に一定期間労務を提供していたものと認められること，②請求人の行う診療行為は高度の専門的知識を必要とするのであって，診療過程において医師としての主体性が発揮されることは認められるが，診療に必要な人的，物的設備は病院等が提供していること等からみて請求人の行った労務の提供に独立性があるとは認められないことから，当該金員は給与所得の収入金額に当たる。

第3章　開業医等の事業に係る所得の課税関係

Q34 医師会や医師政治連盟の会費の必要経費算入の適否
UESTION

　開業医が所属する医師会の会費を負担するほかに医師政治連盟の会費を負担
している。医師会の会費については必要経費算入ということでよいと思うが，
医師政治連盟の会費についても必要経費算入ということでよいか。

Point

　必要経費として認められるには，その費用が医師の業務の遂行上生じた費用
であることを要し，また，それが家事関連費であるとしても，その費用が業務
の遂行上必要でありその必要である部分を明らかに区分することができること
を要する。

Answer

　政治連盟の会費については，業務とある程度の関連性があり何らかの業務上
の必要性があったとしても，その必要な部分を明らかにすることができないか
ら，これを必要経費に算入することはできない。
　詳しくは，次の【解説】のとおりである。

裁決事例要旨

請求人が支出した諸会費等が家事関連費に該当するとしても，業務の遂行上直接
必要な部分を明らかにすることができないから，必要経費の額に算入することは
できないとした事例（平成13年3月30日裁決）

　歯科医師政治連盟とは，歯科医師会からは独立した団体で，日本歯科医師政
治連盟の規約及びこれに準じて作成された○○県歯科医師政治連盟の規約に基
づき，歯科医師の業権の確保とその発展を図るため，歯科医療に理解のある政
党又は公職の候補者に対し，政治後援活動を行うことを目的とする政治団体で
あるので，連盟会費は，政党又は公職の候補者の後援のためのものと認められ
る。

119

そうすると，請求人（歯科医）が，連盟会費を支払うことにより，保険制度の改正等の情報が入手できるとしても，その会費が業務の遂行上直接必要な経費とは認められず，仮に家事関連費であるとしても，その会費について，その主たる部分が業務の遂行上必要であるともいえないし，その必要な部分を明らかにすることもできないから，これを必要経費に算入することはできないことになる。

▌ 解　説

　所得税法37条1項中の「販売費，一般管理費その他これらの所得を生ずべき業務について生じた費用」については，一般的に，「その業務の遂行上通常必要であることが客観的に認められる費用」をいうものと解されており，要するに業務の遂行上であっても「通常性及び客観性」が求められている。

　また，同法45条《家事関連費等の必要経費不算入等》1項で定めるところの必要経費に算入する家事関連費については，家事上の経費に関連する経費の主たる部分が業務の遂行上必要であり，その必要である部分を明らかに区分することができる場合における当該部分に相当する経費とされており，この場合においても，業務の遂行上であっても「通常性及び客観性」が求められていると解されるが，さらに，その部分を明らかに区分ができることといった「区分の明白性」が法令上求められている。

　この点については，【Q2】において解説したところである。

　質問のケースについても，同様の見地から判断することになる。そうすると，医師政治連盟の会費については，連盟会費を支払うことにより保険制度の改正等の情報が入手できるなど業務とある程度の関連性があり何らかの業務上の必要性があったとしても，その必要な部分を明らかにすることができないから，これを必要経費に算入することはできない。税理士業などの場合にも政治連盟の会費等の負担があり，医師又は歯科医師の場合と同様の問題がある。

第**4**章

スポーツ選手の所得区分と
必要経費

Q35
力士等に関する国税庁通達の内容

力士等の相撲関係者の税務上の取扱いに関して，国税庁の通達があるとのことだが，どのような内容のものか。

Point

プロスポーツ選手に関する所得区分やそれぞれの所得区分ごとの必要経費の範囲については，国税庁が個別通達を発出している事例が少なく，判断材料に乏しいといった問題がある。

Answer

国税庁がプロスポーツ選手に関する個別通達を発出している数少ない事例の一つとして，昭和34年3月11日付直所5-4「力士等に対する課税について」通達がある。

詳しくは，次の【解説】のとおりである。

解 説

プロスポーツ選手に関する所得区分やそれぞれの所得区分ごとの必要経費の範囲について，国税庁が個別通達を発出している事例の一つとして，昭和34年3月11日付直所5-4「力士等に対する課税について」通達がある。

その取扱いの内容は，次のとおりである。

① 日本相撲協会が日本相撲協会寄附行為施行細則（以下「細則」という）の規定に基づいて，年寄，力士，行司等に支給するものについては，次の所得の種類区分により課税する。

　A　年寄名跡金（細則42条2項），参与である年寄に支給される金額（細則45条），養成費（細則48条），養成補助費（細則49条），行司養成費（細則55条），装束補助費（細則56条），養成奨励金（細則79条），力士報奨金（細則80条及び81条），幕下以下奨励金（細則82条），細則62

第 4 章　スポーツ選手の所得区分と必要経費

条から同 73 条まで及び同 75 条の規定に基づき支給するもの（ただし，細則 65 条 3 号の規定により支給される見舞金及び同 73 条 2 項の規定により電車賃として支給する乗車券で，法 9 条 1 項 5 号《通勤手当》の規定により非課税とされるものを除く）については，給与所得

　B　表彰金（細則 77 条）及び名誉賞（細則 78 条）については，一時所得

② 日本相撲協会が日本相撲協会寄附行為施行細則退職金支給規定に基づいて年寄，力士，行司等に支給するものについては，退職所得として課税する。

③ 次に掲げる所得については，それぞれ次に掲げる所得区分により課税する。ただし，E に掲げる祝儀のうち，祝宴会において贈呈されるもので，少額なものについては，しいて課税しなくても差し支えない。

　A　力士がスポンサーから受ける賞金については，事業所得

　B　力士又は年寄が給金割により分配を受ける地方巡業の益金については，事業所得

　C　協会が力士の後援会に対して支払う切符販売の手数料については，その力士の雑所得

　D　力士が後援会から受ける金品については，一時所得

　E　力士が後援者から受ける祝儀については，次による。

　　イ　法人から受けるものは一時所得

　　ロ　個人から受けるものは贈与

　F　力士が引退するに際して行われる引退興行に係る所得については，その力士の事業所得

力士等の所得の具体的な内容

力士の所得としては，具体的にどのようなものがあるのか。

Point

力士は，日本相撲協会への従属性が強いため，日本相撲協会から支給される金品の主たるものは給与所得として課税されているものの，事業所得などとして課税されているものもあるところに特色がある。

Answer

力士の収入のうち本業である技能に係る収入とその付随収入を前記通達に基づいて分類すると，力士の所得は，給与所得，事業所得，一時所得，雑所得及び退職所得の5種類のものがあり，それぞれの所得に係る具体的な収入は，次のとおりである。

① 給与所得
・日本相撲協会から支給される給与収入

② 事業所得
・勝ち力士にスポンサーから支給される懸賞金
・日本相撲協会，スポンサー及び新聞社等から支給される優勝金・副賞金品
・引退興行の収益金

③ 一時所得
・後援会等の法人から受ける祝儀等（個人から受けるものは贈与税の対象）
　なお，各種興行の優勝賞金及び三賞賞金等については，一時所得に係る収入として申告しているものもあるようだが，これらは事業所得として申告すべきものと考える。

④ 雑所得
・テレビ等の出演料，講演料等
　なお，これらの収入については，事業所得に係る収入として申告されているものもあると聞くが，これらは雑所得として申告すべきものと考

第 4 章　スポーツ選手の所得区分と必要経費

える。

⑤　退職所得

・現役引退時に協会から支給される養老金及び勤続加算金

・横綱及び大関に限り支給される特別功労金

力士等の所得に係る課税上の問題

力士の所得に関して課税上問題となるのは，どのような点か。

Point

力士等の所得は，継続記帳がされないケースにおいて，臨時的・一時的な収入が申告漏れとなりやすい点に留意する必要がある。

Answer

力士の所得に関して問題とされやすいものには，次のようなものがある。
① 各種興行の優勝賞金及び三賞賞金等の所得区分の誤り及び申告漏れ
② 後援会等から受ける祝儀等の申告漏れ
③ 給与所得以外の所得の必要経費を実額でなく概算額で控除

なお，力士ではないが，親方や行司，呼出についても，上記②や③と同様の問題がある。

また，年寄名跡（いわゆる親方株）については，かなり昔は無償で譲渡されていたとのことであるが，近年では高額な対価により譲渡されており，この譲渡所得の収入の申告漏れが指摘された事例がある（平成26年からは，表向きは売買禁止とされているようである）。

第4章　スポーツ選手の所得区分と必要経費

Q38　力士の所得と野球選手の所得との相違点

UESTION

力士の所得は給与所得が主な所得のようであるが，プロ野球選手もそうなのか。また，プロ野球選手以外のプロスポーツ選手については，どうなっているのか。

Point

力士については，日本相撲協会に対する従属性が強いため，日本相撲協会から支給される主たる収入は給与等に該当するものとして給与所得として課税されている。その他のプロスポーツ選手については，所属団体等との従属性の強弱によってそれぞれの所得の区分を判定する必要がある。

Answer

プロ野球選手の収入のうち本業である野球技能に係る収入とその付随収入に係る所得としては，事業所得，一時所得，雑所得の3種類のものがあり，このうち事業所得が主たる所得となっている。

プロ野球選手以外のプロスポーツ選手（例えばJリーグの選手）についても，プロ野球選手とほぼ同様であるので，以下この第4章では，プロ野球選手を例にして説明する。

プロ野球の選手の収入には，所属球団から支払われる参稼報酬の他に契約金や賞金品，祝儀，テレビ等の出演料など，いろいろな収入がある。このうち参稼報酬については，年額で定められており，その支払方法としては，12分の1に按分して毎月支払われることが多いため，「月給」といわれることもある。

このようなことから，昭和26年の所得税関係通達の大改正前は，プロ野球選手の所得は給与所得又は事業所得として取り扱われていた。

しかし，昭和26年の通達の大改正の際に，プロ野球選手の所得の実態が次のとおりであることなどにかんがみ，昭和26年分以降のプロ野球選手の所得については，全て事業所得として取り扱うこととされている（昭和26年直所2-82，5-23）。

①　選手は球団の指定する野球試合に出場することを約し，これに対して球

127

団から出場契約料，試合出場料の支払を受けるものであり，かつ，当該選手の技能の進歩又は人気の高低に応じその出場料も増減せらるべき性質を有し，一般芸能人の出演契約と何らの差異が認められないこと

② 試合出場に要する用具等は，特定のものを除き全ての選手の個人負担であること

第４章　スポーツ選手の所得区分と必要経費

Q39
UESTION
野球選手の所得の具体的な内容

プロ野球選手の所得としては，具体的にどのようなものがあるのか。

Point

　プロ野球選手の収入に係る所得は，通常は一時所得又は雑所得に該当すると
されているものであっても，業務に関連する対価性のあるものについては，事
業所得に該当する場合があることに留意する必要がある。

Answer

　プロ野球の選手の収入には，球団に所属し連盟等の運営に従うことによって
得られる収入（本業である技能による収入）のほか，これらから離れて個人的
な知名度等によって得られる収入（付随収入）もある。そこで，実務上の取扱
いとして，プロ野球の選手の収入に係る所得には，事業所得，一時所得及び雑
所得の３種類のものがあるとして，それぞれの所得に係る具体的な収入は，次
のとおりとして取り扱われている。

① 事業所得
　・球団との専属契約を締結する際に授受される一時金（いわゆる契約金）
　・所属球団から支払を受ける専属契約期間中の役務の提供に対する対価
　　（いわゆる参稼報酬）
　・所属球団，連盟，日本プロ野球機構，スポンサー及び新聞社等から支給
　　される賞金品
　　　最優秀選手賞，最優秀投手賞，最優秀防御率賞，最多勝利賞，最多
　　本塁打者賞，最多打点打者賞，最多勝利打点打者賞，最多盗塁賞，
　　新人賞，ベスト・ナイン賞，満塁ホームラン賞，日本シリーズ最優秀
　　選手賞などがある。
　・引退興行の収益金
② 一時所得
　・法人から受ける祝儀等（個人から受けるものは，贈与税の対象）

129

③ 雑所得
・テレビ等の出演料，講演料等

　　　ただし，プロ野球選手と球団との契約に基づいて，球団の指示により，選手が写真，映画，テレビに撮影されることを承諾する場合において，その出演等の役務の対価として球団から受ける報酬は，参加報酬と同様，事業所得に係る収入に該当することに留意を要する。

　　　上記②についても，対価性が認められるときは，同様に事業所得又は雑所得に係る収入に該当することに留意を要する。

　なお，プロ野球選手の本業である技能による収入は，事業所得として課税の対象とされているが，一方，力士の本業である技能による収入は，給与所得として課税の対象とされている。ただし，付随収入については，両者とも原則として事業所得としており同様の取扱いとなっている。

　本業である技能による収入について異なる取扱いがされている点については，力士は日本相撲協会への従属性が強いため給与所得として取り扱うことにしたといわれている。しかし，付随収入については事業所得として取り扱われており，その論拠は舌をかみそうなものになりそうである。ここは，相撲部屋に属している力士の煩雑な必要経費の計算を回避しようとしたとみることもできるところであり，かなり実務的な判断があったものと考える。

第４章　スポーツ選手の所得区分と必要経費

Q40 野球選手の賞品や景品の収入金額の計算

UESTION

プロ野球選手の事業所得に係る収入金額は，どのように計算するのか。トロフィーやメダルなども収入金額に加算するのか。

Point

プロ野球選手に限らずプロスポーツ選手の収入は，金銭のほか物品等によるものも多いため，物品等については，収入金額として計上すべき金額の算定上の問題がある。

Answer

プロ野球選手の事業所得に係る収入金額は，金銭で支払われ又は贈呈されるものは，その金銭の額が収入金額となる。

金銭以外のもの（賞品）については，原則として時価又は換金可能額で評価した金額を収入金額に加算する。トロフィーやメダルなどは，価額が低く，また，換金性も低いので，特別に高価なものを除き，しいて収入金額に加算する必要はないと考える。

なお，食料品や化粧品などの景品については，自宅に持ち帰る選手，二軍選手に分配する選手，福祉施設に寄附する選手など様々であるが，これらについても，軽微なものを除き，原則として時価又は換金可能額で評価した金額を収入金額に加算すべきである。

（注）　金銭以外のもの（賞品）に関する課税上の取扱いは，プロ野球選手に限らず他のプロスポーツ選手に共通するものである。

131

Q41 野球選手の必要経費の計算

プロ野球選手の事業所得の金額の計算上，どのようなものが必要経費になるのか。

Point

プロ野球選手の事業所得に係る必要経費の範囲は限られていることに留意する必要がある。

Answer

事業所得の金額は総収入金額から必要経費の金額を差し引いて計算することになっているので，プロ野球選手についても収支計算をする必要がある。

プロ野球選手の事業所得の計算上控除できる必要経費としては，次のようなものがある。

① プロ野球選手が使用する用具等に係る費用

なお，試合等で使用するボール，ユニフォーム，ジャンパー，帽子などの用具に係る費用は，原則として球団が負担している。

② 自宅と球場間の交通費，選手会の会費，私的もの以外の交際費

なお，遠征のための旅費，宿泊費，食事等に係る費用は，原則として球団が負担している。

③ 招聘された外国の選手が本国と球団所在地との間の旅行のための費用

なお，シーズンオフ等における一時的な帰国は，個人の私的な理由に基づくものと認められるから，必要経費に算入することはできない。

第4章　スポーツ選手の所得区分と必要経費

Q42 自主トレの費用や食事代などの取扱い

UESTION

プロ野球選手の自主トレの費用や食事費用なども必要経費になるのか。

Point

　プロスポーツ選手はもちろんのこと，後述する文芸家やタレントなどの事業所得に係る必要経費については，特に，家事上の経費に関連する経費（家事関連費）の取扱いに関する多くの問題がある。

Answer

　いわゆる自主トレーニングと称して，シーズンオフなどにリゾート地等において，ジョギングをしたり温泉に浸かって体を労わったりすることがあるが，このような場合の費用は，原則として事業所得の金額の計算上の必要経費には算入できない。

　また，プロ野球選手に限らずプロスポーツ選手は「体が資本」であることから，食生活について相当に配慮しているようであるが，これらの食事費用は，原則として事業所得の金額の計算上の必要経費には算入できない。

　詳しくは，次の【解説】のとおりである。

解　説

　所得税法上，必要経費に算入できない支出等の中に，家事費及び家事関連費があり，このうち家事関連費とは，家事上の経費に関連する経費のことをいう。その家事関連費であっても，不動産所得，事業所得又は雑所得を生ずべき業務の遂行上必要であり，その必要である部分を明らかに区分することができる場合における当該部分に相当する経費は必要経費に算入することができることとされている（所法45①，所令96①，所基通45-2）。

　要するに，家事関連費が必要経費として認められるには，次の二つの要件を満たすことが必要とされている。

133

① 業務の遂行上必要であること

② その必要である部分を明らかに区分することができること

この点については，【Q2】の【解説】において説明したところである。

家事関連費の取扱いに関しては，プロスポーツ選手はもちろんのこと，文芸家やタレントなどの事業所得に係る必要経費についても，上記二つの要件を満たすか否かについての判定を要することになるわけであり（第5章参照），その判定には困難を要する面があるため課税上の問題が生じやすい。

プロ野球選手の場合の自主トレの費用や食事費用などについては，原則として「家事関連費」に該当するため，上記二つの要件を満たすものでない限り，以下のとおりとなる。

① いわゆる自主トレーニングと称して，シーズンオフなどにリゾート地等において，ジョギングをしたり温泉に浸かって体を労わったりすることがあるが，このような場合の費用は，原則として事業所得の金額の計算上の必要経費には算入できない。

② プロ野球選手に限らずプロスポーツ選手は「体が資本」であることから，食生活について相当に配慮しているようであるが，これらの食事費用は，原則として事業所得の金額の計算上の必要経費には算入できない。

以上はいずれも，税引き後の所得の処分として出費するものである。したがって，稼得所得が多ければ多いほど出費も多くなる傾向があるわけで，およそ生活の一部として理解すべきものであって，税負担の面から考慮すべきものではないと考える。

ただし，専門家の下で特別に計画的に実施されるスケジュールでプロスポーツ選手として合理的・客観的な必要性が認められるケースの場合に，その専門家に対して支出される「指導料等」は，事業所得の金額の計算上の必要経費には算入できるものはあり得ると考える。なお，妄信的に偏った専門家に対して支出されるようなものは，本人の必要性の認識のいかんにかかわらず，必要経費に算入できないことはいうまでもない。

第4章　スポーツ選手の所得区分と必要経費

Q43　出身校や関係者に対する謝礼の取扱い

UESTION

　高額な契約金の一部が，出身校やお世話になった関係者に「謝礼」として支払われることがあるが，これらの支出は必要経費になるのか。

Point

　家事費又は家事関連費に属する問題である。

Answer

　事業所得の金額の計算上の必要経費に算入できる支出は，その事業所得の稼得のために合理的・客観的に必要であることが認められる支出であることが必要である。

　高額な契約金を得たその結果として身近な関係者に対して支出されるいわゆる「謝礼」は，家事関連費の問題以前の必要経費本来の問題であり，プロ選手としての業務の遂行のために必要なものではなく，原則として事業所得の金額の計算上の必要経費には算入できない。

　これらの支出は，稼得した所得の処分であって，対価性のない贈与に該当し，法人に対するものはその法人の益金に算入すべきものであり，また，個人に対するものはその個人の贈与税の課税対象となるべきものである。

　ただし，現役のプロ選手が契約更改に際して特別に支出したもので，相当の対価性の認められるものは，必要経費として認められるケースはあると考えられる。

(注)　専属契約期間が3年以上で，かつ，契約金の金額が報酬年額の2倍以上である場合には，その契約金は臨時所得として，いわゆる5分5乗方式による平均課税の対象となり，税負担の軽減措置の適用を受けることができる（所法90）。

135

Q44 野球選手等に対する脱税指南事件

UESTION

20年ほど前に，10人以上のプロ野球選手が，脱税指南を受けて過少申告をしたという事件があったと聞いているが，どのような事件だったのか。

Point

プロスポーツ選手が使用するボール，ユニフォーム，ジャンパー，帽子などの用具代は，原則として所属球団が負担しており，また，オープン戦費用，遠征のための旅費，宿泊費，食事等に係る費用も，原則として所属球団が負担している。そういったことから，税負担をより軽減する目的で必要経費を過大計上する悪質な誘惑が行われる恐れがある。

Answer

質問の事件は，平成9年に起こった事件のことである。

平成9年2月28日の朝日新聞の朝刊第1面の記事の表題は，「プロ野球選手らに脱税指南」となっており，次のように報じている。

『プロ野球の有力選手やコーチら30数人に対し，名古屋市内の経営コンサルタントが税の申告の際に所得税の一部を免れるように指南していた疑いがわかり，名古屋国税局は東京，大阪，福岡国税局などと合同で，この経営コンサルタントを対象に強制調査（査察）を始めた。25日から27日までの3日間に，コンサルタントの事務所や選手らの自宅を捜索した模様だ。税務署に申告する際，架空経費を計上させる手口だったとされ，ごまかした所得の総額は約10億円に上りそうだ。セ・パ両リーグ計12球団のうち，10球団に所属する選手らが脱税にかかわったとみられる。----（中略）---- このコンサルタント業者は，「こちらの事務所を通じて所得税の申告をすれば，税金が少なくなる」と持ちかけていたという。業者に多額の金を支払ったことにして，選手らに架空経費を計上させ，脱税を指南していたとみられる。』

他の新聞社も同様の報道をしているが，各種新聞記事の内容のみでは架空経費計上の実態が明白ではない。平成9年3月2日の産経新聞によれば，経営コンサルタントは，プロ野球選手から受け取っていた「顧問料」について，女性

のトラブルや交通事故など表ざたにできない問題を処理する仕事の報酬を含んだものと説明していると報じている。してみると，プロ野球選手に係る事業所得の金額の計算上必要経費とならない内容の「顧問料」を必要経費として計上していたか，若しくは，それに相乗りして，その実際の支払額以上の金額を必要経費として計上していたものと考えられる。

　前述したように，試合等で使用するボールなどの用具に係る費用やオープン戦費用，遠征費用などは，原則として球団が負担していることから，選手個人が負担する費用がその分少ないため，実額による収支計算をするに際して，税負担を軽くする方法として「顧問料」名目の支払手数料を架空計上したものと考えられる。

　前述の自主トレの費用や食事費用などについても，専門家に対する「指導料等」として架空計上するおそれがないとは言い切れない面があるので留意を要するところである。

　なお，プロ野球選手に脱税指南をしたとされる上記の名古屋市内の経営コンサルタントは，Ｊリーグの選手に対しても脱税指南をしていたと各紙が報じている。

第5章

文筆家・美術家・芸能者等の
事業に係る所得の課税関係

Q45 小説・論文等に係る賞金品の所得区分

優秀な文芸作品や学術論文などについて，第三者法人から賞金品が贈呈されるマスコミ報道をよく見かけるが，これらの賞金品は課税の対象になるのか。課税の対象になる場合の所得区分は，事業所得になるのか。それとも法人からの贈与として一時所得になるのか。

Point

例えば文芸家の収入にしても，恒常的な収入のほかに臨時的・一時的な収入もあるわけだが，臨時的・一時的な収入といえども，それぞれの収入の源泉の性質に応じて，事業所得の収入になるものもあるし，一時所得あるいは雑所得の収入になるものもあるため，所得区分の判定上の問題が生じる。

Answer

質問の場合についても，継続性・対価性のある収入又は事業に付随する収入に該当するのであれば事業所得に当てはまることになるし，そうでなければ一時所得に当てはまることになる。

詳しくは，次の【解説】のとおりである。

解 説

1 対価性・継続性のある所得と臨時的・一時的な所得との課税上の取扱い

所得税法の創設以来のいきさつを簡単にいうと，創設当初は，所得の源泉として継続性のあるものに限って課税の対象とされていたが，その後，所得の種類を問わずあらゆる所得を対象として総合的に課税の対象とすることとされた。その際，新たに課税の対象とされる臨時的・一時的な所得についての担税力が問題となった。

所得税法の大きな特色は超過累進税率による課税であるところ，往々にして臨時的・一時的な所得は高額である場合が多いため，税負担が過重になる。こ

第5章　文筆家・美術家・芸能者等の事業に係る所得の課税関係

れを税制上配慮する施策として編み出されたのが，50万円の特別控除，2分の1課税，5分5乗課税，平均課税などの税負担緩和のための仕組みの創設であり，そういった制度的仕組みは，現行税制に引き継がれている。

しかし，ものは考えようで，臨時的・一時的な所得であるからといって必ずしも担税力が低いというわけではなく，むしろ「棚ぼた」的な収入には担税力が高いとさえいえる。もっとも，長期譲渡所得についていえば，長期間にわたって各年において蓄積されたキャピタルゲインが一時に実現すると考えれば，実現した単年分に一括して超過累進税率を適用することの不合理性は理解できる。長期譲渡所得に対するそういった考え方は，山林所得についてもいえることであるが，そういった所得以外の臨時的・一時的な所得については，ことさら担税力に配慮する必要性は薄弱であると考える。そのいい例が競馬の馬券の賞金のようなものであり，そのようなものについては，担税力が高いと考えて間違いないであろう（ただし，継続性・対価性のある所得に変質する場合には，所得区分が変わることがあり得ることに留意を要する）。

かように，臨時的・一時的な所得といえども，それぞれの所得の性質に応じて，税制上，実態に応じた課税上の仕組みを構築する必要性があるのではないかと考えられる。

2　事業に付随する収入の具体例

所得の源泉として継続性のあるものの代表例が，「事業」である。所得税法は，例えば，不動産所得とは，「不動産等の貸付けによる所得」と規定されており（所法26①），その規定ぶりからして，付随的に生ずる収入の範囲は限定的に解されている。しかし，事業所得については，「事業から生ずる所得」として総体的な規定ぶりになっていることから（所法27①），その事業の目的とされている行為そのものから生ずる収入のほか，その事業から付随的に生ずる収入も事業所得の総収入金額に含まれるものと解されている。

その一例が，所得税基本通達27-5《事業の遂行に付随して生じた収入》で，事業に付随して生じるものとして「事業の遂行上取引先又は使用人に貸し付けた貸付金の利子」や「浴場業，飲食業等における広告の掲示による収入」など

を例示している。

3　本件の場合の賞金品に係る所得の区分

　上記質問の場合は，優秀な文芸作品や学術論文などの著作者に対して，第三者法人から授与される賞金品に係る所得は事業所得になるのか一時所得になるのかということである。その点，質問の場合は非課税所得には該当しないものと考えられ，上記1の継続性・対価性のある収入に該当するか，上記2の事業に付随する収入に該当するのであれば，それによる所得は事業所得又は雑所得に当たる。

　その判断の参考になるものとして，次のような事例がある。

事例 1

　プロ野球選手が受ける最優秀選手賞や新人賞などの金品は，その選手の選手としての成績に応じて授与されるものであるので，事業所得として課税対象とされているが，法人から受ける祝儀やお祝いなどは一時所得として課税対象とされている。

事例 2

　芸能者等が後援者等から受ける祝儀等については，法人から受けるものは一時所得として課税対象となるのが原則であるが，それが事業に付随するときは，事業所得に係る収入として課税されるべきものである。例えば，演劇場の舞台袖などにおいて授受される金員などは，原則として事業所得として課税されるべきものである。

事例 3

　直木賞，芥川賞，野間賞，菊池賞等としての賞金品については，既往に発表された作品等の中から第三者が選考するものであって，著作等の対価としての性質を有しないことよるものであるから，一時所得として課税対象とされる。

第5章　文筆家・美術家・芸能者等の事業に係る所得の課税関係

　要するに質問の場合についても，継続性・対価性のある収入に該当するか，事業に付随する収入に該当するのであれば事業所得に当てはまることになるし，そうでなければ一時所得に当てはまるわけである。ただ，【事例3】に掲げる賞金品であっても，その実態は，これらの賞の候補となるために創作されることも多く，また，これらの賞を受賞することができれば「売れっ子作家」になれるわけであるから，理論上は必ずしも一時所得に該当するとはいえない面があることに留意する必要がある。

Q46 芸能者等が後援者等から受ける祝儀等の所得区分

芸能者等が後援者等から受ける祝儀やお祝いなどの経済的利益は、何所得として課税の対象になるのか。

Point

一時的な所得であって継続性のない所得は、一時所得として所得税の課税対象となるが、業務に関連する収入のように対価性が認められるものは事業所得又は雑所得として課税対象となるものがあることに留意する必要がある。

Answer

芸能者等が後援者等から受ける祝儀やお祝いなどについては、力士が後援者等から受けるものと同様、基本的には、法人から受けるものは一時所得として所得税の課税対象となり、個人から受けるものは贈与として贈与税の課税対象になると考えられる。

しかしながら、力士の所得者区分は給与所得者であり、芸能者等の所得者区分は事業所得者である。所得税法上、事業の場合には事業に付随する収入も事業所得に係る収入に含めることとされているので、芸能者等にあっては祝儀やお祝いなどであってもそれが事業に付随すると認められるものは、事業所得に係る収入として課税されるべきものと考える。例えば、演劇場の舞台袖などにおいて授受される金員などは、原則として個人の事業所得として課税されるべきものである。

第5章　文筆家・美術家・芸能者等の事業に係る所得の課税関係

Q47 事業所得に係る家事関連費の区分計算

UESTION

　文筆家や美術家，芸能者等に関する事業所得に係る必要経費については，プロスポーツ選手以上に家事関連費の取扱いが問題になるのではないかと思うが，実務上の基本的な考え方といったようなものはあるのか。

Point

　プロ野球選手の自主トレの費用や食事費用などについて【Q42】の【解説】において述べたところであるが，文芸家やタレントなどの事業所得に係る必要経費についても，特に，家事上の経費に関連する経費（家事関連費）の取扱いに関する多くの問題がある。

Answer

1　業務の遂行上必要であることが明らかに区分できる家事関連費

　所得税法 37 条 1 項《必要経費》の別段の定めの一つである同法 45 条《家事関連費等の必要経費不算入等》では，必要経費に算入しない支出等を定めており，その中に，「家事上の経費及びこれに関連する経費として政令で定めるもの」を掲げている。そしてその政令で定める家事に関連する経費（家事関連費）とは，同法施行令 96 条《家事関連費》において，次に掲げる経費以外の経費をいうこととされている。つまり，家事関連費で必要経費になるのは，次に掲げる経費をいうことになる。

①　家事上の経費に関連する経費の主たる部分が不動産所得，事業所得又は雑所得を生ずべき業務の遂行上必要であり，その必要である部分を明らかに区分することができる場合における当該部分に相当する経費

（注）「主たる部分」の要件については，所基通 45-2《業務の遂行上必要な部分》において解除している。

②　①に掲げるもののほか，青色申告者に係る家事上の経費に関連する経費のうち，取引の記録等に基づいて不動産所得又は事業所得を生ずべき業務の遂行上直接必要であったことが明らかにされる部分の金額に相当する経費

145

以上要するに，家事関連費で必要経費になるものは，業務の遂行上必要であること，その必要である部分が明らかに区分できることが必要とされている（②の経費は青色申告者に限定したものであり，本稿の主旨外の議論のあるところであるので，ここでは割愛する）。

　しかし，実務上この二つの要素の判定は困難を伴う。特に，後者については，「明らかに区分することができる場合」との文言に固執するとすれば，使用面積や使用量，使用頻度などにより容易に区分できるものを除き，家事関連費のほとんどが必要経費不算入になってしまうであろう（【Q2】の【解説】参照）。

　筆者の個人的見解としては，「その必要である部分を合理的に区分することができる場合」という程度に解釈できないものかと考えている。

　とはいえ，現実問題として，これらの経費について，業務上必要である部分を明らかに区分することができる合理的な基準が，果たして，あり得るだろうか。

2　芸能人等の家事関連費の必要経費算入に関する基本的な考え方

　国税の現場においては，過去，実務上の取扱いとして，文筆家や俳優などの自由職業所得者の家事関連費の必要経費算入に関して，次のような考え方を目安として，業務上必要であると認められる部分を必要経費に算入する取扱いがされていた。

① 　支出した費用が，専ら業務の遂行上必要なもので，家事等に関連する部分が全くないと認められる場合は，その費用の全額を必要経費に算入する。

② 　支出した費用の支出目的の主たる部分が業務の遂行上の必要に基づくものであるが，趣味，娯楽，生活にも関連があると認められる場合は，支出した人の職業，支出した費用の種類に応じ，その支出した金額の50％〜70％の範囲内の金額を必要経費に算入する。

③ 　支出した費用が主として趣味，娯楽及び通常の生活にも関連があると認められる場合は，これを必要経費に算入しない。ただし，収入を得るために必要な経費に該当する部分があり，かつ，その部分が明らかに区分できる場合には，その部分の金額を必要経費に算入する。

第5章 文筆家・美術家・芸能者等の事業に係る所得の課税関係

> ## Q48 特に問題となる取材費，衣装費，旅費，車両関係費，接待交際費及び雇人費の取扱い
> UESTION
>
> 　文筆家や美術家，芸能者等に関する事業所得に係る必要経費については，特に取材費，衣装費，旅費，車両関係費，接待交際費及び雇人費などの範囲が問題になると思うが，具体的にはどのようになっているのか。

Point

　取材費や衣装費などの支出については，家事費又は家事関連費に属する問題となるケースが多いことに留意を要する。

Answer

　家事費又は家事関連費については，【Q47】で説明した基本的な考え方に則して，費目別に下記【解説】のように整理することになるであろう。

┃ 解　説

　【Q47】の基本的な考え方に則して，特に問題になる取材費，衣装費，旅費，車両関係費，接待交際費及び雇人費について，実務上，より具体的に次のとおり取り扱うこととされていた。

1　文筆家等の取材費

　A　執筆等のために，風俗，名所，旧跡，風景などの見聞を目的とした旅行を行った場合の費用については，日程表，旅行記録等に基づきその旅行が，①専ら取材のための必要に基づくものであると認められる場合は，その費用の全額を，また，②その目的が取材のほか観光的，一般的な知識見聞を広める目的等を兼ねているものと認められる場合には，その費用の50％の範囲内で，かつ，その旅行において取材した事柄を基として執筆等をした作品から生ずる収入金額を限度としてその費用を，それぞれ必要経費に

147

算入する。

B　主として軟文学（主に恋愛，情事を主題にした文学作品をいう）を取り扱う文筆家が，例えば芸妓，ホステス等を素材とする作品の創作と関連してこれらの人の生態又は雰囲気等を探求味得するため待合，キャバレー，バー等において支出した費用については，日時，場所，同席者の有無及びその職業，支出の程度などをその記録等により勘案し，①執筆等のため直接必要と認められるものについては，その費用の 70 ％相当額を，②主として執筆等のために必要であるが，私的な関連もあると認められるものについては，その費用の 50 ％相当額を，それぞれ必要経費に算入する。ただし，①，②いずれの場合も，その作品から生ずる収入金額を限度とする。また，③その支出が，主として私的な遊興を目的とするものであると認められるものは，これを必要経費に算入しない。

2　俳優，歌手，寄席芸人等の衣装費

A　俳優等が購入等をする衣装費

①　その衣装が専ら特定の出演のためにのみ使用するものであって，かつ，私的な用に使用することができないと認められる場合は，その衣装の価額から残存価額を控除した金額の全額を必要経費に算入する。

②　その衣装が専ら特定の出演のためにのみ使用するものであると認められる場合は，その衣装の価額から残存価額を控除した金額の 70 ％に相当する金額を必要経費に算入する。

③　その衣装が主として出演のために使用するものであるが出演以外の私的な用にも使用することができると認められる場合は，その衣装の価額から残存価額を控除した金額の 50 ％に相当する金額を必要経費に算入する。

④　その衣装が主として私的な用に使用するものであると認められる場合は，その衣装費は必要経費に算入しない。

B　歌手，寄席芸人等が購入等をする衣装費

①　その衣装が舞台の演出効果を考慮し特殊のデザインを付け，舞台以外

の場所においては着用できないと認められるものである場合は，その衣装費の全額を必要経費に算入する。

② その衣装に特殊のデザインを付けていないが，その衣装が専ら特定の出演のためのみに使用するものであって，かつ，私的な用に供することができないと認められる場合は，その衣装の価額から残存価額を控除した金額の全額を必要経費に算入する。

③ その衣装に特殊のデザインを付けていないが，その衣装が専ら特定の出演のためのみに使用するものであると認められる場合は，その衣装の価額から残存価額を控除した金額の70％に相当する金額を必要経費に算入する。

④ その衣装に特殊のデザインを付けていないが，その衣装が主として出演のため使用するが，私的な用にも使用するものであると認められる場合は，その衣装の価額から残存価額を控除した金額の50％に相当する金額を必要経費に算入する。

⑤ その衣装が主として私的な用に使用するものであると認められる場合は，その衣装費は必要経費に算入しない。

3 旅費（取材費に係るものを除く）

A その旅行が専ら事業の遂行のために必要であると認められるときは，その旅費の全額を必要経費に算入する。ただし，旅行の中途において観光旅行等の私的な旅行を行ったときは，その私的な旅行のために支出した部分の旅費は，必要経費に算入しない。

なお，俳優等がロケのための旅行をした場合又は在京の俳優等を地方のテレビ局が出演依頼した場合などの旅費を興行会社等が別途支給しているときは，その支給される金額を収入金額に加算する。

B その旅行が主として事業の遂行のために必要であるが私的な目的をも含むものであるときは，その旅費の50％の範囲内で，かつ，事業遂行のために必要と認められる部分の旅行に係る費用を限度として必要経費に算入する。その旅行が，主として私的な目的を持つものであると認められると

きは，その旅費は必要経費に算入しない。

　なお，職業上のスランプを脱却するための旅行をしたり，海外旅行をすることにより職業上の名声を得るなど漠然とした理由で旅行をするなどの場合の旅費は，必要経費に算入しない。ただし，その旅行に関する記事を雑誌等に寄稿して収入を得るなどの場合には，その収入の金額を限度として，その収入に係る所得の必要経費に算入する。

4　車両関係費

A　ガソリン代，潤滑油代，洗車代，修繕費，タイヤ等部品代，駐車料，車庫料，保険料，租税公課，運転手給与などの車両関係費については，運転記録などに基づいて事業の遂行のために必要な部分が判然と区分できるものは必要経費に算入するのは当然であるが，その区分ができないものについては，走行距離や使用日数等によって事業の遂行のために必要な部分を合理的な方法で区分してその金額を必要経費に算入する。

　なお，別荘や避暑地から事務所等の業務を行う場所間の往復に要する車両関係費は，必要経費には算入しない。また，車両を2台以上所有する場合には，私的にあるいは家族の生活等のために使用する部分の金額を合理的に計算して必要経費から除外する必要がある。

B　車両の減価償却費は，所定の減価償却の方法により計算するが，走行距離や使用日数等によって事業の遂行のために必要な部分の割合を合理的に計算して，その割合を乗じた金額を必要経費に算入する。

5　接待交際費（取材費及び旅費に係るものを除く）

A　文筆家や芸能者等が，作品の著述，出版に関する打合せ又は出版契約に関する打合せ等のために，出版会社又は興行会社等の関係者を接待する場合の費用については，その相手方の地位・立場，接待理由からみて，①その接待が専ら事業の遂行のために必要と認められるときは，その費用の全額を，②その接待が主として事業の遂行のために必要であるが私的な性質も持っていると認められるときは，その費用の50％に相当する金額を，

それぞれ必要経費に算入する。その接待が主として私的なものであると認められるときは，その費用は必要経費に算入しない。

B　芸能者等が，演技の充実，人気の向上を図ること等を目的として芸能関係の指導的立場にある者等を接待した場合の費用については，①監督，プロデューサー，ディレクター，師匠，新聞記者等を接待した場合で明らかにその地位，人気の向上を図る目的を持っていると認められるときは，その費用の全額を，②俳優間の交際でその相手が指導的立場にあり，かつ，それがその交際の主目的であるときは，その費用の50％に相当する金額を，それぞれ必要経費に算入する。その交際が主として私的なものであると認められるときは，その費用は必要経費に算入しない。

6　雇人費

A　文筆家の雇人費については，①その雇人が専ら原稿の代筆及び整理，来客の応対等をする人であると認められる場合は，その費用の全額を，②その雇人が書生（①の仕事をするほか本人の身の回りの雑事の世話をする人をいう）である場合は，その支出した費用の70％に相当する金額を，それぞれ必要経費に算入する。

B　映画俳優等の雇人費については，①その雇人が支配人（マネージャー兼秘書的役割をもち，主として出演の交渉等の外部折衝に当たるものをいう）である場合は，その支出した費用の全額を，②その雇人が付人（助手的役割をもち主として小道具の搬送，屋内における来客の応接，その他本人の身の回りの雑事一切の仕事を行うものをいう）である場合は，その支出した費用の70％に相当する金額を，それぞれ必要経費に算入する。

Q49
UESTION

芸能人等のメガネ，かつら，エステなどの費用の取扱い

　芸能人やタレントなどといわれる人が，仕事の必要上，メガネ，かつら，エステなどの費用を支出することはよくあることであるが，会社役員や専業主婦などであっても，これらの費用を支出している人も多い。

　会社役員や専業主婦などの場合には，所得税の計算上必要経費として取り扱われることはあり得ない。芸能人やタレントなどの場合には，これらの費用であっても業務の遂行上必要な経費として認められるケースはあるのだろうか。

Point

　メガネ，かつら，エステなどの費用は，家事関連費というより家事費の色彩の濃い費用ということができるので，何らかの足掛かりがなければ，必要経費に算入することはできない。

Answer

　家事関連費については，業務遂行上の必要性が認められたとしても，その必要である部分を明らかに区分することができなければ必要経費に算入することはできない。しかし，【Q48】の取扱いは，その業務上必要である部分を明らかに区分することができる合理的な基準を模索する中において，実務上の要請に弾力的に応えようとして編み出されたものである。してみると，芸能人やタレントなどといわれる人が使用するメガネ，かつら，エステなどの費用についても，基本的には【Q48】の考え方を目安としても良いのではないかと考える。

　ただし，メガネ，かつら，エステなどの費用は，会社役員や専業主婦などにおいても一般的に支出される性質のものであり，私的な用に当然使用することができるわけである。このため，家事関連費というより家事費の色彩の濃い費用ということができるので，原則として必要経費に算入することはできない。必要経費に算入することができるとすれば，つきるところ，「業務の遂行上必要であると認められる部分の金額」であり，その金額の算定にあたっては，「支出した費用の効用」に視点を置くことになるであろう。したがって，要するに，その効用に照らして「必要な程度（割合）」を判断することになる。

第5章 文筆家・美術家・芸能者等の事業に係る所得の課税関係

　なお，「支出した費用の効用」の判断にあたっては，①当然のことであるが，「業務上の必要性」を基本とし，②形状，③金額の大小，④数の多少などに着目することになると考えられる。

　形状については，特殊なデザインの有無や私的な用に供することの可否などが基準になるであろう。金額の大小については，高額な所得者であればそれなりに高額な支出をすることが多いであろうから，一般的な金額が基準になるであろう。数の多少については，日常的に必要な数を基準として足切りになるものと考えられる。ただし，エステの費用のように生身にかかわるものについては，一般的には業務上の必要性の認定が困難なケースが多いものと考えられる。

153

| 事業の遂行のために必要と認められる部分の計算

　事業と家事のいずれにも関連のある支出については，その支出した金額を合理的にそれぞれ按分して，事業の遂行に必要な部分の金額を必要経費に算入するとのことであるが，その按分計算の基礎となる割合は，一概に画一的に算定できるものではないと思う。その割合の算定について何か合理的な方法はないのか。

Point
　【Q48】にある家事関連費の按分計算に関する問題である。

Answer
　事業の遂行に必要な部分の割合は，事業の種類や支出する費用の性質によって異なる。したがって，その割合は一概に画一的に算定できるものではない。しかし，考え方としては，事業と家事の双方に関連があるわけであるから，それぞれ半々あるいは5分5分を基本として50％とし，それぞれの費用の性質を納税者本人の経験則によって勘案してその割合を加算又は減算することでよいのではないかと考える。

第 5 章 文筆家・美術家・芸能者等の事業に係る所得の課税関係

必要経費算入割合の計算時期

事業と家事のいずれにも関連のある支出についての必要経費算入割合を，それぞれの費用の支出のたびに計算するというのは非常に煩雑で困難なことと思う。まとめて計算する簡便法のようなものがあると便利だと思うのだが，いかがか。

Point

【Q48】にある家事関連費の按分計算に関する問題である。

Answer

事業と家事のいずれにも関連のある支出については，とりあえずそれぞれの支出のたびにその総額を記帳しておき，決算の時に，性質の類似する費用（例えば取材費で特定の収入と直接の関連性が薄いもの）の年間総額を集計して，それぞれの合計額に対して例えば50％あるいは40％を乗じるなどの工夫をしてもよいと考える。この場合の割合については，前記【Q50】のような方法によることとして差し支えないと考える。

こういったことをするにあたっては，最初の決算・申告の際に税理士等の助言を受けておけば，次の年からはその助言に準じて計算することができるようになるのではないかと考える。

大量の靴，帽子，カバン等の購入費の取扱い

靴とか帽子，カバンなどを随時大量に購入しているが，いつの出演などに使用するか個別に具体性がない場合，これらの購入費用は，いつの時点で必要経費になるのか。

Point
家事費又は家事関連費に属する問題である。

Answer

靴とか帽子，カバンなどについては，その人の職業にかかわらず，使用目的や使用時期が曖昧なまま趣味あるいは買物依存的に，随時買い込む習慣があり，それを大量に保有している人がいるようである。どの程度の支出になるかは，おそらくそれぞれの人の税引き後の所得の多寡によって左右されるであろう。これは衣類についても同じである。

可処分所得が多額なタレントなどが自己満足ないし自慢げにマスコミに公開することがあるが，これらの事業者の場合，それらの物品を実際にその事業の用に使用することも多々あろう。

質問の大量の物品の購入費用については，考え方としては，購入の時点で事業目的が明白でなく，主として私的な用（趣味あるいは買物依存的な習慣）に使用するものであると認められるため，家事関連費というより家事費であり，基本的には必要経費に算入することはできないものである。

しかし，常習的に購入する物品の中には，いつかは事業の用に供する部分がないわけではないので，例えば，出演ごとに異なる帽子を使用する場合におけるその帽子の購入費用相当額を，決算の際に必要経費に計上するといった工夫をすることは課税上特に問題にはならないものと考える。これは，既に説明した，事業と家事のいずれにも関連のある支出（家事関連費）についての考え方やその必要経費算入時期についての考え方の延長線上の工夫である。

第5章　文筆家・美術家・芸能者等の事業に係る所得の課税関係

Q53
UESTION

売出中の歌手が売上成績を上げる目的で自己の CD を購入した場合のその購入費用の取扱い

自己の CD 等の売上成績の向上を狙ってその CD 等を自己負担で購入した場合，その購入費用は，必要経費とすることができるか。

Point

家事費又は家事関連費に属する問題である。

Answer

ミュージシャンなどが，自己の CD など売上成績の向上を狙ってその CD 等を自己負担で購入する場合，その購入の必要性（目的）が自分をアピールするためであり，業務に関係するものであれば，事業所得の金額の計算上必要経費に算入することができる。

しかし，それ以外の目的で，例えば親類・知人に対して贈与するような場合の購入費用は，必要経費とはならない。

157

Q54 事業所得に係る必要経費の算入時期
UESTION

文筆家や美術家，芸能者等に関する事業所得に係る必要経費については，例えば文筆家の取材費などのように支出が先行し収入が後年になるようなものが多いと思われるが，そのような場合の基本的な調整方法のようなものはあるのか。

Point

質問にあるとおり，文筆家等については，収入の時期と支出の時期とがずれる場合が多いため，いかにして収支を対応させるかの問題がある。

Answer

国税の現場においては，過去，実務上の取扱いとして，文筆家や俳優などの自由職業所得者の必要経費の算入時期に関して，次のような考え方を目安として取り扱われていた。

必要経費の算入時期は，それに係る収入金額の計上時期と対応させるのが原則であるが，その対応関係が明らかでないときは，その費用を支出した年分の必要経費に算入することとしても差し支えない。

ただし，次に該当するときは，それぞれ次によることとする。

① 収入を得るために直接必要な費用（例えば文筆家の取材費）を支出した年分において，その取材費に対応する収入が全く発生していないときは，これをその年分の必要経費に算入しない。

② ①の場合において，その人が他に文筆活動等から生ずる多額の収入を有し，その取材費の支出がその人の文筆活動に係る費用の一部分を構成するに過ぎないと認められるときは，その取材費に対応する収入の一部を取得した年分において，その取材費の全額を必要経費に算入して差し支えない。

③ ①の場合において，その人が他に文筆活動から生ずる多額の収入を有し，その取材費の支出がその人の文筆活動に係る費用の一部分を構成するに過ぎないと認められるとき以外のときは，その取材費に対応する収入の一部を取得した年分において，その収入した金額を限度としてその取材費の金

額を必要経費に算入して差し支えない。この場合において必要経費に算入
されなかった残額は，その年の翌年以後に発生した収入から順次控除する
ことになる。

文筆家等の概算所得率による所得金額の計算

特に文筆家等については記帳すること自体大変なことだと思うが，それに加えて，事業と家事のいずれにも関連のある支出についての必要経費算入割合を計算するというのは非常に困難なことと思う。
　概算所得率のようなものを収入金額に乗じて一括して所得金額を計算することができれば便利だと思うのだが，いかがか。

Point

　実額による収支計算が困難な場合に，一定割合により所得金額を計算するなどの簡便法が認められるか否かといった問題がある。

Answer

　かなり以前までは，概算所得率のようなものを収入金額に乗じて一括して所得金額を計算することもあったのだが，現在では，青色申告の届出をしている人以外の人であっても平成26年分からは全ての事業者（平成25年分までは所得金額が300万円を超える事業者）に対して記帳・記録保存をすることが義務付けられている。
　この記帳・記録保存義務は，職業によって特別扱いはすることはできないことになっているから，文筆家等であっても例外とはならないので，前記【Q50】の【Answer】のような方法により，できるだけ手間のかからないような方法を工夫する必要がある。

第5章 文筆家・美術家・芸能者等の事業に係る所得の課税関係

Q56 文筆家等の取材費等の必要経費算入時期
UESTION

文筆家等の場合，ある年に収入金額を得るために直接必要な取材費等を支出したとしても，その結果として実際に収入金額を得るのはその後の年になることは一般的である。このため，収入金額とその収入金額を得るために直接必要な取材費等を個別に対応させて各年分の所得金額の計算をすることは事実上不可能である。

そこで，その年中に支出した取材費等は全てその年中の必要経費に算入することができればよいと思うのだが，いかがか。

Point

質問にあるとおり，文筆家等については，収入の時期と支出の時期とがずれる場合が多いため，いかにして収支を対応させるかの問題がある。

Answer

事業所得の金額の計算上必要経費に算入すべき金額は，別段の定めがあるものを除き，売上原価その他総収入金額を得るため直接に要した費用の額及びその年における販売費，一般管理費その他これらの所得を生ずべき業務について生じた費用とされている（所法37①）。

したがって，取材費等で特定の収入金額を得るために直接要する費用については，その支出をした年中にその取材等による収入がない場合には，その年の必要経費に算入することはできない。

しかし，実態としては，その取材等による成果（収入）が，その取材等をした年以降長期間にわたって得られることもあれば，数年後に得られることもある。あるいは結果的に収入に結び付かないこともある。また，1回の取材等を基にして複数の原稿を執筆し，それぞれの収入の年分が異なる場合もある。

そういった実態を考慮すると，前記【Q54】の【Answer】のような処理をしても差し支えないものと考える。

161

Q57 文筆家等の生活費と必要経費の区分

　文筆家等の場合，例えば両親等の看病の経験や子供のころの体験を基に執筆するなど自己の日常の生活や過去の経験を基に執筆しているケースも多く，生活費と必要経費との区分が極めて曖昧で，このような場合の必要経費については計算のしようがない。

　それゆえ，やはり概算所得率のようなものを収入金額に乗じて一括して所得金額を計算するなど簡便な方法がある方が便利なのではないだろうか。

Point

　家事費又は家事関連費に属する問題である。

Answer

　両親等の看病は肉親の情によるものであって執筆のためのものではなく，また，子供のころの体験も執筆のためのものではない。このような費用についても一部は必要経費に該当すると考えるから，所得金額の計算が難しいと感じることになるわけである。

　ただし，例えば，子供のころの体験に関して執筆する場合において，現地を再確認するために要する旅費等は必要経費になる。

第5章　文筆家・美術家・芸能者等の事業に係る所得の課税関係

Q58 UESTION ｜ 美術家等に係る所得金額の計算

　陶芸家や画家の場合，制作した作品が収入につながるか否かは制作した時点
では判断できないわけで，仮に記帳できる環境にあったとしても，その収支計
算が難しいのが実情だと思う。それゆえ，概算所得率のようなものを収入金額
に乗じて一括して所得金額を計算することができれば便利だと思うのだが，い
かがか。

POINT

　【Q55】の文筆家等のケースと同様，実額による収支計算が困難な場合に，
一定割合により所得金額を計算するなどの簡便法が認められるか否かといった
問題がある。

ANSWER

　かなり以前までは，概算所得率のようなものを収入金額に乗じて一括して所
得金額を計算することもあったのだが，現在では，青色申告の届出をしている
人以外の人であっても記帳・記録保存をすることが義務付けられている。

　この記帳・記録保存義務は，職業によって特別扱いはすることはできないこ
とになっているので，文筆家等の場合の【Q55】と同様，できるだけ手間のか
からないような方法を工夫する必要がある。

Q59 美術家等に係る棚卸資産の計算
UESTION

　陶芸家や画家の場合，制作した作品が収入につながるか否かは制作した時点では判断できないわけだが，その作品の完成に至るまでに間に投下した費用については，その作品の制作原価として棚卸資産に計上する必要がある。

　しかしながら，個々の作品ごとに原価管理をすることは非常に煩瑣なことで，実情に合わないと思う。何か便利な方法はないのか。

Point

　質問にあるとおり，陶芸家等については，収入の時期と支出の時期とがずれる場合が多いため，いかにして収支を対応させるかの問題がある。

Answer

　自己の製造等に係る棚卸資産の取得価額は，①その棚卸資産の製造等のために要した原材料費，労務費及び経費の額と，②その棚卸資産を販売の用に供するために直接要した費用の額との合計額とされている（所令103①二）。

　このため，陶芸家や画家が作品の制作のために要した原材料費，外注費，写生のための旅費，モデル代，アルバイト代などのほか，その作品を販売の用に供するために要した荷造運賃なども，その作品の取得価額に算入すべきこととなる。

　しかし，実務上の問題として，その年中に制作し又は販売したものを含む全ての個々の作品ごとの取得価額を個別に積上げ計算することは極めて煩瑣で現実的ではない。このため，実務的には，日常的には収支の総額を記帳しておき，決算・申告の際に税理士等の助言を受けて，一括して次のように処理することとしても差し支えないものと考える。

　①　作品の制作に直接要した費用のうち，原材料費（絵画の用紙，キャンバス，木枠，額縁，絵具代など。彫刻の石材，木材，金属，粘土，石膏代など）及び外注費（作品の鋳造費用など）については，それぞれの作品の取得価額に算入すべきであるが，それぞれの作品の年末の棚卸資産の取得価額としては，実額により計算できるものは実額によることとし，それ以外

のものはそれぞれの作品について標準的に必要と認められる金額を個々の作家の経験則によって推計した金額とする。

② 作品の制作に直接要した費用のうち，原材料費及び外注費以外のもの（写生のための旅費，モデル代，アルバイト代など）及びその作品を販売の用に供するために要した荷造運賃など（複数の作品について必要なもので，経常的に支出するようなもの）については，それぞれの作品の取得価額には算入しないこととし，その費用を支出した年分の必要経費に算入する。

Q60 美術家等が保有する大作の取扱い

美術家等が自己の代表作である作品を売却等することなく自己のアトリエなどに展示している場合，その作品の制作に要した費用は，必要経費に算入されないまま棚卸資産として資産計上しなければならないのか。

Point

【Q59】にみるように，美術家等に特有の棚卸資産の計算に属する問題である。

Answer

古美術品等のように歴史的価値又は希少価値を有し代替性のないもの及び美術関係の年鑑等に登載されている作品については減価償却資産に該当しないことになっており（所基通2-14），それ以外のものは，減価償却の対象となる。

この取扱いは，他から取得して事業の用に供している場合の取扱いであり，自己が作成した作品についての取扱いではない。

美術家が自ら制作した作品は棚卸資産に該当する。自己のアトリエに非売品として展示していたとしても経済的価値が経年により低下するものではないと考えられるし，また，いずれ売却されることもあり得るのであるから，棚卸資産として取り扱われるとしてもやむを得ないと考える。

第５章　文筆家・美術家・芸能者等の事業に係る所得の課税関係

Q61 美術家等が自己の作品を他者に贈与した場合の取扱い

UESTION

美術家が自己の作成した作品を他の人に贈与する場合も，小売業の棚卸資産と同様に，通常の販売価額で収入金額に計上しなければならないのか。

Point

【Q59】にみるように，美術家等に特有の棚卸資産の計算に属する問題である。

Answer

棚卸資産又はそれに準ずる資産を家事のために消費した場合や贈与した場合には，それらの事実があった時における通常の取引価額を収入金額に計上することになっている（所法39，40）。

したがって，美術家等が自己作成の作品を贈与した場合についても，その作品に係る棚卸資産の価額相当額を必要経費に算入するとともに，その贈与の時における通常の取引価額を収入金額に計上することになるのが原則である。

しかし，美術家等が自己作成した作品の経済的価値のほとんどがその個人の芸術的・精神的・人格的な創作活動によるものであり，そういった経済的価値についてまで課税対象とすることには問題なしとしない面がある。このようなことから，実務上の取扱いとしては，通常の取引価額により収入金額に計上することなく，その作品の原価相当額（棚卸資産の価額相当額）を必要経費から除外することとされている。

(注)　建築工事業者が事業上の資材を使用して家事用の工事を行った場合については，その自家消費した資材の価額（通常の取引価額相当額）を収入金額に加算することとして取り扱われている。要するに，原材料費を収支両建てし，自己の労賃相当額は収入金額に加算しないこととして取り扱われている。なお，その工事にかかわった使用人の労賃相当額については，必要経費から除外することとされている（【Q91】参照）。

167

第**6**章

スポーツ選手・芸能者等に係る
支配芸能法人等の行為計算の問題

Q62 これまでに問題となった支配芸能法人等の事例

マスコミにもてはやされ副収入が多いプロスポーツ選手などは、個人的な会社をつくって「税金対策」をしている場合が少なくないといわれているが、これまでに問題となった事例としては、どのようなケースがあるのか。

Point

プロスポーツ選手などが個人的な会社を設立して、不相当に高額なマネジメント料をその会社に支払っているケースや契約上個人に帰属すべき収入をその会社に支払っているケースなど、課税上不適当と指摘される事例がある。

Answer

プロスポーツ選手や芸能者等のマネジメントを主たる業務とし、そのプロスポーツ選手や芸能者等又はその親族が主宰する個人的な会社（以下「支配芸能法人等」という）を設立すること自体は、私法上の私的自治の問題であって法律的に問題があるわけではない。ただし、その私法上の法的形式が租税回避の目的によるものと認められる場合には、同族会社等の行為計算否認（所法157）の問題として課税上の問題となる。

これらの支配芸能法人等で課税上問題となるのは、次のようなケースである。
① 芸能者等が得た収入の中から支配芸能法人等に対して高額なマネジメント料を支払っているケース
② 芸能者等、支配芸能法人等及び第三者たる放送会社等との間で明確な契約を締結しないまま支配芸能法人等に収入を帰属させているケース
③ 支配芸能法人等から芸能人等に対して支払われる芸能報酬等又は役員報酬等が低額に過ぎるケース
④ 事業活動の実態のない支配芸能法人等に対して芸能報酬等の収入を帰属させているケース

これまでに問題となった代表的な事例としては、次のようなものがある。

第6章　スポーツ選手・芸能者等に係る支配芸能法人等の行為計算の問題

| 事例1 |

　プロスポーツ選手Aは，選手活動のマネージメント及びスケジュール管理につき自己の同族法人と契約し，その法人に対して多額の手数料を支払い，自己の事業所得の必要経費としていた。しかし，その法人の事業活動の実態がほとんどなかったため，その支払手数料の大部分の金額について必要経費算入を否認された。

| 事例2 |

　プロスポーツ選手Bは，選手活動による賞金収入のほか，ＣＭ専属契約料，テレビ出演料等に係る支払調書が個人名となっているにもかかわらず，ツアー賞金を含む全ての収入を自己の同族法人の収入とし，自らの所得としては，その法人からの役員報酬のみとしていた。この事例の場合は，支払調書に従ってその収入を個人の事業所得に係る収入とし，それらの収入に係る費用を個人の必要経費として個人課税することとされ，同族法人に対するマネジメント料に相当する金額を個人の必要経費とされた。

| 事例3 |

　プロスポーツ選手Cは，父親を代表者とし本人も役員とする同族法人を設立し，トーナメント出場報酬等や選手活動による賞金収入については選手個人の事業所得に係る収入とし，スポーツ用品販売会社との専属契約料などはについては同族法人の収入として申告していた。しかし，その法人の収入としていたもののうちスポーツ用品販売会社との専属契約料などは，選手活動の成績に応じて支払われることとされていたため，その収入は個人の事業所得に係る収入金額とし，それに係るマネジメント報酬（自己の同族法人の収入）に相当する金額をその事業所得に係る必要経費とされた。

| 事例4 |

　流行歌手Dは，母親を代表者とする同族法人を設立し，本人はその法人から芸能報酬及び役員報酬の支払を受けていた。しかし，その法人と専属契約は

171

締結しているものの著作権等の譲渡等はしておらず，かつ，第三者からの著作権等の使用料の源泉徴収は所得税法204条によっていたため，その著作権等の使用料はその流行歌手個人に帰属するものとして個人課税の対象とされた。

第6章　スポーツ選手・芸能者等に係る支配芸能法人等の行為計算の問題

Q63 納税者個人と支配芸能法人等との課税関係に係る基本的な考え方

UESTION

支配芸能法人等で課税上問題となるケースはいろいろあるようであるが，どのような点に留意したらよいか。支配芸能法人等に関する課税上の基本的な考え方のようなものはあるのか。

Point

個人でなければ契約できない内容の専属契約の収入の帰属関係や，芸能者等と支配芸能法人等との間のマネジメント料の金額や芸能報酬等又は役員報酬等の金額の適否などが問題となりやすい。

Answer

納税者個人と支配芸能法人等との関係は，基本的には私法上の私的自治の問題であるが，課税上の問題になりやすい点とそれに対する留意点を挙げると次のとおりである。

イ　芸能者等，支配芸能法人等及び第三者たる放送会社等との間において法律的に明確な契約を締結していない場合には，個人・法人のいずれの収入とすべきか見解が分れることになる。

特に，①芸能者その他の個人でなければ契約できない内容の専属契約や，②著作権等の所有者等特定の権利者でなければ契約できない内容の権利使用等契約などについて問題となりやすい。

個人契約に限られるものについては，支配芸能法人等の収入とすることには問題があるので，個人契約に限られるものと法人・個人のいずれであっても契約可能なものとに区別して整理する必要がある。

ロ　芸能者等から支配芸能法人等に対して支払われるマネジメント料や支配芸能法人等から芸能者等に対して支払われる芸能報酬等又は役員報酬等については，それらの金額の適否が問題となりやすい。

この点については，個別の事情によって異なるので一概に決め兼ねるところであるが，基本的には，支配芸能法人等が芸能活動等の必要上設立されていることを前提として，その支配芸能法人等の経営上必要な支出の総

173

額及び将来にわたって必要な資金留保を念頭に適正額を算定することになるものと考える。

第6章　スポーツ選手・芸能者等に係る支配芸能法人等の行為計算の問題

Q64 UESTION 　納税者個人との契約に限られる収入

　【Q63】の【Answer】中に、「芸能者その他の個人との契約に限られる収入
と法人・個人のいずれであっても契約可能な収入とに区別して契約関係を整理
する必要がある」とのことであるが、納税者個人との契約に限られる収入とい
うのは、例えばどのようなものがあるのか。

Point

　芸能者等に係る収入についての【Q63】の基本的な考え方に関する問題であ
る。

Answer

　納税者個人との契約に限られる収入としては、例えば、プロ野球選手契約や
ゴルフトーナメント出場契約に基づく報酬、プロボクサーのファイトマネーな
どが該当する。
　特定のスポンサーとの間の契約で一定の成績を残した場合にそのスポンサー
から付加的に支払われる報酬もこれに該当する。

175

Q65 特定の権利者との契約に限られる収入
UESTION

　【Q63】の【Answer】中にある「特定の権利者との契約に限られる収入」というのは，例えばどのようなものがあるか。

Point

　芸能者等に係る収入についての【Q63】の基本的な考え方に関する問題である。

Answer

　著作権及び著作隣接権（以下「著作権等」という）は，著作権法上，基本的に個人がその権利を原始取得し，これによる利益を享有することとされている。したがって，著作権の使用料は，基本的に芸能者その他の個人に帰属することになる。

　ただし，その著作権等は他に譲渡することができることとされているので，例えば支配芸能法人等に対してその権利の譲渡があった場合には，著作権等の使用料はその支配芸能法人等の新たな権利者に帰属することになる。

　また，著作権等の権利者は，その著作権等の利用を他人に許諾することができることとされているので，例えば支配芸能法人等に対して著作権等の利用を許諾している場合には，著作権等の使用料はその支配芸能法人等に帰属することになる。

（注）　著作権とは，著作者がその著作物について排他的に有する権利をいい，具体的には，複製権，上演権，演奏権，放送権，展示権，上映権，頒布権，貸与権，翻訳権などをいう。

　　　また，著作隣接権とは，俳優，舞踏家，演奏家，歌手，演出家などの実演家，レコード製作者，放送事業者などが占有する権利をいう。

第6章　スポーツ選手・芸能者等に係る支配芸能法人等の行為計算の問題

Q66
UESTION

芸能報酬等のほかに役員報酬等を支払う場合の適正額の算定

芸能者等から支配芸能法人等に対して支払われるマネジメント料や支配芸能法人等から芸能者等に対して支払われる芸能報酬等又は役員報酬等については，それらの金額の適否が問題となりやすいとのことであるが，支配芸能法人等から芸能者等に対して芸能報酬等のほかに役員報酬等が支払われる場合にあるようで，この場合にも，それぞれの支払額の適否が問題になると思う。この場合の判断基準についてはどのように考えたらよいか。

Point

支配芸能法人等が芸能活動等のために必要なものとして設立されていることが前提となるため，その支配芸能法人等の経営上必要な支出の総額及び将来にわたって必要な資金留保を念頭に適正額を算定することが基本となるのであるから，芸能報酬等又は役員報酬等の二本立てになっているケースについても，その総額を対象としてその適否が問題となる。

Answer

支配芸能法人等から芸能者等に対して芸能報酬等と役員報酬等の両方が支払われる場合としては，例えば，「第三者たる放送会社等から受ける専属契約などに係る芸能報酬を支配芸能法人の収入金額とし，芸能者本人に対しては，その役務提供の程度に応じて芸能報酬を支払い，かつ，その芸能者がその支配芸能法人の役員であるため役員報酬も支払う」といったケースが考えられる。これは，プロスポーツ選手などにおいても同じである。

こういったケースについても，個別の事情によって異なるので一概にはいえないが，基本的には，前述のとおり，支配芸能法人等の経営上必要な支出の総額及び将来にわたって必要な資金留保を念頭に適正額を算定することになるものと考える。

さらに敷衍すれば，第三者から支払を受ける芸能報酬等の収入は，個人の技能や才能によって得られるものであるから，基本的に全て個人に帰属させるべきものである。しかしながら，全ての企画・運営をその個人一人で処理するの

177

は，不可能といえるのであるから人の助けが必要なのは当然のことである。その助けを得るために必要な資金として，収入の一部が実質的に支配芸能法人等に帰属することになる。言いかえると，支配芸能法人等に帰属させることが相当と認められる資金以外の収入は，個人に帰属させられるべきものとなる。上記のケースの場合は，その帰属のさせ方が，芸能報酬等と役員報酬等の2本立てになっているわけである。

　芸能報酬等と役員報酬等の2本立ての場合の問題としては，役員報酬等については給与所得控除の適用があるため費用の二重計上になるのではないかといったことがあるので，それぞれの支払について，特に役員報酬等の支払額について客観的にみて合理的に説明できるようにしておく必要がある。

第6章　スポーツ選手・芸能者等に係る支配芸能法人等の行為計算の問題

Q67

支配芸能法人等の役員である芸能者等に芸能報酬等を支払う場合の消費税の仕入税額控除

UESTION

支配芸能法人の親族関係者である芸能者に対して，その法人がその芸能者に対して芸能報酬を支払う場合，その芸能報酬に係る消費税等はその法人の仕入税額控除の対象になるのか。

Point

芸能者等が支配芸能法人等の役員として役員報酬等の支払を受けるのではなく，その芸能者等に対して芸能報酬等を支払うケースについては，役員報酬等に代えて芸能報酬等を支払うことにより，消費税等の負担を軽減しているのではないかといった問題がある。

Answer

支配芸能法人等の役員が芸能者等の親族である場合において，その法人の役員ではないその芸能者等に対して芸能報酬等を支払うケースについては，役員報酬等に代えて芸能報酬等を支払うこととし，消費税等の負担軽減を企図しているとのではないかという問題がないわけではない。しかし，芸能者等の役務提供の対価の収入は，月により年により変動が大きいのが一般的と考えられる。であるとすると，法人税法上の定時定額の役員報酬を支払うことは実情に沿わない。これを実情に合わせるには，収入の変動に即した請負の対価として芸能報酬等を支払うこととする方が合理的であると考えられる。

役員報酬等の支払のほかに芸能報酬等の支払をするケースについても，支配芸能法人等の役員として活動しているのであれば役員報酬を支払うのは当然のことであって，収入の変動の実情に即した請負の対価の支払として別途芸能報酬等を支払うこともまた経済的に見て合理的であると考えられる。したがって，それぞれの支払額について客観的にみて合理性があれば，消費税等の仕入税額控除の対象として差し支えないものと考える。

第7章

執行官・公証人の業務に係る所得の
課税関係

Q68

UESTION

執行官の所得区分

　執行官は国家公務員であるが，執行官の所得は事業所得であるとして必要経費を控除することになっている。これはどういう事情によるものか。

Point

　執行官は執行処分によって手数料の収入を得ているところ，独立採算的にその収入を得ているため，執行官の所得は事業所得に当たるとして取り扱われている。

Answer

　裁判所法 62 条《執行官》では，次の 4 項目の定めをしている。

① 　各地方裁判所に執行官を置く。

② 　執行官に任命されるのに必要な資格に関する事項は，最高裁判所がこれを定める。

③ 　執行官は，他の法律の定めるところにより裁判の執行，裁判所の発する文書の送達その他の事務を行う。

④ 　執行官は，手数料を受けるものとし，その手数料が一定の額に達しないときは，国庫から補助金を受ける。

　この規定を受けて，執行官は，裁判所職員として地方裁判所の監督下にあり，地方裁判所の庁舎内で執務することになっている。

　職務内容としては，次のようなものである。

① 　不動産執行においては，不動産の現況調査を実施し，売却に際しては入札・改札の手続を主宰する。

② 　動産執行や物の引渡し・明渡しにおいては，現地に赴いて強制執行を実施する。

③ 　裁判関係書類を当事者に届ける。

　それらの職務に係る対価としては，給与等は支払われず，事件の当事者が負担する手数料を収入源としている。要するに，俸給制をとらず手数料制を採っている（執行官法 7）。このため，実務上の取扱いとしては，外交員などと同

第7章　執行官・公証人の業務に係る所得の課税関係

様に，執行官の所得は事業所得に当たるとして取り扱われている。

　執行官の中でも手広く業務をこなしている人は，執行官代理を雇用したり事務員を雇ったりしてそれらに係る費用を自己負担している。ただし，その職務遂行上生じた郵送料・電信電話料，物の運搬・保管・監守・保存の費用，執行官の旅費・宿泊料などの一定の費用については，当事者又は裁判所から支払又は償還を受けることになっている（執行官法 10, 12)。

　なお，次のような裁決事例がある。

裁 決 事 例 要 旨

執行官の所得は事業所得であるとした事例（昭和 47 年 7 月 21 日裁決）

　執行官は特別職の国家公務員であるが，俸給制度によらず手数料制度を採用し，その職務の執行は反復継続性を有し，かつ，執行官自身の計算において独立的に経営されているものであって，自由職業と認められ，その所得は事業所得に当たるものと解すべきである。

Q69 執行官の全国配分制の不動産売却手数料の課税関係

UESTION

執行官が支払を受ける不動産売却手数料収入については，その50％相当額を全国配分制の基金として，その実施機関（日本執行官連盟）に送金し，その基金の総額から実施機関が負担する事務費を控除した金額を，全国の執行官総数で除した金額を各執行官に配分することになっている。

この場合，各執行官が事業所得の収入金額に計上する金額は，その配分を受けた金額とすることでよいか。また，その収入金額の計上時期は，その配分を受けた時とすることでよいか。

Point

人的役務の提供の対価の収入金額に計上すべき金額及びその計上時期は，その人的役務の提供の完了の日において確定している金額及び時期とすべきであるが，全国配分制の50％相当額については，その配分額の確定が遅くなるために，その計上すべき金額及び計上時期についての問題がある。

Answer

質問の不動産売却手数料収入の50％相当額の全国配分制は，全国均質な事件処理体制を整備するとともに全国執行官の収入の平準・安定化を図るなどの目的で実施されているものであり，これを図示すると次ページの図のようになる。

この仕組みによる場合には，執行官が収入金額に計上すべき金額及びその計上時期が確定した後に，そのうちの50％相当額が全国配分制の実施機関に送金され，さらにその後に，各執行官に配分する金額及び配分時期が確定することになる。

この点，人的役務の提供の対価の収入金額に計上すべき金額及びその計上時期に関する原則的取扱いによれば，各執行官の役務の提供の完了の日において不動産売却手数料収入の全額を計上すべきである。しかし，この原則的取扱いに従ってその役務提供の完了した日に収入金額に計上したとしても，不動産売却手数料収入の50％相当額に関しては，実施機関から配分を受けて初めて具

184

体的に金額が確定するのであるから，その確定後に，すでに計上した収入金額を是正することが必要になる。

このため，実務上の取扱いとしては，実施機関からの配分額が確定した時点（実施機関から配分額の通知を受けた日）において，その確定した配分額を各執行官の事業所得の金額に係る収入金額に計上することとされている。

なお，実施機関が負担する事務費を控除する以外に，積立金などの名目の金員を留保するような場合には，その積立金の内容・性質等について確認する必要がある。

(注) 本件は，平成11年4月23日に，国税庁から照会者に対して口頭回答している。

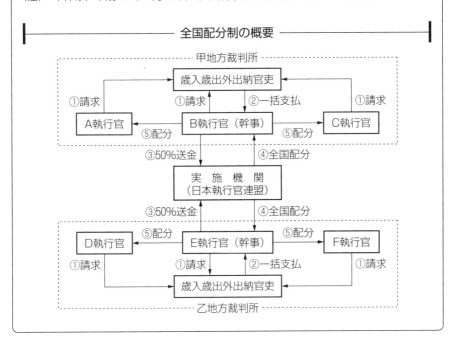

Q70 公証人の合同役場ごとのプール計算による収入金額の課税関係

公証人については，合同役場ごとに，各公証人が公証業務により支払を受ける手数料等の収入をプール計算した上で，各公証人に均等配分している。

これは，公証業務の多寡による公証人間の収入金額の不均衡を是正し不当な競争を避けることを目的として設けられているものである。

この場合，各公証人の事業所得に係る収入金額は，各公証人に均等配分される金額とすることで差し支えないか。

Point

前記【Q69】の執行官が支払を受ける不動産売却手数料収入の一部の全国配分制の場合と同様の問題がある。

Answer

質問の手数料等収入の一部のプール計算による均等配分制は，合同役場ごとに実施されているものである。この場合の金銭等の流れを図示すると次のようになる。

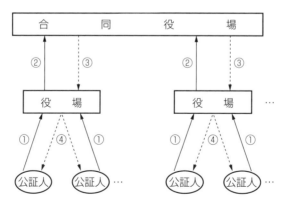

① 各公証人は，毎月，会計報告書を作成し，所属する公証役場の代表に提

第 7 章　執行官・公証人の業務に係る所得の課税関係

出する。

② 各公証役場は，その公証役場の総収入金額から旅費，日当及び手数料割増額を控除した金額に，合同役場ごとに定められた所定の割合を乗じた金額を，合同役場に送付する。

③ 合同役場は，各公証役場から送付を受けた金額の総額から，その合同役場における事務所諸経費を控除した残額を，その合同役場に所属する公証人の数に応じて各公証役場に対して均等配分する。

④ 各公証役場は，合同役場に送付した手数料等収入の残額相当額に合同役場から配分を受けた金額を加算した金額から，その公証役場の共通経費の金額を控除した残額を，その公証役場に所属する公証人に均等配分する。

この公証人の場合においても，前記【Q69】の場合と同様の問題がある。

このため，実務上の取扱いとしては，所属する公証役場からの配分額が確定した時点（公証役場から配分額の通知を受けた日）において，その確定した配分額を各公証人の事業所得の金額に係る収入金額に計上することとされている。

なお，実施機関が負担する事務費を控除する以外に，積立金などの名目の金員を留保するような場合には，その積立金の内容・性質等について確認する必要がある。

187

第**8**章

大学教授等の業務に係る所得の
課税関係

Q71 大学の非常勤講師の収入の所得区分

UESTION

　大学教授等が他の大学の非常勤講師として受ける報酬は，勤務する大学における職務とは異なるものであるから，原稿料収入などと同様，雑所得として差し支えないか。

Point

　大学教授等がアルバイト的に支払を受ける原稿料収入などは，雑所得の収入金額とされているが，他の大学の非常勤講師として受ける報酬についても，それと同様の課税関係になるか否かの問題がある。

Answer

　給与所得とは，下記【裁判例要旨】にあるように，雇用契約又はこれに類する原因に基づき雇用者の指揮命令に服して提供した労務の対価として使用者から受ける給付をいうこととされている。

　質問の他の大学の非常勤講師として立場は，下記【裁決事例要旨】にあるように，一般的に，勤務する他の大学の定めたカリキュラムに従い特定の学科を担当し，一定期間継続して役務の提供をするものであるから，その対価として受ける報酬は，雑所得ではなく，給与所得に該当すると考えられる。

裁 判 例 要 旨

事業所得と給与所得の区分（昭和56年4月24日最高裁判決）

　事業所得とは，自己の計算と危険において独立して営まれ，営利性，有償性を有し，かつ反復継続して遂行する意思と社会的地位とが客観的に認められる業務から生ずる所得をいい，これに対し，給与所得とは，雇用契約又はこれに類する原因に基づき雇用者の指揮命令に服して提供した労務の対価として使用者から受ける給付をいう。

第8章　大学教授等の業務に係る所得の課税関係

裁決事例要旨

大学教授が他大学から受ける非常勤講師報酬は雑所得ではなく給与所得であるとされた事例（昭和 48 年 10 月 8 日裁決）

　大学教授が他大学での非常勤講師としての地位は，これら他大学の定めたカリキュラムに従い，特定の学科を担当し，一定期間継続して役務の提供をするものであるから，その対価として得た報酬は雑所得ではなく，給与所得と認めるのが相当である。

Q72 大学教授等が勤務する大学から支給を受ける研究費等に係る所得区分

UESTION

　大学に勤務する教授，准教授，講師等が当該大学から支給を受ける研究費，出版助成金，表彰金等は，全て給与所得として課税されることになるのか。

Point

　大学教授等が勤務する大学から支給を受ける研究費等は，給与等とは別枠で支払を受けるものであり，また，その内容も様々であるため，それぞれの所得区分が問題となる。

Answer

　大学に勤務する教授，准教授，講師等が当該大学から支給を受ける研究費，出版助成金，表彰金等に対する課税については，旧個別通達「大学の教授等が支給を受ける研究費等に対する所得税の取扱いについて」（昭和3年8月20日直所2-59）では，それぞれ次のとおり取り扱われていた。この通達の考え方は，基本的には，現在でも異なるところはないと考えられる。

① 　個人研究費，特別研究費，研究雑費又は研究費補助等の名目で，教授等の地位又は資格等に応じ，年額又は月額により支給されるものについては，大学が当該教授等からその費途の明細を徴し，かつ，購入に係る物品が全て大学に帰属するものである等，大学が直接支出すべきであったものを当該教授等を通じて支出したと認められるものを除き，当該教授等の給与所得とする。

② 　大学から与えられた研究題目又は当該教授等の選択による研究題目の研究のために必要な金額としてあらかじめ支給される研究奨励金のようなものについては，①に準じて取り扱う。

③ 　教授等がその研究の成果を自費出版しようとする場合に，大学から支給を受ける出版助成金等については，当該出版の実態に応じ，当該教授等の雑所得又は事業所得の収入金額とする。

④ 　学術上の研究に特に成果を挙げた教授等又は教育実践上特に功績があった教授等を表彰するものとして大学から支給される表彰金等については，

第 8 章　大学教授等の業務に係る所得の課税関係

当該教授等の一時所得とする。

上記①及び②は，前記【Q71】の【裁判例要旨】にあるように，雇用契約又はこれに類する原因に基づき雇用者の指揮命令に服して提供した労務の対価として使用者から受ける給付に当たるものとして，給与所得として取り扱われるものである。

上記①中，「大学が当該教授等からその費途の明細を徴し，かつ，購入に係る物品が全て大学に帰属するものである等，大学が直接支出すべきであったものを当該教授等を通じて支出したと認められるもの」を除くとしているのは，実費支弁的な支出のものを課税対象外とするものである。

上記③については，研究成果の発表に大学としての対価性を見い出そうとしているものと思われるが，その自費出版の背景のいかんによっては，給与所得とすべきではないかと考えられる。

上記④についても，一定の功績に対して後追い的に（棚ぼた的に）受けるものであれば，一般的に，継続性・対価性のないものとして一時所得として差し支えないが，勤務先である大学から支給を受けるケースについては，給与所得に該当する場合があり得ると考えられる。

193

Q73

大学教授等が財団法人等から支給を受ける調査研究費等に係る所得区分

UESTION

　財団法人等が，その寄付行為又は定款の定めにある目的に沿った学術・文化等の振興に必要な研究等を助成するため，大学教授等に対して調査研究費などの名目の助成金を支給することがある。

　こういった場合の助成金等については，法人からの贈与として一時所得として課税されるのか。

POINT

　大学教授等が第三者の求めに応じて調査研究等を行う場合の助成金等は，対価性があるものとして一般的には雑所得として課税の対象となるが，その調査研究等の具体的な内容によっては，法人からの贈与と認められるケースがあり得る。

ANSWER

　公益法人に限らず営利法人においても，その業務に関連する学術・文化等の振興に必要な研究等を助成するため，大学教授等に対して調査研究費などの名目の助成金等を支給することがある。

　こういった場合の助成金等については，支給をする大学教授等に対して具体的にどのような内容の成果が求められているか，要するにその助成金等に対価性があるか否かによって，その所得区分が事業所得若しくは雑所得又は一時所得のいずれに該当するか判断されることになる。

　例えば，その助成金等による調査研究等の結果の報告を求めることとしてはいるものの，その報告が強制的なものではなく，仮に報告がない場合であっても助成金等の返還を要しないようなものであれば，その給付は単に研究調査を助成するためのものに過ぎないため，法人からの贈与として一時所得として課税対象になる。

　また，その助成金等が委託研究資金として支給されているものであり，その委託研究に係る費用は，委託を受けた教授等の負担とされているような場合のその給付は，対価性のあるものとして原則として雑所得として課税対象になる。

第8章 大学教授等の業務に係る所得の課税関係

　あるいは，その助成金等が委託研究資金として支給されているものであっても，その成果を機関紙等に報告書として継続して掲載することを主目的としているような場合のその給付は，原則として原稿料として雑所得として課税対象になる。

Q74
UESTION
大学教授等の原稿料・印税等に係る雑所得の収支計算の方法

かなり昔のことになるが，大学教授等の学術の研究に従事している人がその研究の成果を発表したような場合のように，その執筆に要した費用が一般の人より多額に要したときは，一般の執筆者より2割増しの経費を計上しても認められる時代があったと聞いている。

これはどういう事情によるものか，わかる範囲で教えてもらいたい。

Point

原稿料・印税等の収入に係る収支計算は，必要経費の範囲が曖昧なこともあって難しいといった問題がある。

Answer

かなり昔のことになるが，文筆家等の収支計算についても，概算経費率又は概算所得率によって所得金額を計算してもよいとされた時期があった。しかし，現在では，業種のいかんにかかわらず全て実額による収入金額及び必要経費によるべきことになっている。そのことについては，【Q55】から【Q58】までにおいて，説明したところである。

質問の件は，文筆等を業としていない人の収支計算に関するものであるが，この場合にも，同じような概算率によって所得金額の計算をするケースが多かった。そういった時期に，特に大学教授等の学術の研究に従事している人がその研究の成果を発表した場合のように，その執筆に要した費用が一般の執筆者（文筆家等を除く）より多額に要したときは，一般の執筆者より2割増しの経費を計上することとされていた。これは，税負担をより軽減しようとするものではなく，あくまでも収支の実態により近くなるように工夫されていたわけである。

現在では，文筆等を業としているかいないかにかかわらず，全て実額による収入金額及び必要経費によるべきことになっている。したがって，学術の研究の成果を発表するまでに多額の費用を要したとしても，その費用は，実額による収支計算の中に織り込まれることになるわけである。しかしながら，税負担

に問題が生じることにはならないとは言うものの，原稿料・印税等の収入に係る収支計算は，必要経費の範囲が曖昧なこともあって難しいといった問題があるのは事実であり，実務上の留意点のひとつである。（【Q54】，【Q56】参照）。

第 **9** 章

外交員等の業務に係る所得の
課税関係

Q75 外交員等の固定給及び歩合給の所得区分
UESTION

　私は，商品の外交員で，固定給と歩合給の支払を受けている。

　固定給は，外交員それぞれの経験や年齢，扶養親族数等によって異なるが，5万円から10万円の範囲内の金額であり，歩合給は，外交員それぞれの販売実績に応じて販売金額の3％から5％の範囲内の金額である。

　諸経費については，自宅と会社との間の通勤費は支給されるが，それ以外の販売等に要する費用は全て外交員本人負担である。

　この場合の私の所得は，全て事業所得になるのか。

Point

　一口に外交員といっても，生命保険外交員，電力会社委託検針員，NHK委託集金人，物品外交販売員など，その従事実態は様々であるため，これらの人が保険会社等から支払を受ける報酬又は料金については，事業所得になるのか給与所得になるのかといった問題がある。

Answer

　外交員又は集金人がその地位に基づいて保険会社等から支払を受ける報酬又は料金については，次に掲げる場合に応じ，それぞれ次のように取り扱われている（所基通204-22）。

　イ　その報酬又は料金がその職務を遂行するために必要な旅費とそれ以外の部分とに明らかに区分されている場合

　　①　給与所得者の職務遂行等のために必要な旅費で非課税とされる金品に相当する部分……非課税

　　②　①以外の部分……給与所得

　ロ　イ以外の場合で，報酬又は料金が固定給（一定期間の募集成績等によって自動的にその額が定まるもの及び一定期間の募集成績等によって自動的に格付される資格に応じてその額が定まるものを除く。以下この項において同じ）とそれ以外の部分とに明らかに区分されている場合

　　①　固定給（これを基準として臨時に支給されるものを含む）……給与所得

200

第9章　外交員等の業務に係る所得の課税関係

　　②　①以外の部分……事業所得
　ハ　イ及びロ以外の場合
　　　その報酬又は料金の支払の基因となる役務を提供するために要する旅費
　　等の費用の額の多寡その他の事情を総合勘案し，給与等と認められるもの
　　については，その総額を給与所得とし，その他のものについては，その総
　　額を事業所得とする。
　以上に照らすと質問の場合は，固定給は給与所得として，歩合給は事業所得
として課税されることになる。
　なお，通達中のロにおいて，固定給とされているものであっても，一定期間
の募集成績等によって自動的にその額が定まるもの及び一定期間の募集成績等
によって自動的に格付けされる資格に応じてその額が定まるものは，固定給に
含めないこととされている。その点，生命保険会社の固定給の場合は，そのほ
とんどが一定期間の募集成績等を基に算定されているため，結果として固定給
及び歩合給の全額が事業所得として課税の対象となっている。

201

Q76 UESTION　固定給と歩合給に共通する経費の取扱い

　給与所得である固定給と事業所得である歩合給の支給を受けているが、外交員としての経費は、いずれにも共通するものが多い。この場合の経費の配分はどのようにするのか。

Point

　給与所得とされる固定給については給与所得控除をすることになるので、外交員としての経費は、その総額を事業所得とされる歩合給の必要経費とするのか、それとも何らかの方法で按分計算するのかといった問題がある。

Answer

　給与所得とされる固定給と事業所得とされる歩合給の両方がある場合には、例えば自宅と勤務する会社間の交通費以外の旅費や募集成績等に直接反映するような販促物品の費用など事業所得に係る費用として明確に区分できるものは、事業所得に係る必要経費とし、それ以外の共通費用は、固定給と歩合給の収入金額の割合によって按分するのが合理的ではないかと考える。

第9章　外交員等の業務に係る所得の課税関係

Q77
UESTION
外交員の報酬料金の経費過大計上の新聞報道

　数年前の新聞記事によると，郵便局の外交員の多くが報酬料金収入の経費を過大に申告していると報じられているが，どのような事情によるものか。

Point

　外交員などの事業所得の金額の計算については，かなり以前までは概算経費率を使用して必要経費の金額を算出する方法が，広く用いられていたが，現在では，実額計算によることとされているため，実務上，その実額が適正に計算されているか否かの問題がある。

Answer

1　実額による収支計算の徹底

　かなり以前は，国税当局において事実上公表した業種別の「概算所得率」を収入金額に乗じて一括して所得金額を計算することも可能とされた時期があった。ただし，事実上公表されている業種は，外交員等，文筆家等，芸能者など一定の業種に限られていた。小売業，製造業などについては公表されているものはなかったが，農業については，「農業所得標準率」と称するものが公表されていた。

　しかし，昭和59年度の税制改正の際に，青色申告の届出をしている人以外の事業者で事業による所得金額が300万円を超える人（平成26年分からは全ての事業者）に対しても，記帳・記録保存をすることが義務付けられ，その後の行政指導を経て現在では，全ての事業者に対して記帳・記録保存をすることが徹底されている。したがって，現在では，業種別の概算所得率や農業所得標準率は存在しないのみならず，全ての事業者が実額による収支計算をしなければならないことになっている。

2　実額による収支計算の利点と弊害

　小規模事業者の納税義務の履行を促進するには，収支計算を簡素化することも一つの知恵であり，その意味で，業種別の概算所得率や農業所得標準率は，申告納税制度を定着させる上でそれなりの役割を果たしたといえよう。しかし，

203

あくまでも「標準」であるから，一つの業種をとってみても時代の進展とともに多様化し店舗ごとの格差が生じ，必ずしも公平・公正とはいえなくなってきた。また，小規模事業者であれば収支計算はなおさら簡単ともいえるわけで，今日的に考えれば，標準率の存在意義は失われてしまったといえる。

　むしろ，事業に係る所得を実額により収支計算することは，個々の事業者の事業の実態に応じた結果としての数字を，適切に表現することになる。ところが，一方において，次のような不正を誘発する恐れがある。

　質問にある数年前の新聞報道というのは，平成26年10月22日の朝日新聞朝刊の社会面の記事のことと思われる。

　その表題は，「保険外交員申告漏れ　日本郵政　数十人3年計1億円　国税指摘」となっており，次のように報じられている。

　『根拠のない経費をつけて確定申告で事業所得を圧縮したとして，愛知県津島市の郵便局などに勤める保険外交員ら数十人が，名古屋国税局から3年間で計約1億円の申告漏れを指摘されたことがわかった。----（中略）---- これだけ多くの外交員の申告漏れが発覚するのは極めて異例という。日本郵政（東京）は同様のケースがあるとみて，国税局の指導で過去3年分の修正申告を全国の郵便局に文書で促した。確定申告の対象者は約4万7,000人に上る。

　関係者によると，日本郵便の外交員らは年金や学資，終身などの保険を扱う。給与とは別に，営業成績に応じ支給される事業収入があり，年間1,000万円を超えるケースもある。ここから必要経費を除いた事業所得が20万円を超えると，確定申告が必要となる。

　問題の外交員らは確定申告の際，仕事と無関係の交通費や私用携帯電話の使用料ほか，通勤用の車の燃料費や車検費，任意保険料まで車輌費に計上したり，同僚との飲み食いを接待交際費として処理したりしていた。----（中略）---- 国税当局は，約20年前まで外交員の事業収入に対する経費の割合である概算経費率を40％まで認めていた。税の公平性の観点から廃止し，実費だけ認めるように切り替え，各方面に指導していた。』

　この記事の中にあるように，かなり以前までは，外交員の事業所得の金額の計算にあたっては，その事業に係る収入金額に対する必要経費の割合である概算経費率の使用が認められていた。しかし，その概算経費率の数値は，給与所得者に適用される給与所得控除額の割合よりも高率であり，筆者の実感としては，概算経費率による必要経費の額が実額より高額になるケースが多かったよ

第 9 章　外交員等の業務に係る所得の課税関係

うに認識している。

　要するに以前は，概算経費率によることによって有利な取扱いになっていた
わけであるが，現在ではこのような概算経費率の使用は認められていないので，
実額によって収支決算を行う過程において，より税負担を軽減したいというイ
ンセンティブが働いて誘惑に負けたのが，今回の事件であろうと筆者は推測す
るところである。

Q78 外交員等が退職等に際して支払を受ける一時金の所得区分

UESTION

外交員や集金人などが離職する際には，何らかの一時金の支払を受けるが，この一時金については，従事する勤務先等により退職所得とされたり一時所得とされたりしているようである。業務の内容的には大差はないと認識しているが，税負担という意味では開差がある。どのような事情によるものであろうか。

Point

退職所得になるか一時所得になるかは，従事する勤務先等との契約内容や慣習等により異なってくるので，個別に確認する必要がある。

Answer

次に掲げる外交員等が支払を受ける一時金については，実務上，従事する勤務先等との契約内容や慣習等により，それぞれ次のように取り扱われている。

1　生命保険会社の外交員の場合…退職所得又は事業所得

生命保険会社がその外交員に退職手当等の名称をもって支給する給与については，その給与の支給を受ける外交員の在職中における身分関係等に応じ，それぞれ次によることとされている（昭和33年直所2-18個別通達）。

　イ　その給与が在職中に雇用契約による者として身分を有していた外交員に支給されるものであり，かつ，その支給額が退職規程等により雇用契約による者としての身分を有していた期間及びその期間中の募集成績等に応じて計算されるものであるときは，その者の在職中の報酬に対する課税方法のいかんにかかわらず退職所得とする。

　　なお，上記「雇用契約による者としての身分を有していた期間」には，当初委任契約による者としての身分を有して引き続き雇用契約による者としての身分を取得した者又は雇用契約による者としての身分を取得した後委任契約による者としての身分となり再び雇用契約による者としての身分を取得した者のその委任契約による者としての身分であった期間がおおむね1年未満（その委任契約による者としての身分であった期間が2以上ある場合には，それぞれの期間がおおむね1年未満）のものに限り，その委

第9章　外交員等の業務に係る所得の課税関係

任契約による者としての身分であった期間を含んでいても差し支えない。

□　その給与が在職中雇用契約によるものとしての身分を有していた外交員に支給されるものであって，その支給額がイ以外により計算されるものであるとき及び当該給与が在職中雇用契約による者としての身分を有していなかった外交員に支給されるものであるときは，その者の在職中の報酬に対する課税方法の別に応じ賞与の性質を有する給与所得又は報酬若しくは料金に係る事業所得とする。

2　NHK の委託集金人の場合…一時所得

NHK の委託集金人が委託契約の終了に際し，NHK から支払を受ける一般選別金及び特別餞別金については，①生命保険会社の外交員の場合と異なり，NHK と集金人の身分関係が雇用関係にあるとはいえないため，退職所得には当たらず，また，②契約更新は自動更新が認められており NHK には契約解除による収益補償の義務がないため，事業所得には当たらず，しかして，③NHK から支払を受ける一時金は契約解除により生じた対価性のない一時的な収入であるから，一時所得に当たるものとして取り扱う。

3　電力会社の委託検針員の場合…一時所得

電力会社の委託検針人が委託検針契約の終了に際し，電力会社から支払を受ける解約慰労金及び厚生手当金については，①電力会社と委託検針人の身分関係が雇用関係にあるとはいえないため，退職所得には当たらず，また，②当該解約慰労金等は，電力会社との団体交渉による特別な合意によって，給与所得者の退職手当に相当するものとして実現したものであって，事業所得には当たらず，しかして，③当該解約慰労金等は契約解除により生じた一時的な収入であるから，一時所得に当たるものとして取り扱う。

(注)　上記1，2及び3に掲げる外交員等に係る取扱いのうち，1の生命保険会社の外交員に係る退職所得とする取扱いは，会社と外交員の身分関係が雇用関係にあること及びそれが業界全体にわたって歴史的に定着しているという背景があることによるものであって，むしろ例外的なケースと位置付けてよいと考えられる。

上記1，2及び3に掲げる外交員等以外の外交員については，上記2及び3に掲げる外交員等に係る取扱いに準じて一時所得として取り扱われているか，そうでない場合には，事業に付随する収入として事業所得として取り扱われているものと考えられる。

なお，電力会社の委託検針員の解約慰労金等については，下記のような裁判例がある。

裁判例要旨

電力会社の委託検針人が支払を受ける解約慰労金等は，退職所得ではなく，一時所得であるとした事例（昭和63年11月22日福岡高裁・上告取下）

　訴外電力会社の委託検針員であった控訴人らが，委託検針契約の解約に伴って受けた解約慰労金及び厚生手当金は委託手数料収入が給与所得でなく事業所得である以上，退職所得と認めることは困難と言わざるを得ず，右解約慰労金等は電力検針集金労働組合の運動の結果，給与労働者の退職手当等に相当するものとして実現したものと認められることからすると，右解約慰労金等は委任ないし請負契約である委託検針契約終了の際の特別な合意に基づき支払われる，いわゆる所得源泉のない所得であると解すべく，一時所得に該当するとの帰結もやむを得ない。

第10章

政治家個人の政治資金等の
課税関係

Q79 政治家個人の収入の種類とその課税関係

政治家個人の収入にはどのようなものがあり，その課税関係はどのようになっているのか。違法な政治資金収入や口利きなどの収入がある場合は，どのような課税関係になるのか。

Point

政治家個人の収入には，非課税の収入がある一方，違法な収入もあり得るので，その所得区分や必要経費の範囲に留意する必要がある。

Answer

政治資金に関する政治資金規正法上の制限があるので，政治家個人の政治資金収入としては，次のようなものに限られている。これらの収入は，対価性・継続性のあるものとして雑所得に係る収入として課税の対象とされる。

① 政党から受ける政治活動のための資金

② 個人や政党，後援会などの政治団体から受ける政治活動のための物品等よる寄附（金銭等による寄附を除き，便益や労務による寄附を含む）

政治家個人の合法的な政治資金収入としては，上記のとおりであるが，仮に金銭等による寄附で政党以外の者から受ける違法な政治資金収入がある場合には，それらの収入についても，雑所得に係る収入として課税の対象とされる。

また，民間業者等に対する口利きなどによる謝礼収入（入学斡旋や収賄，不法原因によるものを含む）などがある場合には，それらの収入についても，雑所得に係る収入として課税の対象とされる。

詳しくは，次の【解説】のとおりである。

解 説

1 政治家個人の収入

政治家のうち国会議員の場合を例にして説明する。

国会議員個人の収入としては，次のようなものがある。

第 10 章　政治家個人の政治資金等の課税関係

① 国から支給される歳費等……給与所得

② 国から支給される文書通信交通滞在費……非課税

③ 会社や団体の役員などとして支払を受ける報酬……給与所得

④ 弁護士等の自由職業者としての活動による収入……事業所得

⑤ 原稿料，印税，講演料，放送謝金，公的年金などの収入……雑所得

⑥ 政治資金などの収入……雑所得

2　政治家個人の政治資金収入

　政治資金の寄附（物品等によるものを含む）のうち，会社や労働組合，職員団体その他の団体（政党，政治資金団体，資金管理団体，後援会などの政治団体を除く）からの政治資金の寄附（いわゆる企業献金）は，現在，政党及び政治資金団体に対してのみ認めることとされている。このため，資金管理団体や後援会などの政治団体のほか政治家個人に対しては，会社や団体からの政治資金の寄附は，認められていない（政治資金規正法 21）。

(注)　**政治資金団体**とは，政党のために資金上の援助をする目的を有する団体をいう。また，**資金管理団体**とは，政治家個人が代表者である政治団体のうちの 1 団体をその者のために政治資金を受けるべき団体として指定したものをいう（政治資金規正法 5 ①，19 ③）。

　また，個人からの政治資金の寄附（いわゆる個人献金）は，金銭等によるものは政治団体に対するもののみ認めることとされているので，個人から政治家個人に対する金銭等による政治資金の寄附は認められていない。

　ただし，政党が政治家個人に対して金銭等による寄附をすることは認められている（政治資金規正法 21 の 2）。

　以上のように，政治資金に関する政治資金規正法上の制限があるので，政治家個人の政治資金収入としては，次のようなものに限られている。これらの収入は，対価性・継続性のあるものとして雑所得に係る収入として課税の対象とされる。

① 政党から受ける政治活動のための資金

(注)　政党には，国から所属議員の数に応じて，政党助成金及び立法事務費が

211

支払われる。

②　個人や政党，後援会などの政治団体から受ける政治活動のための物品等

よる寄附（金銭等による寄附を除き，便益や労務による寄附を含む）

なお，政治家個人が選挙運動に関して受けた収入で，公職選挙法189条の規定に基づく都道府県の選挙管理委員会又は中央選挙管理会への報告がされているものは，非課税となっている（所法9①十八，相法21の3①六）。また，上記1の②に掲げる文書通信交通滞在費として国から支給される収入も非課税となっている。

3　違法な政治資金収入や口利きなどの謝礼収入がある場合

政治家個人の合法的な政治資金収入としては，上記2に掲げるとおりであるが，仮に金銭等による寄附で政党以外の者から受ける違法な政治資金収入がある場合には，それらの収入についても，雑所得に係る収入として課税の対象とされる。また，民間業者等に対する口利きなどによる謝礼収入（入学斡旋や収賄，不法原因によるものを含む）などがある場合には，それらの収入についても，雑所得に係る収入として課税の対象とされる。

4　政治資金収入に係る雑所得の金額の計算

(1) 政治資金収入に係る雑所得の収入金額

政治資金収入に係る雑所得の金額は，その雑所得の収入金額から必要経費を控除して計算する。

政治資金収入に係る雑所得の収入金額としては，上記2の①や②の金額となる。

このうち，②の物品等による寄附については，例えば，政治家個人の政治活動のみに使用する乗用車や事務所の無償提供を受けた場合は，原則として乗用車や事務所の賃借料に相当する金額を収入金額として計上する。

なお，原稿料，印税，講演料，放送謝金，公的年金収入などのほか，政治資金規正法に反する政治資金収入や民間業者等に対する口利きによる謝礼収入がある場合には，それらの収入も雑所得の収入金額に加算する。

第 10 章　政治家個人の政治資金等の課税関係

(2) 政治資金収入に係る雑所得の必要経費の金額

　政治資金収入に係る雑所得の計算上必要経費となるのは，政治活動のために支出した費用である。その政治活動のために支出した費用には，例えば，次のようなものがある。

①　専ら政治活動のために使用した秘書，事務所職員（臨時職員を含む）の給料，手当など（政策担当秘書，第一議員秘書及び第二議員秘書の給与で国から支給されるものを除く）

②　専ら政治活動のために使用した事務所の賃借料その他事務所の備品費などの費用

③　専ら政治活動のために使用した通信費，旅費

④　国会報告，政見発表などのための費用

⑤　専ら政治活動のために使用した委託調査費，図書費，会議費

⑥　政党の政治活動の費用を賄うために経常的に負担する本部費，支部費

⑦　政治活動に関する交際費，接待費，寄附金（所得税の確定申告において寄附金控除又は政党等寄附金特別控除の対象としたものを除く）

(注)　1　上記の費用のうち，①選挙運動に関して受けた収入で非課税とされるものから支出した費用及び②非課税の文書通信交通滞在費によって支弁されるべき部分の費用は必要経費に算入することができないため，それらの費用の区分に留意を要する。

　　　2　上記2の「なお書き」の選挙運動に関して受けた収入で非課税とされるものから支出した費用は，必要経費に含めない。

　なお，原稿料，印税，講演料，放送謝金，公的年金収入などのほか，政治資金規正法に反する政治資金収入や民間業者等に対する口利きによる謝礼収入がある場合において，それらの収入を得るために必要な支出があるときは，その支出の金額も必要経費に加算する。

(3) 雑所得の金額の計算上赤字の金額が生じた場合

　政治家個人の政治資金収入の金額からその個人の政治活動のためにその個人が支出した費用の金額を差し引いた金額が赤字になる場合であっても，その他

の雑所得の収支計算上の黒字の金額があるときは，その赤字の金額と黒字の金額を差引計算することができる。その差引計算をしてもなお残った雑所得の赤字の金額があるときは，他の給与所得や事業所得などの金額との損益通算をすることはできないことになっている（所法 69）。

第 10 章　政治家個人の政治資金等の課税関係

Q80 政治家による政治資金の流用と個人課税の関係

　マスコミ報道等では，政治家による政治資金の私的流用の問題が取りざたされることが多いようである。政治資金規正法上の問題があることは理解できるとして，個人の所得税又は贈与税の課税問題もあるのではないかと思うが，どうなっているのか。

Point

　政治家の政治資金収入には，政治家個人の収入とすべきものと政治団体の収入とすべきものがあるので，それぞれの収入を峻別して管理する必要がある。

Answer

　資金管理団体・後援会などの政治団体には，政党助成金や立法事務費，企業献金などの収入金がある党本部からの資金提供や，個人献金，政治資金パーティなどの収入がある。また，政治家個人等が代表者となっていることが多い政党支部は，これらの収入のほかに企業献金を受けることもできる。このように資金管理団体・後援会などの政治団体や政党支部には様々な政治資金収入があるが，これらの団体は政治家の財布代わりに利用されることがあるため，マスコミなどでは，これらの団体の政治資金収入についても，あたかも政治家個人の収入であるかのように報道されることがある。

　これは混同による誤解であって，これらの収入は，所得税法上，政治家個人の収入にはならない。したがって，個人課税の問題にはならない。後援会などの政治団体についてみれば，その団体の事業は公益目的の事業であるから，政治資金収入が政治団体の収入である限り課税されることはない。

　政治家個人と資金管理団体・後援会などの政治団体や政党支部との関係は上記のとおりであるが，それらの政治団体から政治家個人に対して【Q79】2の①及び②に掲げる収入が政治資金として給付される場合には，その給付はその政治家の雑所得の収入金額に算入すべきことになる。仮に特定の給付が政治資金規正法や公職選挙法などに違反するものであったとしても，その資金が経済的に有効に個人の収入として享受されており法律的に返還義務が生じていない

215

限り，雑所得の収入金額に算入すべきである。ただし，それらの給付が政治資金として提供されたものであり，その資金を政治活動のために必要なものとして全て消費するのであれば，その金額は必要経費になるので，差引，課税される所得は生じないこととなる。

ところが，それらの資金が政治資金として給付されたとしても，実は個人的に流用されてしまったとすれば，必要経費がないことになるので雑所得として課税関係が生ずる。また，もともと政治資金として給付されたものではないとすれば，法人からの贈与に当たるとして一時所得又は給与所得として課税の対象となる。

このあたりが，政治資金収入の使途の問題であり，政治資金収入の個人的流用の問題である。

(注) 政治団体が受ける政治資金収入は，原則として非課税であるが，その資金を公共目的事業に供しないことが確実であるものについては，その政治団体に対して贈与税を課すこととされていることに留意する必要がある(相法 66 ①, 21 の 3 ①一，三)。

第 10 章　政治家個人の政治資金等の課税関係

Q81　物品や役務提供による利益の供与の課税関係

UESTION

　政治家に対する経済的利益の供与としては，金銭等によるもの以外のものとして，例えば，乗用車の贈与，乗用車又は事務所の無償又は低額による貸与，政治活動に従事する人員の役務の無償提供などの方法がある。このような場合は，どのように取り扱われるのか。

Point

　業務に関して，金銭等以外の物品や労務による無償提供を受けた場合，その対価相当額をどのように経理処理するのか，課税対象にする必要があるのか否かといった問題がある。また，これが個人間において行われる場合には，贈与税の課税の問題が生じるのではないかといった問題もある。

Answer

　政治家個人の政治資金収入のうち，「個人や政党，後援会などの政治団体から受ける政治活動のための物品等よる寄附（金銭等による寄附を除き，便益や労務による寄附を含む）」については，その経済的利益に相当する金額を雑所得に係る収入金額に算入することになる。

　例えば次に掲げるような場合には，次に掲げるとおり処理することになる。

①　政治活動に使用する乗用車の贈与を受ける場合……その乗用車の時価相当額を収入金額に計上し，その減価償却費を必要経費に計上する。

②　政治活動に使用する乗用車又は事務所を無償又は低額で使用する場合……その乗用車又は事務所の賃借料相当額（低額の場合には低額部分相当額）を収入金額に計上し，同額を必要経費に計上する。

③　政治活動に従事する人員（運転手，秘書など）の役務提供を無償で受ける場合……その人員に係る報酬利用金等相当額を収入金額に計上し，同額を必要経費に計上する。

　以上の例示は，企業が政治家の政治活動のための資金として提供した場合に関するものである。しかし，例えばその政治家がその企業の役員であり，その役員として提供を受けるような場合には，それらの経済的利益相当額は，給与

217

等に該当することになることに留意を要する。

　なお，個人間において，無償又は著しく低い賃借料により土地建物などの貸借が行われるような場合には，借り受けた者に対しては，原則として，通常の賃借料と実際の賃借料との差額相当額に対する贈与税の課税はしないこととされていることに留意を要する（相基通9-1）。これは，贈与税が相続税の補完税であることからすれば，このような貸借が行われても貸主の財産が積極的に減少するわけではないので，課税上弊害がないと考えられること，及び個人間で行われるこのような貸借は，経済的行為としてではなく親族間，知人間等当事者間の特別な人間関係に基づいて行われるケースがほとんどであると考えられ，これに贈与税を課すことは納税者感情からしても実情にそぐわないと考えられるためである。ただし，業務に関するものである場合には，上記本文と同様に取り扱われる。

第 10 章　政治家個人の政治資金等の課税関係

Q82　政治資金規正法等に違反する政治資金の返還

UESTION

　政治資金規正法や公職選挙法などに違反する政治資金収入であっても，その収入は，雑所得に係る収入として課税の対象とされるとのことであるが，その後その資金を返還した場合には，その返還金額を雑所得の必要経費にすることができるのか。それとも遡ってその収入がなかったことにするのか。

Point

　法令に反する収入についても課税の対象となるが，後になってそれを返還した場合には，ケースによっては課税処理が取り消される場合がある。

Answer

　特定の政治資金収入が政治資金規正法や公職選挙法などに違反するものであったとしても，その収入は，雑所得に係る収入として課税の対象とされる。そして，その違法の疑いのある収入をその後返還したとしても，その返還は政治活動のために行われるものと認められないから，その返還金相当額を雑所得に係る必要経費に算入することはできない。

　もっとも，その資金提供を受けた当初から返還することになっているものであれば，その資金提供は借入金であるから，その返還は借入金の返済に過ぎない。そうであれば，当初から雑所得に係る収入に計上する必要はないし，それをその後返還したからといって，雑所得に係る必要経費に算入する必要もない。

　なお，例えば，その資金を提供した者のその提供した行為そのものが無効であったために，その提供を受けた資金を返還したようなときには，もともと政治資金の提供を受けなかったのと同様であり，このような場合においてその資金の提供を受けた時点において課税されているときは，その課税を是正することになる（所法152，所令274）。

219

参　考　窃盗, 横領, 詐欺, 賭博などの不法行為による利得の課税関係

1　不法行為による利得の法的評価と昭和 25 年基本通達における取扱い

　窃盗, 横領, 詐欺, 賭博, 横領などの不法行為による利得は, 犯罪者にとって一般的に有効に保有できないと理解されているため, この種の利得が課税の対象になることについては, 違和感があるようである。そこで, この種の利得が課税の対象となる根拠を明確に説明する必要がある。

　不法行為による利得は, 利得の基因となったそれぞれの不法行為によって法的性質が異なる。代表的な不法行為について整理すると次のようになる。

① 　窃盗, 強盗又は横領による利得については, 犯罪者にその利得が移転しないので, 被害者に返還ないし損害賠償をしなければならず, 犯罪者において法律上有効に保有できない。

② 　詐欺又は脅迫による利得は, 利得の移転が瑕疵ある意思表示として取り消し得る行為であるから, その基礎となった意思表示が取り消されるまでは, 一応法律上有効に保有できる。

③ 　賭博, 収賄などによる利得は, 被害者は不当利得として返還を求めることができないので, 一応法律上有効に保有できる。ただし, 後日, 没収又は追徴されることがある。

　こういった法的評価に則って, 昭和 25 年制定の所得税基本通達の「148」では, 窃盗, 強盗, 横領, 詐欺, 脅迫, 賭博による利得の課税については, 要するに, 次のように取り扱うこととしていた (次の取扱いは, 昭 27.10.21 長野地裁, 昭 26.6.14 名古屋高裁においても支持されている)。

イ 　窃盗, 強盗又は横領により取得した財物については, 犯罪者は被害者に返還ないし損害賠償をしなければならず, 法律上有効に保有できない (法律上所有権が移転しない) ものであるから, 所得税を課さない。

ロ 　詐欺又は脅迫により取得した利得は, その契約が取り消されるまでは一応法律上有効に所有権が移転するものであるから, 当該利得については, その内容に応じ一時所得又は事業所得等として課税の対象となる。ただし, 後日, 裁判又は契約の解除等により被害者に復帰した場合には, 更正によ

第 10 章　政治家個人の政治資金等の課税関係

り減額することになる。

　ハ　賭博による利得は，一応法律上有効に所有権が移転するものであるから，
　　原則として一時所得として課税の対象となる。ただし，後日，没収又は追
　　徴された場合には，更正により減額することになる。

　以上の取扱いは，所有権の移転に着目して法律的評価をするいわゆる所得概
念の法律的把握説に立つものであった。

2　不法行為による利得の経済的評価と昭和 45 年基本通達における取扱い

　上記 1 のとおり，昭和 25 年基本通達では，その不法行為により所有権がと
りあえず法律上有効に移転している場合には課税の対象とすることとしていた
わけである。

　しかし，詐欺，脅迫，賭博等に限らず窃盗，強盗，横領により利得を得た者
は，いずれも不法領得の意思をもって正当な権利者を排除し，他人の財物を自
己の所有物と同様に，経済的用法に従いこれを欲しいままに利用し処分してい
るのが現実である。他方，法律的にみれば窃盗，強盗，横領の被害者は，返還
請求又は損害賠償請求をすることができるが，これらの不法行為に基因する請
求権は，抽象的な権利であり，実際に権利を行使してみなければ利得者の返還
等の債務が具体的に定まらない場合が多いのが実情である。また，刑事上の没
収又は追徴にしても，収賄等の必要的没収を除いて，①不起訴又は起訴猶予等
の場合には没収又は追徴ができない，②裁判所の裁量により没収又は追徴がさ
れない場合がある，③犯罪の対象となる金銭と一般財産との区別ができないた
め没収又は追徴ができないことがあるなどにより，実際には行われないケース
が多い。

　これを実質所得者課税の建前からみても，所得の帰属を特に法律的帰属に限
らなければならないいわれはなく，上述した現状からみて，不法行為による利
得を担税力の指標である経済的事実として評価しないことは，不法利得者を税
法上不当に優遇していることになる。仮に返還，償還，没収，追徴等が行われ
た場合には，その時点で課税の修正を行えば足りる。この立場，つまり所得概
念を経済的に把握しようとする立場からすれば，課税物件たる所得は，その基

221

因となった行為等の適法，非適法という法的評価には中立的なものであり，たとえ法律上は無効な行為に基づく利得であっても，それが法律上有効な利得と同様の経済的機能を果たしている限りにおいては，課税物件たる所得を構成するということになる。

　こういった経済的評価を基礎とする考え方が次第に有力になるにおよび，国税庁も，昭和45年の所得税基本通達の大幅改正を機に，この考え方に立つことの確認をし，次のとおりとして取り扱うに至った。

（収入金額）

36-1　法第36条第1項に規定する「収入金額とすべき金額」又は「総収入金額に算入すべき金額」は，その収入の基因となった行為が適法であるかどうかを問わない。

　ちなみに，昭和46年1月9日最高裁判決では，「課税対象となるべき所得を構成するか否かは，必ずしも，その法律的性質いかんによって決せられるものではない。」と判示している。

(注)　1　反社会的勢力関係者の出所祝いや襲名披露などの義理かけの収入についても，国税庁は，昭和46年ごろから雑所得として課税することとしている。

　　　2　「所得」の範囲をどのように構成するかについては，所得源泉説による考え方と包括的所得概念による考え方とがあるが，包括的所得概念による考え方による場合においては，「所得はいかなる源泉から生じたものであるかを問わず課税の対象となると解すべきであり，----（中略）---- 不法な利得は，利得者がそれを私法上有効に保有し得る場合のみでなく，私法上無効であっても，それが現実に利得者の管理支配のもとに入っている場合には，課税の対象となると解すべきである」というように整理されている（金子宏著「租税法」）。

　なお，不法行為による利得であると当初からわかっていて，納税者側が積極的に確定申告をする事例はほとんどないものと考えられる。しかし，例えば豊田商事事件のように各種事件に関連して確定申告の是非の問題が生じる場合が

第 10 章　政治家個人の政治資金等の課税関係

ある。確定申告をしたとして，その後，窃盗などの無効な行為による利得が返還等により失われたり，詐欺などによる利得が取り消されたりすることにより失われた場合には，更正の請求によるか，当局側の更正により減額されることになる（所法 152，所令 274）。

Q83 個人が政治活動に関する寄附をした場合の課税関係

UESTION

個人が政治団体に対して政治活動に関する寄附をした場合には，所得控除や税額控除の対象となる。政治家個人が他の政治家のために寄附をする場合もあるが，過去には不正のために利用されたことがあると聞く。個人が政治資金の提供をする場合には，どのような問題があるのか。

Point

政治活動に関する寄附をした場合には，原則として所得控除や税額控除の対象となる。しかし，寄附者に特別の利益が及ぶケースについては，それらの控除の対象とはならないので，どのようなケースがそれに該当するかが問題となる。

Answer

1 寄附金控除及び政党等寄附金特別控除の適用要件

個人が政治団体に対して政治活動に関する寄附をした場合には，寄附金控除（所得控除）の対象となる。また，政治活動に関する寄附のうち政党及び政治資金団体に対するものについては，政党等寄附金特別控除（税額控除）の対象にもなるので，この寄附については，確定申告においてどちらか有利な方を選択することができる。

これらの控除の対象となる寄附の主な要件は，次のとおりである。

① 政治資金規正法に規定する政治活動に関する寄附をしたこと

② 政治資金規正法に違反する寄附でないこと

③ 寄附者に特別の利益が及ぶ寄附でないこと

④ 寄附金控除（所得控除）を受ける場合には，総務大臣又は各都道府県選挙管理委員会等の確認済の印を押した「寄附金（税額）控除のための書類」（以下「確認書」という）が，政党等寄附金特別控除（税額控除）を受ける場合には，「確認書」と「政党等寄附金特別控除額の計算明細書」が確定申告書に添付されていること。

なお，○○議員を励ます会などの名称のパーティの会費については，寄附と

224

は位置付けられていない。

2 政治資金規正法上の寄附と所得税法上の寄附との相違点

政治資金規正法上の「寄附」とは，金銭，物品その他の財産上の利益の供与又は交付で，党費又は会費その他の債務の履行としてされるもの以外のものをいうとされており（同法4③），この中には，役務の無償提供や資産の無償貸与が含まれる。税法上は，これらは利益の供与ではあるが，所得税法上の寄附金の「支出」には当たらないため，寄附金控除及び政党等寄附金特別控除の対象とはならない。

3 寄附者に特別の利益が及ぶ寄附の取扱い

寄附金控除及び政党等寄附金特別控除の対象となる寄附の要件の一つに，寄附者に特別の利益が及ぶと認められる寄附でないことが掲げられている。

このため，政治家自身の寄附金の支出で，自己の資金管理団体や後援会に対してしたものについては，その政治家自身に特別の利益が及ぶことになるので，寄附金控除等の対象とはならない。政治家と生計を一にする親族がその政治家の後援会等に寄附する場合にも，実質的にみて政治家が自己の後援会に寄附するのと何ら異ならないので，寄附金控除等の対象とはならない。ただし，その親族が自己の所得の中から支出したもので，その政治家が負担したと認められないような場合には，寄附金控除等の対象になるものと考えられる。

4 たすき掛け献金，廻し献金の問題

複数の政治家がお互いに相手方の後援会等に対して政治資金の寄附をし合う方式の寄附のことを「たすき掛け献金」といわれることがある。また，数人で結託して，AはBの後援会等に対して寄附し，BはCの後援会等に，CはDの後援会に，DはAの後援会に対して寄附して一巡する方式の寄附のことを「廻し献金」といわれることがある。

こういった方式は，寄附金控除等の制度を利用した所得税の不正還付を目的として行われたことがあり，当時，マスコミに大きく取り上げられた。こういった方式は，制度的には，寄附者に特別の利益が及ぶと認められる寄附に該当することになるので，寄附金控除等の対象とはならない。

なお，これらの寄附の場合，力関係などによってそれぞれの寄附金の金額が異なることがあるが，「寄附者に特別の利益が及ぶと認められる寄附」とはその行為を指すものであって，金額を指すものではないので，金額の多寡にかかわらず，それぞれの寄附そのものが控除対象外となることに留意を要する。

5　政治家個人がした寄附金の支出と雑所得の必要経費算入との関係

　政治家個人が，政党や政治資金団体，政治家の資金管理団体や後援会に対して寄附金の支出をした場合には，その寄附が政治活動に関してなされるものであれば，その政治家の雑所得の金額の計算上必要経費に算入することができる。その寄附金が，寄附者に特別の利益が及ぶものでないなどの寄附金控除及び政党等寄附金特別控除の対象となる寄附の要件に当てはまる場合には，雑所得の必要経費とするか，寄附金控除等の対象とするか，いずれかを選択することができる。

第 10 章　政治家個人の政治資金等の課税関係

Q84 政治資金を後継者に無税で承継する仕組み

UESTION

　　同族会社の経営者が後継者に対して会社を承継する場合には，原則としてその後継者は多額の贈与税を負担しなければならない。しかし，政治家の場合には，多額の団体財産を後継者に対して無税で承継することができるといわれている。どのような仕組みによるのか。

Point

　　政治団体は，人格なき社団等に該当するため，収益事業を行わない限り，原則として法人税の課税対象にはならない。また，政治団体は，公益目的事業のみを行う限り，原則として贈与税や相続税の課税対象にもならない。この点が，政治資金の無税承継の問題といえば問題である。

Answer

　　政治家が関係する政治団体には，自己の資金管理団体や後援会などがある。

　　政治資金規正法上，これらの政治団体は，個人や政党その他の政治団体から政治活動に関する寄附を受けることができることとされている。したがって，自己の親族やその親族が関係する政治団体から自己が関係する政治団体に対して寄附を受けることもできることになるので，両親の私財を量的制限の範囲内で自己の関係する政治団体に対して寄附してもらうことができるし，両親が関係する政治団体から自己の関係する政治団体に対して寄附を受けることもできるわけである。

　　一方，税法上，政治団体は，人格なき社団等に該当するため，収益事業に該当しない政治活動のための寄附金の収受に対して法人税が課税されることはない。また，政治団体は，公益目的事業を行うものと位置付けられているため，政治活動のための寄附金の収受に対して贈与税や相続税が課税されることもない。

　　このため，政治資金規正法上の量的制限の枠はあるものの，両親の私財や両親が関係する政治団体の資金を，無税のまま自己の関係する複数の政治団体に移転させることができることになっている。

227

政治団体の代表者を両親から後継者に変更するだけでも，実質的に，政治団体の財産を無税で承継することができることになる。これらは一見不合理のように見えるが，公益目的にしか消費できない団体資産であると考えれば，公益団体一般に共通する問題であるといえる。むしろこれを公益目的以外に消費した場合に実際に贈与税を課税できるか否かにかかっている（【Q80】の注書参照）。実務上，その課税が困難であるとすれば，政党交付金，立法事務費，文書通信交通費なども含め，政治資金収入全般について非課税措置を廃止して課税対象の収入とし，実際に政治活動のために消費したもののみを必要経費として控除することとすることにより，少なくとも税務当局の監視下に置くことができるのではないかと考える。

（注）　平成 20 年から実施されている登録政治資金監査人制度の下で実施される監査は，監査人である税理士等に対して収支の実態について質問し検査する権限が付与されていないため，十分な機能を果たしていない。

第 11 章

競走馬の保有等に係る馬主の
課税関係

Q85 UESTION 競走馬の保有等に係る所得の区分

馬主が所有する馬には，競走馬，繁殖牝馬，種牡馬，仔馬などがあるが，これらの馬を保有することによって得られる所得については，それぞれどのように課税されるのか。

Point

競走馬，繁殖牝馬及び種牡馬の保有に係る所得が事業所得に該当するかどうかは，原則として，その規模，収益の状況その他の事情を総合勘案して判定することになる。

しかし，この種の所得は赤字になる場合が多く，その業務が事業として行われていると言い難いケースが多くなるため，その所得区分が困難である。

Answer

競走馬，繁殖牝馬及び種牡馬の保有に係る所得が事業所得に該当するかどうかは，その規模，収益の状況その他の事情を総合勘案して判定することになる。

このうち競走馬の保有に係る所得については，一定の要件に当てはまる場合には，事業所得に該当するものとして取り扱うこととする形式基準が設けられている。

詳しくは，次の【解説】のとおりである。

解 説

1 競走馬の保有等に係る所得の種類

保有馬の種類としては，競走馬，繁殖牝馬及び種牡馬に大別できる。このうち競走馬とは，原則として，中央競馬又は地方競馬の競走に出走させるために保有している馬（登録馬）をいう。

これらの保有馬に係る所得区分は，次のとおりである。

① 競走馬の保有に係る所得（馬主が保有する競走馬に係る賞金・賞品等の所

得や休養見舞金等の所得）……事業所得又は雑所得

② 繁殖牝馬又は種牡馬の保有に係る所得（繁殖・種付けによる所得や生産した仔馬の売却による所得）……事業所得又は雑所得

③ 競走馬，繁殖牝馬又は種牡馬の譲渡による所得……総合課税の譲渡所得

なお，中央競馬馬主互助会が支給する競走馬事故見舞金については，原則として，競走馬の死亡等に伴うものは非課税（競走馬の損失の金額の計算上は，未償却残高からその見舞金の金額相当額を控除する），死亡等を伴わないものは事業所得又は雑所得に係る収入金額に算入することになっている。

2　競走馬の保有に係る所得区分の判定

上記1の①「競走馬の保有に係る所得」及び②「繁殖牝馬又は種牡馬の保有に係る所得」が事業所得に該当するかどうかは，その規模，収益の状況その他の事情を総合勘案して判定することになる。このうち①については，次のイからハまでのいずれかに該当する場合には，事業所得に該当するものとして取り扱うこととする形式基準が設けられている（所基通27-7，平15課個5-5）。

イ　その年における登録期間が6月以上の競走馬を5頭以上保有している場合

ロ　その年以前3年以内の各年においてその年における登録期間が6月以上の競走馬を2頭以上保有し，かつ，その年の前年以前3年内の各年のうちに，競走馬の保有に係る所得の金額が黒字の金額である年が1年以上である場合

ハ　イ又はロのいずれにも該当しない場合であっても，その年以前3年間の各年において競馬賞金等の収入があり，その各年のうち，年間5回以上（2歳馬については年間3回以上）出走している競走馬（共有馬を除く）を保有する年が1年以上ある場合（この取扱いは，平15課個5-5により追加されたものである）

(注)　1　イ及びロの競走馬の保有状況並びにハの競馬賞金等の収入及び出走回数の状況については，日本中央競馬会又は地方競馬全国協会が発行する「登録及び出走回数等証明書」（確定申告書に要添付）の記載内容によっ

て判定する。

2　ロの「競走馬の保有に係る所得の金額が黒字の金額である場合」に該当するか否かの判定にあたっては，繁殖牝馬又は種牡馬の保有に係る所得（繁殖・種付けによる所得や生産した仔馬の売却による所得）や競走馬，繁殖牝馬又は種牡馬の譲渡による所得は含めない。

3　ハの出走回数の判定にあたって共有馬を除くこととされているのは，共有馬の保有形態が一定でなく，その保有に係る所得区分を一律に決めることが困難なことによる。

4　民法667条に基づく組合等が馬主となる場合のその組合事業に係る各組合員の利益等の額の計算は，原則として，その組合事業に係る収入金額，支出金額，資産，負債等を，その分配割合に応じて各組合員のこれらの金額として計算する（所基通36・37-19〜20）。

【設例】

競走馬の保有に係る所得区分の判定を設例によって示すと，次のようになる。

保有年	1年目	2年目	3年目	4年目	5年目	6年目
6月以上の登録馬の保有頭数	1頭	2頭	4頭	2頭	5頭	4頭
競走馬の保有に係る所得金額	400,000円	▲100,000円	▲150,000円	▲200,000円	▲500,000円	300,000円
所得区分の判定	雑	雑	雑	事業	事業	雑（注）
説明事項	競走馬を保有して1年目であるから雑所得となる。	競走馬を保有して2年目であるから雑所得となる。	1年目は1頭であるから雑所得となる	2,3,4年目は2頭以上であり，かつ1，2，3年目のうち1年目の所得が黒字であるから事業所得となる。	5頭以上であるから所得金額に関係なく事業所得となる。	4，5，6年目は2頭以上であるが，3，4，5年目のいずれも所得が赤字であるから雑所得となる。

（注）　6年目の所得区分の判定は雑所得となるが，上記ハの取扱いにより，4年目，5年目及び6年目の各年において競馬賞金等の収入があり，その各年のうち，年間5回以上（2歳馬については年間3回以上）出走している競走馬（共有馬を除く。）を保有する年が1年以上ある場合には，その6年目の所得区分は事業所得になる。

なお，上記のとおり，「競走馬の保有に係る所得」については形式基準が設

第 11 章　競走馬の保有等に係る馬主の課税関係

けられているが，同一人において，「繁殖牝馬又は種牡馬の保有に係る所得」も有するケースがある。このようなケースについては，それぞれ別々に判定するのではなく，その形式基準のほかに，実質基準（その規模，収益の状況その他の事情を総合勘案して判定する基準）と合わせて判定することになるので留意を要する。

3　競走馬の保有に係る所得区分の実質基準による判定

　競走馬の保有に係る所得が事業所得に該当するかどうかは，その規模，収益の状況その他の事情を総合勘案して判定するのが原則であるところ，形式基準に該当する場合には，事業所得に該当するものとして取り扱われている。次に掲げる裁決事例は，これらの形式基準に該当する事例ではなかったため，実質的にみて所得税法施行令に規定する「対価を得て継続的に行う事業」に該当するか否かが争点となったものである。

　なお，上記 2 のハの「競走馬の保有状況がその年以前 3 年間の各年において競馬賞金等の収入があり，その各年のうち，年間 5 回以上（2 歳馬については年間 3 回以上）出走している競走馬（共有馬を除く）を保有する年が 1 年以上ある場合」にも事業所得に該当するものとする取扱いは，平成 15 年の個別通達によるものであり，次に掲げる裁決事例は，この取扱いが創設される以前のものである。

裁 決 事 例 要 旨

競走馬の保有に係る所得が事業所得に該当しないとされた事例（平成 13 年 9 月 14 日裁決）

　競走馬の保有に係る業務が，事業所得の基因となる事業に該当するか否かは，単に，その営利性，有償性，継続性，反復性の有無のみならず，業務に費やした精神的・肉体的労力の程度，業務のための人的・物的設備の有無，投下資本の調達方法，その者の職業（職歴），社会的地位，生活状況及び当該業務から相当程度の期間継続して安定した収益が得られる可能性が存するか否か等を総

233

合的に検討し，一般社会通念に照らして判断するのが相当であるところ，次に掲げることなどからみると，本件競走馬の保有は，事業所得の基因となる事業といえるための諸要素を欠くものというほかなく，いまだ所得税法施行令に規定する「対価を得て継続的に行う事業」とは認められないというべきである。

① 平成6年から平成10年までの間における請求人の保有する本件競走馬の頭数は，登録機関が6月以上のものは1頭ないし3頭と少数であること

② 請求人は，本件競走馬の保有にあたり特別な事務所や設備は設置していなく，専属の従業員も雇用しておらず，その管理運営は専ら第三者に委託していること

③ 請求人は，主として建設工事業の業務に基づく所得により生計を賄っていたところ，請求人の本件競走馬の保有に係る所得は，平成10年分こそ利益を計上したが，平成5年分ないし平成9年分は専ら損失の金額を計上するのみであったことからしても，請求人が本件競走馬の保有により継続的に相当程度安定した収益を得ていたものとは認められないこと

第 11 章　競走馬の保有等に係る馬主の課税関係

Q86

UESTION

競走馬の保有に係る所得が雑所得になる場合の特別な取扱い

「競走馬」は，「生活に通常必要のない資産」に含めることとされている。この取扱いが競走馬の保有による所得の課税関係にどのように影響するのか。特別な取扱いをすることになっているのか。

Point

　生活に通常必要のない資産の譲渡損失はなかったものとされ，また，当該資産からの生じる所得の金額の計算上赤字が生じた場合のその赤字は損益通算の対象とされないこととなっている。ただし，その資産が競走馬である場合には，他の生活に通常必要のない資産とは異なる取扱いをすることになっているので留意を要する。

Answer

　「競走馬の保有に係る所得」及び「繁殖牝馬又は種牡馬の保有に係る所得」が事業所得に該当する場合のその事業所得の金額の計算及び「競走馬（事業の用に供されるものに限る），繁殖牝馬又は種牡馬の譲渡による所得」の金額の計算は，原則としてその他の事業に係る所得の金額の計算と異なるところはない。各種の資産損失の取扱い，他の種類の所得との損益通算や純損失の繰越控除の取扱いについても同様である。

　しかし，「競走馬」のうち「事業の用に供されるもの以外のもの」については，「生活に通常必要のない資産」（所法 62 ①，所令 178 ①）に含めることとされており，次のように特別な取扱いをすることになっているので留意を要する。

①　各種所得に赤字と黒字の金額がある場合には，それぞれの損益の金額を差引計算するのが原則である。しかし，生活に通常必要でない資産（事業の用に供されるもの以外の競走馬を含む）に係る所得の赤字の金額などは，なかったものとみなされる（所法 69 ①②）。

②　競走馬（事業の用に供されるものを除く）を譲渡したことによる赤字の金額がある場合には，①の差引計算に先立って，競走馬の保有に係る雑所得の黒字の金額の範囲内で差引計算する。そして，その差引計算の結果

235

残った赤字の金額は生じなかったものとみなされる（所法 69 ②，所令 200）。

③　生活に通常必要でない資産（事業の用に供されるもの以外の競走馬を含む）について災害，盗難又は横領による損失を被った場合には，その損失の生じた年分又はその翌年分の総合課税の譲渡所得の金額の計算上控除する（その損失の金額を雑所得の金額の計算上必要経費とすることはできない）（所法 51 ④，62 ①）。

第 11 章　競走馬の保有等に係る馬主の課税関係

Q87 競走馬を共有する場合の所得区分の判定
UESTION

　競走馬の保有に係る所得の区分については，保有頭数等による形式基準が設けられているが，その保有形式が共有である場合には，共有する頭数にその持分割合を乗じて判定することになるのか。

Pᴏɪɴᴛ

　競走馬の共有の場合には，実務上，不動産などの他の資産の共有の場合と異なり，独特の取扱いがなされているケースが多いように思われる。競走馬は主として射幸性の要素の高い資産であることによるものと考えられるが，その適否に問題がないわけではないと考える。

Aɴsᴡᴇʀ

　「競走馬の保有に係る所得」が事業所得に該当するかどうかは，その規模，収益の状況その他の事情を総合勘案して判定する実質基準によることを原則とするが，保有頭数等による形式基準も設けられている（所基通 27-7，平 15 課個 5-5）。しかし，競走馬の保有形式が共有である場合については，その形式基準に関する特段の取扱いは明示されていない。

　不動産の貸付けが事業的規模で行われているか否かについては，いわゆる「5 棟 10 室」以上であれば事業的規模で行われていると判定するといった形式基準の取扱いが定められている（所基通 26-9）。この場合の不動産が共有である場合には，実務上，持分割合による換算を要しないこととして取り扱われている。このこととの整合性を考慮すると，競走馬が共有である場合についても同様の取扱いになるのではないかと考えられる。しかし，実務上は，共有の不動産の貸付けの場合と異なる取扱いが行われている事例が多いのが実情のようである。

　共有の不動産の貸付けの場合と共有の競走馬の保有の場合とで，何故に異なる取扱いが行われることがあるのか，実に不可解と考える向きが多いと思う。その理由付けとしては，次のようなものが考えられるが，十分な審理がなされていないのではないかと考えられる。

237

不動産の貸付けの場合には，貸付件数が多ければ多いほど多くの管理事務を負担することになるし，その管理事務を一括して第三者たる管理会社に負担させるにしてもそれ相応の費用を要する。にもかかわらず，共有者には原則としてそれ相応の利潤をもたらす。

　一方，競走馬の保有の場合には，射幸性の高いものであるだけに，その保有による利得を確保できる可能性は非常に低いといわざるを得ない。それが共有である場合には，なお更ギャンブル的要素が高いことが多く，これを「事業」とは言い兼ねる。してみると，不動産の貸付けの場合とは，性質が異なるといわざるを得ない。

第 11 章　競走馬の保有等に係る馬主の課税関係

Q88

UESTION

受胎馬と胎児の譲渡による所得の区分

繁殖牝馬の譲渡による所得は譲渡所得に該当し，生産した仔馬の売却による所得は事業所得又は雑所得に該当すると考えられるところ，受胎のままの繁殖牝馬を譲渡した場合，棚卸資産に計上している胎児の帳簿価額はどのように処理することになるのか。

Point

受胎している繁殖牝馬とそうでない繁殖牝馬では売買価額に差が生じるのは当然であるが，繁殖牝馬の価額と胎児の価額に区分すべきとの考え方も解らないではない。しかし，種付け費用等を棚卸資産に累積計上している慣行があることを考慮すると，次の【Answer】に記載する考え方でよいのではないかと考える。

Answer

繁殖牝馬の胎児については，種付け料や繁殖牝馬の増加経費の合計額を胎児の棚卸資産の価額として累積することとされている。このため，通常の場合は，①出産後に仔馬が譲渡されるときは，その譲渡価額を事業所得の収入金額に算入し，累積した胎児の棚卸資産の価額を必要経費に算入することになるし，②その仔馬を競走馬として自家転用するときは，累積した胎児の棚卸資産の価額をその競走馬の取得価額に振り替えることになる。

しかし，受胎のままの繁殖牝馬を譲渡する場合には，その繁殖牝馬の売買価額の中にはその胎児の評価額が含まれているものと考えられるところ，その売買価額の全額を譲渡所得に係る収入金額とすべきか，それとも譲渡所得（繁殖牝馬）に係る収入金額と事業所得（胎児）に係る収入金額に分割すべきかが問題となる。また，分割するにしてもいかなる金額でもって分割するかが問題となる。

考え方としては，いずれでも説明はつくと考えるが，ここは単純に，胎児を含めた売買価額の全額を繁殖牝馬の譲渡所得に係る収入金額とし，繁殖牝馬の未償却残高及び胎児の棚卸資産の価額をその譲渡所得に係る取得費に振り替え

239

ることでよいのではないかと考える。なんとなれば，胎児を棚卸資産として計上することとしている現行の取扱いは会計処理の便宜上の経過措置と位置付けるべきであり，また，胎児は不確実の存在であり独立して取引の対象となる性質のものではなく，繁殖牝馬が受胎していればその付加価値を加味して売買価額が形成されると考えるべきであるからである。

　なお，胎児を含めた繁殖牝馬の売買価額を，譲渡所得（繁殖牝馬）に係る収入金額と事業所得（胎児）に係る収入金額とに分割する方法を採用する場合には，胎児に係る収入金額をいかにして算定（評価）するかが問題となる。簡便な方法としては，累積した胎児の棚卸資産の価額と同額を胎児の係る事業所得の収入金額とする方法がある。この方法の場合，胎児の売買損益はゼロになるが，売買の相手方としても，胎児の棚卸資産の価額を引き継ぐことになるので便利であり，双方にとって合理的であるということができよう。

第**12**章

大工・左官・とび職等の報酬の
課税関係

Q89 大工・左官・とび職等の職別工事に係る報酬の所得区分

UESTiON

大工や左官，とび職などの職別工事に従事する人の報酬は，手間賃をいただく場合と請負工事代をいただく場合がある。前者であれば給与所得で，後者であれば事業所得になると考えられる。同一人物がその双方を業務としている場合には，その人の報酬の所得区分はどのようになるのか。

Point

業務内容的にみると類似する複数の業務を同一人物が職業としている場合のそれらに係る報酬について，複数の所得区分に区分する取扱いをすることは，通常，あり得ない。しかし，大工や左官，とび職などの職別工事に従事する人に関しては，その特別な取扱いをすることになっている。

Answer

日本標準職業分類（総務省）では，職別工事の従事者として，大工，左官，とび職，石工，板金作業者，屋根ふき作業者，塗装作業者，植木職，造園師，畳職などが掲げられている。これらの職別工事に従事する人のその対価として支払を受ける報酬に係る所得区分は，その報酬が雇用契約又はこれに準ずる契約に基づく役務の対価であるものは，給与所得に該当することとし，その報酬が請負契約又はこれに準ずる契約に基づく業務の遂行ないし役務の提供の対価であるものは，事業所得に該当することとされている。つまり，それぞれの収入ごとに個別に区分して，それぞれの合計額を給与所得及び事業所得に係る収入金額とすることになっている。

その区分にあたっては，実務上，次に掲げる事項を総合勘案して判定することとされている（平成21年12月17日課個5-5）。

① 他人が代替して業務を遂行すること又は役務を提供することが認められるかどうか。

② 報酬の支払者から作業時間を指定される，報酬が時間を単位として計算されるなど時間的な拘束（業務の性質上当然存在する拘束を除く）を受けるかどうか。

第 12 章　大工・左官・とび職等の報酬の課税関係

③　作業の具体的な内容や方法について報酬の支払者から指揮監督（業務の性質上当然存在する指揮監督を除く）を受けるかどうか。

④　まだ引渡しを了しない完成品が不可抗力のため滅失するなどした場合において，自らの権利として既に遂行した業務又は提供した役務に係る報酬の支払を請求できるかどうか。

⑤　材料又は用具等（くぎ材等の軽微な材料や電動の手持ち工具程度の用具等を除く）を報酬の支払者から供与されているかどうか。

Q90 | 職別工事に係る事業所得の必要経費の区分
UESTION

　　大工や左官，とび職などの職別工事に係る所得として給与所得と事業所得が
ある場合，必要経費の総額の中には，給与所得と事業所得との双方に共通の費
用が含まれているが，それぞれの所得の金額の計算上，どのように区分計算す
べきか。
　　給与所得の金額は，給与収入金額から税法所定の給与所得控除額を控除する
ことになるのか。

Point

　　類似の業務による所得を複数の所得区分に区分する取扱いをする以上，共通
経費の配分をどのようにするかのルールが必要になる。

Answer

　　職別工事に従事する人の所得として給与所得になるものと事業所得になるも
のとがある場合，給与所得に該当するものについてはその収入金額から給与所
得控除額を控除し，事業所得に該当するものについてはその収入金額から必要
経費の金額を控除することになる。
　　しかし，その人の支出する年間費用の総額の中には，給与所得及び事業所得
を生ずるにあたって必要な共通の費用があるはずである。であるとすれば，そ
の人の支出する年間費用の総額を事業所得の金額の計算上控除することは，不
合理といわざるを得ない。ではどのような方法でその人の支出する年間費用の
総額をそれぞれの所得に配分するかが問題となる。
　　国税庁のかなり以前の取扱いでは，①まず，給与所得に係る収入金額から税
法所定の給与所得控除額を控除して給与所得の金額を算出する，②次に，その
人の支出する年間費用の総額から①の給与所得控除額を差し引いた残額を算出
し，③事業所得に係る収入金額から②で計算した残額を控除して事業所得の金
額を算出することとしていた。しかし，この方法については，その人の支出す
る年間費用の総額のうち給与所得控除額を超える部分の金額のみを事業所得に
係る収入金額から控除することになるので，結果的に，給与所得及び事業所得

244

第 12 章　大工・左官・とび職等の報酬の課税関係

に係る収入金額の総額からその人の支出する年間費用の総額のみを控除することになる（給与所得控除額の計算の意味がない）ため，その妥当性に疑問を呈する向きもあった。

　そこで，実務的な処理として，給与所得の金額については上記①と同様に計算するが，事業所得に係る必要経費については，「給与所得に係る収入金額と事業所得に係る収入金額の合計額のうちに占める事業所得に係る収入金額の割合」をその人の支出する年間費用の総額に乗じた金額とする方法が採用されることもあった。ただし，この方法については，事業収入に係る必要経費と給与収入に係る必要経費とでは，本質的に異なるものであるにもかかわらず画一的に按分計算する点において欠陥がある。

　現在でも，職別工事に係る必要経費の配分に関する明確な取扱いは示されていない。筆者の国税庁現役時代に，この問題について議論となったが，断定的な結論は出さなかったように記憶している。かくいう筆者としては，給与所得を生ずるにあたって必要な実額費用の範囲は限定的なものと考えているので，その実額費用相当額を見積計算してその人の支出する年間費用の総額から差し引いた残額を事業所得に係る必要経費として計算することとして差し支えないと考えている。

Q91 UESTION 職別工事に係る自家労賃及び自家消費の取扱い

例えば，大工工事の事業に従事している人が自宅の修繕の工事に自ら従事した場合，その工事のために要した自家労賃相当額は事業所得に係る収入金額に算入する必要があるのか。また，その工事のために要した資材相当額や使用人の賃金相当額は，どのように取り扱うことになるのか。

Point

自家労賃等の取扱いは，個人課税独特のものである。

Answer

棚卸資産等を家事のために消費等をした場合には，その事実があった時における通常他に販売する金額を収入金額に算入することとされている（所法39，40，基通39-1）。しかし，個人が自己のために役務を提供した場合のその役務提供は，棚卸資産等の自家消費等には当たらないので，その対価相当額を収入金額に算入する必要はない。したがって，自宅の修繕のために要した労賃相当額（自家労賃）を収入金額に算入する必要はない。

なお，事業の用に供するための資材を自宅の修繕のために消費（自家消費）した場合には，その資材の価額相当額を収入金額に算入する必要がある（つまり，収支両建てする）。

また，その自宅の修繕の際に，事業のために雇用している使用人を従事させた場合には，その使用人に支払う労賃のうち自宅の修繕のために従事した部分に相当する金額については，必要経費に算入することができないので留意を要する（【Q61】参照）。

第 **13** 章

ホステス・キャバ嬢，農林業の
課税関係

Q92 ホステス・キャバ嬢等をめぐる課税関係

UESTION

　ホステスやキャバ嬢などに支払われる報酬には，事業所得になるものと給与所得になるものとがあり，いずれとするかによって課税関係に大きく影響する。実務上どのように区別して処理したらよいか。

Point

　ホステスやキャバ嬢などに支払われる報酬に関しては，源泉徴収事務の問題，実額経費の控除（収支計算）の問題，消費税課税の問題，社会保険加入の問題などの諸問題があるが，経営実態の問題が根底にあるため，簡単ではない。

Answer

　詳しくは次の【解説】において述べるとして，ホステスやキャバ嬢などに支払われる報酬に関しては，様々な問題が共存している。

　基本は経営者の経営実態の認識にあると考えられ，そのことがホステスやキャバ嬢などの従事実態に反映されてくるわけで，その基本のところが明確になされていれば，方向性はおのずから見えてくるはずである。

　著者としては，行政当局による行政指導が過渡期にあると認識している。いずれ安定するとは思うものの，法的安定性ないし予測可能性が低い現状にあると考えている。

解　説

1　報酬料金等に対する源泉徴収義務

　源泉徴収の対象となるものの中に，「報酬，料金等」があり，その中に，「キャバレー，ナイトクラブ，バーその他これらに類する施設でフロアにおいて客にダンスをさせ又は客に接待をして遊興若しくは飲食をさせるものにおいて客に侍してその接待をすることを業務とするホステスその他の者（以下「ホステス等」という）のその業務に関する報酬又は料金」がある。

248

第13章　ホステス・キャバ嬢，農林業の課税関係

キャバ嬢は「ホステス等」に含まれていると解され，そのホステス等の業務に係る報酬等は，一般的に事業所得（又は雑所得）に該当すると解される。ただし，「給与等」に該当するものについては，給与所得に該当し，別途源泉徴収義務が課されている。

2　事業所得と給与所得との所得区分の基準

ホステス等の業務に係る所得は，事業所得等に該当するものと給与所得に該当するものがある。事業所得等に該当するか，給与所得に該当するかについては，一般的に裁判例・裁決事例等を参考にして個別に判定することになる。そして裁判例等によれば，例えば，事業とは，営利性・継続性があり，かつ，事業としての社会的客観性を有するものをいうとか，自己の危険と計算において，独立性をもってなされるものをいうなどとされている。

3　ホステス等の所得区分と課税上の相違点等

ホステス等の業務に係る所得が事業所得等に該当するか給与所得に該当するかは，個別の事実認定を要するとして，そのいずれに該当するかによって，次のように課税関係等に大きく影響する。

(1) 源泉徴収税額

ホステス等の業務に係る報酬等が「報酬，料金等」として源泉徴収の対象となる場合には，その報酬等の1回に支払われる金額から「5千円にその支払金額の計算期間の日数を乗じて計算した金額」を控除した残額に10％の税率を乗じて計算した金額を源泉徴収することとされている。したがって，例えば30日の月分として1回に支払われる場合には，15万円を控除した残額に10％の税率を乗じて計算することになる。

一方，その報酬等が「給与等」に該当する場合には，例えば甲欄月額15万円で扶養親族等がゼロの場合には，2,980円を源泉徴収することとされている。

つまり，事業所得に該当する場合には，月額15万円までは源泉徴収の対象にならないことになる。

249

(2) 必要経費の実額控除と給与所得控除

　ホステス等の業務に係る所得が事業所得等に該当する場合には，そのホステス等の業務に関する必要経費の実額を控除することになる。しかし，その所得が給与所得に該当する場合には，所定の給与所得控除額を控除することになる。

(3) 消費税等の課税及び仕入税額控除

　ホステス等の業務に係る報酬等が「報酬，料金等」として源泉徴収の対象となる場合には，その報酬等の支払の際に消費税及び地方消費税の課税対象になる。また，その報酬等の支払をする事業者の消費税及び地方消費税の計算上は，その消費税及び地方消費税の金額を仕入税額控除の対象とすることになる。

　一方，その報酬等が「給与等」に該当する場合には，その報酬等は消費税及び地方消費税の課税対象にならないし，その報酬等の支払をする事業者の仕入税額控除の対象にもならない。

(4) 社会保険及び労働保険の適用関係

　ホステス等の業務に係る報酬等が「報酬，料金等」に該当するか「給与等」に該当するかによって，社会保険及び労働保険の適用関係に少なからず影響する。

4　ホステス等に係る所得区分の判定基準

　上記3のような課税上の相違点等があるわけであるが，ホステス等の業務に係る所得が事業所得等に該当するか給与所得に該当するかについての実務的な判断基準は，現在のところあいまいな現状であるといって差し支えないであろう。

　類似のケースとしては，例えば，プロ野球選手が支払を受ける参稼報酬の所得区分がある。選手の参稼報酬は年額で定められているが，その支払方法としては，12分の1に按分して毎月支払われることが多いため，「月給」といわれることもある。しかし，プロ野球選手の参稼報酬は，その者の進歩又は人気の高低に応じて増減せらるべき性質を有し，一般芸能人の出演報酬等と何らの差

第13章　ホステス・キャバ嬢，農林業の課税関係

異が認められないことなどを理由に事業所得として取り扱うこととされている【Q38参照】。ホステス等も，プロ野球選手同様，人気や成績によって報酬等のランク付けがなされるなどの点で共通している。

　また，外交員又は集金人の業務に係る報酬又は料金が固定給とそれ以外の部分とに区分して支払われる場合については，固定給の部分は給与所得とし，それ以外の部分は事業所得として取り扱うこととされている。しかし，固定給として支払われるものであっても，一定期間の募集成績等によって自動的にその額が定まるもの及び一定期間の募集成績等によって自動的に格付けされる資格に応じてその額が定まるものは，事業所得として取り扱うこととされている【Q75参照】。ホステス等の報酬等の額は日給額をベースに計算した上で加減算されるケースが多いと考えられるが，その日給額は，外交員等の固定給と同様，お店への貢献度等によってランク付けがされるなどの点で共通している。

　ホステス等に係る所得区分にあたっては，以上のプロ野球選手の参稼報酬や外交員等の報酬等の取扱いを参考にして，個別に判定することになろう。

5　ホステス等の使用者と課税当局等の認識のズレ等

　ホステス等に係る所得区分の判定基準をめぐっては，上記3のような課税上の相違点等があり，かつ，上記4のように実務的な判断基準が明確にされていない現状にあることから，ホステス等の使用者（ホステス等に業務をさせるクラブ・バー等の経営者）と課税当局の双方に認識のズレが生じているのではないかと考えられる。

(1) ホステス等の使用者の認識

　ホステス等の使用者にとっては，ホステス等の業務に係る所得が事業所得等に該当するとすれば，その報酬等について，①源泉徴収をする必要のないケースが多くなる，②消費税等の仕入税額控除の対象となる，③社会保険や労働保険の事務手続や保険料負担が軽減できることになるわけであるから，就業規則や請負契約書などの形式を充実したものにしようとするであろうし，そうする方が，ホステス等の定着化につながることになると考えると推測される。また，

251

こういった要因を奇貨として利用する悪質な事業者も出現するであろう。

(2) 課税当局等の認識

　課税当局としては，ホステス等の業務に係る所得が給与所得に該当するとすれば，その報酬等について，①源泉徴収の適用範囲が拡大することによりホステス等個人の所得税の課税漏れを縮小することができる，②消費税等の課税対象額が増加することになる，と考えるわけで，また，社会保険等当局にとっても，加入対象者が拡大することになると考えると推測される。

(3) 課税当局による行政指導の必要性

　上記4のプロ野球選手の参稼報酬や外交員等の報酬等の取扱いは，税務当局による永年にわたる行政指導によって定着してきたものである。しかし，ホステス等の報酬等については，そのような行政指導が徹底されていなかったため，現状，上記のような認識の違いが生じていると考えてよい。

　この認識の違いを是正する唯一の機会が税務調査であるとするならば，実地調査割合が極めて低調な中では，一部の被調査者のみを是正の対象とすることになるわけで，筆者としては，ある意味，新たな不公平が生じることになると考える。

7　ホステス等に係る所得区分に関する裁決事例

　ホステスの業務に係る報酬に関する次のような裁決事例がある。

裁 決 事 例 要 旨

従事者別に給与所得に該当する者と該当しない者を認定した事例（平成26年7月1日裁決）

1　本件は，飲食店を営む請求人が当該飲食店（スナック）において接客業務に従事した者に対して支払った金員について，原処分庁が，当該従事した者のうち歩合の対象となる客を有しない者に支払った金員は，所得税法28条

第13章　ホステス・キャバ嬢，農林業の課税関係

1項に規定する給与等に該当するとして，源泉所得税の各納税告知処分及び消費税等の各更正処分を行ったのに対し，請求人が当該金員は給与等ではなくホステスの業務に関する報酬であるとして，その全部の取消しを求めた事案である。

2　一般に，給与所得とは雇用契約又はこれに類する原因に基づき使用者の指揮命令に服して提供した労務の対価として使用者から受ける給付をいう。なお，給与所得については，とりわけ，給与支給者との関係において何らかの空間的，時間的な拘束を受け，継続的ないし断続的に労務又は役務の提供があり，その対価として支給されるものであるかどうかが重視されなければならない（最高裁昭和56年4月24日第二小法廷判決）。したがって，ある給付が給与等に当たるか否かについては，労務等の提供及び支払の具体的態様等を基に，客観的，実質的にみて上記の基準に該当するかどうかによって判断するのが相当である。

3　認定事実によれば，B及びCらは，出勤表や各タイムカードにより出勤日や入退店時間，従事時間，同伴，遅刻及び欠勤等を請求人によって管理され，請求人の指揮命令に服して，空間的，時間的な拘束を受け，継続的ないし断続的に労務又は役務を提供し，その対価として，日給又は時間給を基本とし，これに，各人が接客業務を行ったか否かに関係なく得意客の飲食代金に応じ決定された金額とホステスチャージ・同伴の実績等に応じ決定された金額が加算された金員を，月払により支給されていたものとするというべきである。そうすると，請求人が，B及びCらに支払った金員は，いずれも所得税法28条1項に規定する給与等に該当すると認められる。

4　Aについては，本件店舗において接客業務に従事していたことにつき，請求人との関係において空間的，時間的な拘束を受け，請求人の指揮命令に服していたとまではいえない上，Aに対する金員は，Aの客の売上げの50％相当額に当該客のほとんどの者が支払っていたホステスチャージ及び同伴料等が加算される支払体系であったこと，及び接客のために費用負担をしていたことが推認されることからすると，所得税法28条1項に規定する給与等には該当しないと認められる。

253

5 請求人は，ホステス報酬については，採用時に経営者と従事者の間で書面又は口頭により雇用契約を締結している場合の報酬は給与等として源泉徴収するという課税上の取扱いが定着している旨主張する。しかしながら，給与等に当たるか否かの判断は，雇用契約が締結されていることが客観的・実質的に明らかであればともかく，それが明らかでない場合，単に主観的に契約の存否に関する認識によって判断するのではなく，法令解釈等に沿って判断するのが相当であるから，当該取扱いなるものが存在し，それが税務当局の指導によりなされたものとは考えられない。

6 請求人がB及びCらに支払った金員は所得税法28条1項に規定する給与等に該当するから，課税仕入れに係る支払対価の額に該当しない。

第13章　ホステス・キャバ嬢，農林業の課税関係

| 農産物に適用される収穫基準の意義

　農業所得の収入金額は，収穫基準によって計上しなければならないとのことであり，その収穫基準による場合には，いまだ販売していなくても収入金額に計上しなければならないとのことで，よく理解できない。
　どのような課税関係になっているのか。

Point

　法令上は，売上を2度計上するが，いったん棚卸資産にして振り替えて2度課税にならないように工夫されている。しかし，実務の上では，簡便な方法の工夫もされており，農業所得以外の所得の金額の計算方法と大差がないようになっている。

Answer

　いわゆる「収穫基準」は，農産物の収穫をした時における農産物の価額（収穫価額）を，その収穫の日の属する年分の収入金額に計上しなければならないというもので，その一方で，その収入金額に計上した金額と同額を仕入金額に計上することになっている。したがって，その収穫時点では，収支同額が相殺される関係になる。この状態で年末を迎えた場合には，その農産物は年末時点の棚卸資産として取り扱われることになる。
　そしてその後，その農産物が実際に販売された場合には，その実際の販売価額によって，改めて収入金額に計上することになる。
　要するに，収穫価額による収入金額と販売価額による収入金額とが二重に収入金額として計上されることになるが，一方，棚卸資産の計算を通して収穫価額と同額が販売時に必要経費に計上されることになるから，所得金額としては，農産物以外の棚卸資産を販売した場合と同様の結果になる。
　ただし，次の【解説】において説明するように，実務上，一般の商品販売の場合の収支計算の一般原則とほぼ同様の方法で計算することが認められているので，過重な事務負担にはならないようになっている。
　詳しくは，次の【解説】のとおりである。

解　説

1　農業所得に適用される収穫基準の特則

　農業所得の場合には，いわゆる「収穫基準」という収入金額の計上時期に関する特則がある。この特則は，米麦などの「農産物」だけについて設けられているものである。その内容は，農産物を収穫した場合には，その収穫をした時における農産物の価額（収穫価額）を，その収穫の日の属する年分の収入金額に計上しなければならないというものである（所法41①）。

　例えば，稲刈りが済んだら，その年における米穀の仮渡金価格などによって収穫したモミの価額を評価し，その評価額を収入金額に計上することになる。

　これに対して，肉豚のような畜産物についてはこのような特則がないから，収入金額の計上時期の一般原則に従って，肉豚を買受人に引き渡した時に収入金額に計上することになる。なお，肉豚を農協などに委託販売した場合には，肉豚を農協などに引き渡した時ではなく，その農協などの受託者が委託品である肉豚を実際に販売した時に収入金額に計上することになる。

(注)　「収穫価額」とは，収穫時における生産者販売価額をいい（所基通41-1），
　　　生産者販売価額とは，原則として農家の庭先における裸値（俵やカマスなど
　　　の包装費用を除いた農産物だけの価額）をいう。したがって，例えば市場に
　　　出荷される農産物についてみると，市場における販売見込価額から，市場の
　　　販売手数料，市場までの出荷費用などを差し引いた金額が収穫価額に相当する。

2　農産物を実際に販売した時の経理処理

　上記の収穫基準が適用される場合において，その農産物が実際に販売されたときには，既に収入金額として計上された金額とは異なる金額によって販売されることがあるからその差額をどのように調整するのかとの疑問や，同一の農産物について収入金額に二重計上されることになるのではないかとの疑問が生じる。

　この点については，収穫基準によって収入金額に計上する一方において，その農産物は，その農産物の収穫価額によって取得したものとみなすこととされ

第13章　ホステス・キャバ嬢，農林業の課税関係

ている（所法41②）。つまり，収入金額に計上した収穫価額と同額を仕入金額に計上することになる。

　したがって，その収穫時点では，収支同額が相殺される関係になるので，その時点では課税関係は生じないようになっている。また，この状態で年末を迎えた場合には，その農産物は年末時点の棚卸資産として取り扱われることになるし，その農産物が実際に販売された場合には，その販売価額によって，改めて収入金額に計上することになる。

　要するに，収穫価額による収入金額と販売価額による収入金額とが二重に収入金額として計上されることになるが，一方，棚卸資産の計算を通して収穫価額と同額が販売時に必要経費に計上されることになるから，所得金額としては，農産物以外の棚卸資産を販売した場合と同様の結果になる。

3　設例による農業所得の金額の計算

　収穫基準による農業所得の金額の計算について，次の【設例】により説明すると，下記イのようになる。ただし，実務においては，下記ロの方法によって計算しても差し支えないこととされている。

【設例】

○その年初の在庫高（収穫価額）……………… 3,000,000円
○その年中の収穫高（収穫価額）……………… 22,000,000円
○その年中の販売高（販売価額）……………… 25,000,000円
○その年末の在庫高（収穫価額）……………… 4,000,000円
○その年中の生産経費（実額）……………… 15,500,000円
○その年中の販売経費（実額）……………… 3,500,000円

イ　農業所得の収支計算

○収入金額の計算

　（年間収穫価額）22,000,000円＋（年間販売価額）25,000,000円

　＝（年間収入金額）47,000,000円

○必要経費の計算

257

（年初在庫高）3,000,000 円＋（年間みなし仕入金額）22,000,000 円

－（年末在庫高）4,000,000 円＋（年間生産経費）15,500,000 円

＋（年間販売経費）3,500,000 円＝（年間必要経費）40,000,000 円

○所得金額の計算

（年間収入金額）47,000,000 円－（年間必要経費）40,000,000 円

＝（所得金額）7,000,000 円

ロ　実務上の農業所得の収支計算

上記イの収支計算の方法による場合には，収入金額が収穫時と販売時とに重複して収入金額に計上され，実態とかけ離れた金額が収入金額として計上されるといった問題がある。このため，実務においては，次の方法によって計算しても差し支えないこととされている。

○収入金額の計算

（年間販売価額）25,000,000 円＋（年末在庫高）4,000,000 円

－（年初在庫高）3,000,000 円＝（年間収入金額）26,000,000 円

○必要経費の計算

（年間生産経費）15,500,000 円＋（年間販売経費）3,500,000 円

＝（年間必要経費）19,000,000 円

○所得金額の計算

（年間収入金額）26,000,000 円－（年間必要経費）19,000,000 円

＝（所得金額）7,000,000 円

上記イ及びロのいずれの方法によっても所得金額は同額となる。このうちロの方法は，要するに，収入金額，生産経費及び販売経費については，収支計算の一般原則どおりに計算するが，在庫高の金額は収穫基準のままにするというものである。

4　収穫基準が適用される農産物の範囲

収穫基準が適用される農産物とは，次のいずれかに該当するものをいう（所令88）。

第13章　ホステス・キャバ嬢，農林業の課税関係

① 米麦等の穀物，馬鈴薯，甘薯，たばこ，野菜，花，種苗その他の圃場作物

② 果物，樹園の生産物

③ 温室，ビニールハウス等の特殊施設を用いて生産する園芸作物

ただし，米麦等の穀物以外の農産物については，収穫基準による記帳を省略することができることとされている。

なお，米麦等の穀物についても，筆者が現状を俯瞰する限り，所得金額を計算する上において収穫基準は必須のものとは言い兼ねる状況にあるわけで，収穫基準によっていなかったからといって支障はないと考えられる。

5　収穫基準が適用される場合の農産物受払帳の作成

収穫基準が適用される農産物については，その農産物を収穫したり販売又は消費等をした時に，その数量や金額などを記録・整理しておく必要がある。このため，「農産物受払帳」を設けて，その農産物の受払を記録・整理する方法が一般的にとられている。

農産物受払帳の様式は，法令で定められていないが，受払年月日，数量，金額，残高，受払の事由が明らかになる帳簿であれば，どのような様式でもかまわない。

農産物受払帳の記帳時期と記帳内容は，原則として次のとおりである。

① 収穫した時は，数量のみを記帳し，単価と金額は年末にまとめて整理する。

② 販売した時は，数量，単価，金額を記帳する。

③ 家事消費や贈与をした時は，数量，単価，金額を記帳するが，年末にまとめて記帳してもかまわない。

④ 年末の棚卸しの時は，数量，単価，金額を記帳する。

山林の火災等による損失の計上時期と損益通算

相続により取得した山林が火災により損害を受けた。私は給与所得者で、損害を受けた年分の所得は、給与所得のみである。このような場合、その山林の損失は、例えば、その後の山林の伐採又は譲渡による収入が生じた年分の損失として考慮してもらえるのか。それとも、その損失の生じた年分の給与所得から差し引くことができるのか。

Point

山林には、山林所得の基因となるもの、事業所得の基因となるもの、雑所得の基因となるものの三種類がある。そして、その山林そのものについて生じた損失の金額については、災害又は盗難若しくは横領により生じたものに限り、その損失の生じた年分の山林所得の金額又は事業所得の金額の計算上、必要経費に算入することとされている。ただし、雑所得の基因となる山林について生じた災害等による損失の金額については、山林所得の金額の計算上必要経費に算入することになっている。

山林が火災により損害を受けた場合には、当然、その年分の山林所得の金額又は事業所得の金額の計算上、赤字が生じることが考えられる。その場合、山林所得の金額又は事業所得の金額の計算上生じた赤字の金額は、他の所得区分の黒字の金額と損益通算をすることになっているので、質問のようなケースでは、他に給与所得があるとのことであるから、その給与所得の金額から差し引くことができる。

Answer

1 山林の災害等による損失の帰属すべき所得区分

山林には、次に掲げる三種類がある（所法27、32）。

① 山林所得の基因となる山林（保有期間が5年を超えるもの）

② 事業所得の基因となる山林（保有期間が5年以下の山林で、その伐採又は譲渡に係る業務が事業と認められるもの）

③ 雑所得の基因となる山林（保有期間が5年以下の山林で、②に該当しな

第 13 章　ホステス・キャバ嬢，農林業の課税関係

いもの）

　ところが，その山林そのものについて生じた損失の金額については，災害又
は盗難若しくは横領により生じたものに限り，その損失の生じた年分の山林所
得の金額又は事業所得の金額の計算上，必要経費に算入することとされている
（所法 51 ③）。この文面からすると，山林所得の基因となる山林又は事業所得
の基因となる山林について生じた災害等による損失の金額を山林所得の金額又
は事業所得の金額の計算上必要経費に算入することは明らかである。しかし，
雑所得の基因となる山林について生じた災害等による損失の金額をいずれの所
得の金額の計算上必要経費に算入することになるのか，必ずしも明らかではな
い。そこで，実務上は，次に掲げることを理由に，雑所得の基因となる山林に
ついて生じた災害等による損失の金額は，山林所得の金額の計算上必要経費に
算入することとされたといわれている（所基通 51-5 の 2）。

①　雑所得の基因となる山林について生じた損失の金額は，同一所得区分の
金額の計算上必要経費に算入するのが理屈に合っているとも考えられるが，
条文上，山林所得の金額又は事業所得の金額の計算上，必要経費に算入す
ることとされていること

②　事業所得の基因となる山林と雑所得の基因となる山林との間には，その
質的性格に基づいて両者の区分が行われるのに対して，山林所得の基因と
なる山林と雑所得の基因となる山林との間には，所有期間の差異があるに
すぎず，所有期間の経過に伴って転化する。このため，雑所得の基因とな
る山林について生じた損失の金額は，より質的性格の類似する山林所得の
金額の計算上必要経費に算入する方が適当であること

2　山林の災害等による損失の計上時期と損益通算

　お尋ねの場合の山林が山林所得，事業所得，雑所得のいずれの所得区分の基
因となる山林であるのか明らかではないが，いずれにしても，災害等により生
じたものであれば，「その損失の生じた年分」の山林所得の金額又は事業所得
の金額の計算上，必要経費に算入することとされているので，その損失の生じ
た年分において山林の伐採又は譲渡による収入金額があるか否かにかかわらず，
その年分の必要経費に算入することになるものと考えられる。

　そうすると，当然，その年分の山林所得の金額又は事業所得の金額の計算上，
赤字が生じることが考えられる。その場合，山林所得の金額又は事業所得の金
額の計算上生じた赤字の金額は，他の所得区分の黒字の金額と損益通算をする

261

ことになっているので，ご質問のケースでは，他に給与所得があるとのことで
あるから，その給与所得の金額から差し引くことができる（所法69）。

　なお，上記1において，「雑所得の基因となる山林について生じた損失の金
額は，同一所得区分の金額の計算上必要経費に算入するのが理屈に合っている
とも考えられるが，条文上，山林所得の金額又は事業所得の金額の計算上，必
要経費に算入することとされている」と説明したところであるが，そもそも雑
所得の金額の計算上生じた赤字の金額は損益通算の適用対象とならないのであ
るから，立法の際には，そのことも考慮して，雑所得の基因となる山林につい
て生じた損失の金額を雑所得の金額の計算上必要経費に算入することにしな
かったとも考えることができよう。

第**14**章
投資家・投機家・ギャンブラー などの業務に係る所得の課税関係

Q95 金（ゴールド）に係る所得の課税関係

UESTION

中東における地政学リスクが高まっていることもあり，投資対象として金（ゴールド）の人気が上昇している。ただ，純金の価格はキロ500万円を超えており，なかなか手が出せないが，純金積立てとか金投資口座などを利用すれば，少額から投資できるようである。

金（ゴールド）に係る所得の投資形態別の所得税の課税関係は，どのようになっているのか。

Point

投資対象は等しく金（ゴールド）であるが，投資形態によって，超過累進税率による総合課税になるもの，比例税率による申告分離課税又は源泉分離課税のものがあるので，そのいずれに該当するかによって投資利回りも違ってくることに留意を要する。

Answer

金（ゴールド）に係る所得の投資形態別の所得税の課税関係を図示すると次のとおりであり，図表中の「※」印の注記の内容は以下のとおりである。

詳しくは，次の【解説】のとおりである。

区分	所得区分	源泉徴収	課税方式
① ②，③，④以外の場合 （ゴールドバーのほか，金貨等の 加工品及び純金積立等を含む）	長期譲渡所得又は短期譲渡所得	源泉徴収なし	総合課税※1
② 売買行為が営利継続行為に該当する場合 （ゴールドバーのほか，金貨等の 加工品及び純金積立等を含む）	事業所得又は雑所得	源泉徴収なし	総合課税※2
③ 金融類似商品に該当する場合 （金投資口座及び金貯蓄口座）	一時所得又は雑所得	20% （所得税15% 住民税5%）	源泉分離課税 （所得税15% 住民税5%）

264

第 14 章　投資家・投機家・ギャンブラーなどの業務に係る所得の課税関係

④　信託財産である場合（金 ETF など）	上場株式等に該当する場合	譲渡所得等	源泉選択口座のみ（所得税 15 ％／住民税 5 ％）	申告分離課税※3,4（所得税 15 ％／住民税 5 ％）
	一般株式等に該当する場合	譲渡所得等	源泉徴収なし	申告分離課税※5（所得税 15 ％／住民税 5 ％）

※1　他の各種所得との損益通算可。ただし，生活に通常必要な動産で一個又は一組の価額が 30 万円を超える貴金属等に係る損失は，他の各種所得との損益通算不可（所法 69 ②，62 ①，所令 178 ①，25）

※2　雑所得に該当する場合の損失は，他の各種所得との損益通算不可（所法 69 ①）

※3　源泉徴収選択口座の場合のみ，申告不要の選択可

※4　上場株式等に係る配当所得等及び譲渡所得等との損益通算及び繰越控除可

※5　損益通算及び繰越控除不可

┃ 解　説

1　投資対象としての金（ゴールド）の概要

　金（ゴールド）は，①インフレ・デフレに強く，②地政学リスクに強いため「有事の金」といわれ，③破綻リスクがなく無国籍通貨ともいわれており，また，④稀少性もあって，その価格は，2000 年以降徐々に上昇している。

（注）　長期的に金価額の推移をみると，1973 年には 1g 当たり 1,000 円以下であったが，1980 年の 4,500 円前後まで 7 年間急上昇を続けた後，2000 年の 1,000 円台まで 20 年間徐々に下落した。その後現在の 5,000 円台まで 20 年間徐々に上昇してきている。

　投資対象としての金（ゴールド）は，いわゆる「地金（じがね）」であり，ゴールドバーといわれるものである。ゴールドバーは，純金延べ棒とか金塊，インゴットとも呼ばれている。ゴールドバー以外の金（ゴールド）の形状としては，金貨などの加工品として投資対象となるものもある。投資金貨として人気があるのは，カナダのメープルリーフ金貨，オーストラリアのカンガルー金貨，オーストリアのウイーン金貨である。なお，金（ゴールド）の取得の際には，

265

原則として手数料の負担があるが，そのほかに，1 kg未満の重量のゴールドバーや金貨などの加工品については加工賃が上乗せされるので，1 kg以上の重量のゴールドバーが利回りの点でいいことになる。

また，実物が見えない投資形態として，「純金積立て」や「金投資口座」，「金貯蓄口座」，「ETFの一種として信託の形式をとっているもの＝金ETF」などがある。これらの投資形態のものの取得の際にも，原則として手数料の負担がある。

このうち，「純金積立て」については，あらかじめ設定した定額の積立額が指定口座から毎月自動的に振り替えられて，継続的に長期的に，金（ゴールド）の取得に充てられる仕組みになっている。これは，いわゆる「ドルコスト平均法」によるもので，市場価格が低いときには取得量が多く高いときには少なくなり，長期的にみて取得コストを低く抑えることが企図されているものである。

2 金（ゴールド）に係る所得の課税関係

所得税の課税関係は，投資形態や取引形態別に異なる。これを大別すると次のようになる。

(1) 譲渡所得として総合課税の対象になる場合

個人が持っている金地金（金貨などの加工品や純金積立てによるものを含む。以下同じ）を売却した場合の所得は，原則として譲渡所得として，給与所得など他の各種所得と合わせて総合課税の対象となる。

ただし，その者が営利を目的として継続的に金地金の売買をしている場合の所得は，譲渡所得とはならず，その実態により事業所得又は雑所得として総合課税の対象になる。

適用税率は，いずれも超過累進税率である。

譲渡所得に該当する場合の譲渡所得の金額は，所有期間の長短の別に，次のように計算する。

① 所有期間が5年超（長期譲渡）の場合
  ・売却価額－（取得価額＋売却費用）＝金地金の譲渡益

第14章　投資家・投機家・ギャンブラーなどの業務に係る所得の課税関係

・金地金の
　譲渡益　＋　その年の金地金以外
　　　　　　　の総合課税の譲渡益　−　譲渡所得の特別
　　　　　　　　　　　　　　　　　　控除 50 万円　＝　譲渡所得の金額

・譲渡所得の金額 $\times \dfrac{1}{2}$ ＝課税される譲渡所得の金額

② 所有期間が 5 年以内（短期譲渡）の場合

・売却価額−（取得価額＋売却費用）＝金地金の譲渡益

・金地金の
　譲渡益　＋　その年の金地金以外
　　　　　　　の総合課税の譲渡益　−　譲渡所得の特別
　　　　　　　　　　　　　　　　　　控除 50 万円　＝　課税される譲渡
　　　　　　　　　　　　　　　　　　　　　　　　　所得の金額

（注）　譲渡所得の特別控除の額は，①と②の両方の譲渡益がある場合には，特別
控除額は両方合せて 50 万円が限度で，②の譲渡益から先に控除する。

(2) 金融類似商品として源泉分離課税の対象になる場合

　銀行が扱う「金投資口座」や証券会社が扱う「金貯蓄口座」において生じる利益は，金地金の現物の譲渡とは異なり，その実態は売戻し条件付きの金融取引であることから，金融商品税制上「金融類似商品」に係る所得として源泉分離課税の対象となる（タックスアンサー・No.3161）。したがって，源泉徴収されるだけで課税関係が完了する。適用税率は，20 ％の比例税率である。

(3) 株式等として申告分離課税の対象になる場合

　金投資の形態として，ETF の一種として信託の形式をとっているもの（金ETF）などに係る所得は，金融商品税制上「株式等」に係る所得として申告分離課税の対象となる。適用税率は，20 ％の比例税率である。

　この場合，給与所得など他の各種所得との損益通算はできないが，株式等のうち上場株式等に該当するものについては，上場株式等に係る配当所得等及び譲渡所得等との損益通算や繰越控除の適用を受けることができる。

　なお，金 ETF の場合は，株式等として売買されるので，「つみたて NISA」や「イデコ（iDeCo）」として組成することにより，「定期積立方式＋優遇税制適用」とすることもできる。

267

以上の課税関係を図示すると，【Answer】に掲げた図表のようになる。

第14章　投資家・投機家・ギャンブラーなどの業務に係る所得の課税関係

Q96 イデコ（iDeCo・個人型確定拠出年金）に係る所得の課税関係

QUESTION

　平均寿命は延びる一方，老後資産寿命は短くなって，寿命の残り部分において生活資金の息切れが生じる恐れがあり，早い時期から貯蓄に励めなどといわれている。しかし，超低金利で利回りは非常に悪い。そこで，税制上の優遇措置を利用して少しでも高利回りを確保しようと考えるのはもっともなことである。このため，近年特に注目されているのが，イデコ（iDeCo）である。
　この金融商品の税制上の優遇措置は，具体的にどのようになっているのか。

Point

　イデコには，入口から出口まで優遇措置が用意されている。ただし，職業，資金量，解約時期，年齢，利用可能商品などの要件があることに留意する必要がある。

Answer

　イデコの課税上の取扱いを図示すると，次のとおりである。
　詳しくは，次の【解説】のとおりである。

区分		課税上の取扱い	
毎月の掛金の取扱い		加入期間中の各年分の所得金額の計算上，小規模共済等掛金控除の適用で，課税所得を圧縮	
加入中の運用益の取扱い		非課税	
将来受け取る老齢給付金の取扱い	年金として受け取る場合	公的年金等として課税対象	所得金額の計算上，公的年金等控除の適用で，課税所得を圧縮
	一時金として受け取る場合	退職手当等として課税対象	所得金額の計算上，退職所得控除の適用で，課税所得を圧縮

269

解　説

1　イデコの加入対象者

　確定拠出年金は，選択した金融商品の運用成績によって将来の受取額が変わる年金の一つで，会社を通じて加入する企業型と，個人が自分で金融機関と金融商品を選択する個人型とがある。

　個人型の確定拠出年金は，通称「イデコ（iDeCo）」といわれており，これには，2016年までは，企業年金に加入していない会社員や自営業者が加入できることとされていたが，2017年からは，企業年金に加入している会社員や公務員，専業主婦も加入することができることになった。その結果，20歳以上60歳未満の全ての人が基本的に加入できることになっている。

　毎月の掛金額は，5,000円以上，1,000円単位で任意に設定できるが，自営業者か専業主婦かなどの属性により次のように上限額が定められている（掛金額は途中見直し可）。

①　自営業者など（第1号被保険者）……月額6万8,000円
②　専業主婦・専業主夫（第3号被保険者）……月額2万3,000円
③　企業年金がない会社員……月額2万3,000円
④　企業型確定拠出年金のみ加入者……月額2万円
⑤　企業年金のある会社員，公務員など……月額1万2,000円

　ただし，イデコは，あくまでも年金であるため，原則60歳になるまで換金はできないことになっていることに留意を要する。

2　イデコの運営主体など

　イデコの運営主体は国民年金基金連合会で，運営管理機関は金融機関である。イデコに加入するか否かは個人の自由であり，掛金額も任意で，口座管理料などは個人負担である。金融機関は個人で選択し，その金融機関が用意した金融商品（投資信託，株式等，預金，保険など）の中から投資する金融商品を選択する。将来給付を受ける老齢給付金の額は，選択した金融商品の加入期間中の運用成績次第である。したがって，利回りにはバラつきがあるが，総平均利回

第14章　投資家・投機家・ギャンブラーなどの業務に係る所得の課税関係

りは3％ほどになっているといわれている。

(注)　1　企業型の確定拠出年金（DC）の場合の運営主体は会社自身であり，掛
　　　　　金の負担者も原則として会社自身で，加入対象者は，原則として会社員全
　　　　　員である。なお，加入者が自己資金で掛金を上乗せする「マッチング拠出」
　　　　　をすることもできる。
　　　　2　個人型の場合にも，会社側が掛金の一部を負担する「イデコプラス」（中
　　　　　小企業主掛金納付制度）というものがある。

3　イデコの課税上の取扱い

　確定拠出年金の掛金は，加入期間中の各年分の給与所得などに係る所得税や
住民税を計算する際に，「小規模企業共済等掛金控除」として掛金の全額を所
得金額から差し引くことができるので，個人が負担する税額を圧縮することが
できる。給与所得者の場合は，年末調整の際に控除を受けることもできる。た
だし，所得のない専業主婦等は控除対象にならないので，効果なし。

　また，加入期間中の掛金の運用による収益については，非課税とされている
ので，その分，手取額が多くなるメリットがある。

　将来給付を受ける老齢給付金の収入は課税対象となるが，その老齢給付金の
給付を「年金」として支給される場合には，課税上，公的年金等とみなすこと
とされており，課税所得の計算に際して公的年金等控除の適用を受けることが
できるので，課税される所得金額を圧縮することができる。

　一方，老齢給付金の給付を「一時金」として支給される場合には，課税上，
退職手当等とみなすこととされており，課税所得の計算に際して退職所得控除
の適用を受けることができるので，課税される所得金額を圧縮することができ
る。専業主婦等であっても退職所得控除の適用を受けることができる。

　イデコを取り扱う金融機関等も取扱手数料を低額に抑えているので，その面
からも将来資産の形成に有効といわれているが，加入者は増加しているものの，
加入可能対象者全体の加入割合はいまだ低調のようである。

　以上の課税関係を図示すると，【Answer】に掲げた図表のようになる。

(注)　定期積立方式の金融商品等として，イデコと並んで人気があるのが，「つみ

271

たて NISA」である。イデコとつみたて NISA の共通点は，税制上優遇されていることであり，大きな違いは，途中引出しの可否である。

　つみたて NISA については，後述する。

第 14 章　投資家・投機家・ギャンブラーなどの業務に係る所得の課税関係

Q97 NISA・つみたて NISA・ジュニア NISA に係る所得の課税関係

　政府としては，個人の備蓄資金が貯蓄から投資へと流入することを推奨しているように見受けられるところ，個人としては，超低金利の中，少しでも利回りの良い金融商品に資金移動しようとするわけである。そのような中，政府が創設した NISA，つみたて NISA，ジュニア NISA は，税制上の優遇措置が設定されているため，近年，注目されてきている。

　これらの金融商品の税制上の優遇措置は，それぞれどのような内容になっているのか。

Point

　「非課税口座内の少額上場株式等に係る配当所得及び譲渡所得等の非課税の特例」は，「NISA」と「つみたて NISA」の二本立てになっており，いずれかを選択適用することとされている。いずれも 20 歳以上の成年者について適用される。

　20 歳未満の未成年者については，別途「ジュニア NISA」（未成年者口座内の少額上場株式等に係る配当所得及び譲渡所得等の非課税の特例）が設けられている。

　なお，平成 31 年改正により，NISA，つみたて NISA 及びジュニア NISA の口座開設者の年齢要件が，その年 1 月 1 日において 18 歳以上又は 18 歳未満（改正前は 20 歳以上又は 20 歳未満）に引き下げられ，令和 5 年から適用される。

Answer

　3 種類の少額投資非課税制度について，種類別に簡単な図表にすると，次の図表のようになる。

　詳しくは，次の【解説】のとおりである。

273

非課税制度	NISA	つみたて NISA	ジュニア NISA
適用対象者	20 歳以上	20 歳以上	20 歳未満
1 勘定当たりの投資枠（年額）	120 万円	40 万円	80 万円
1 勘定当たりの投資期間	5 年	20 年	5 年
運用金融商品	上場株式等 (注)	要件を満たした株式投信，ETF	上場株式等 (注)
運用益の課税	非課税	非課税	非課税
途中引出し	可	可	18 歳まで非課税での引出し不可

（注） 株式，株式投資信託，ETF（上場投資信託），REIT（不動産投資信託）など

解　説

1　NISA

少額投資非課税制度のうち「NISA」（Nippon Individual Savings Account）の場合には，「非課税口座」に，平成 26 年から令和 5 年までの間，各年 1 本ずつ「非課税管理勘定」を設定することができることになっている。

非課税となるのは，非課税管理勘定を設定した日から同日の属する年の 1 月 1 日以後 5 年を経過する日までの間（「非課税期間」という）に支払を受ける配当等及びその間に譲渡等をしたことによる所得である（措法 9 の 8，37 の 14）。

(1) 非課税管理勘定に受け入れる株式等

各年ごとに設定される非課税管理勘定には，次に掲げる株式等で，非課税口座に非課税管理勘定が設けられた日から同日の属する年の 12 月 31 日までの間に受け入れた株式等の取得対価の額の合計額が 120 万円を超えないものを受け入れることができる。

① 　その非課税口座を開設された金融商品取引業者等を通じて新たに取得した

第 14 章　投資家・投機家・ギャンブラーなどの業務に係る所得の課税関係

公募上場等の株式等

② 　その非課税口座に係る他の年分の非課税管理勘定から一定の手続の下で移管がされる公募上場等の株式等

　上記②により，非課税期間が終了する日（5 年後の 12 月 31 日）に有している非課税口座内株式等については，同日の属する年の翌年 1 月 1 日に新たに設定される非課税管理勘定に移管することが可能になる。

　要するに，毎年設定される 1 本の非課税管理勘定ごとに，その勘定が設けられた 1 年目のその年中に新たに取得した上記①の株式等と，上記②の株式等のみを受け入れることができることになる。

(2) 非課税の対象となる配当等及び譲渡所得等

　非課税の対象となる配当等及び譲渡所得等とは，次に掲げるものをいう。

① 　非課税期間内に支払を受けるべき非課税口座内株式等の配当等

② 　非課税期間内に金融商品取引業者等への売委託等による譲渡をした場合におけるその譲渡に係る非課税口座内株式等の譲渡所得等

　なお，証券会社等の非課税口座で保有する株式等に係る配当等について非課税の特例の適用を受けるには，証券会社等において，配当等の受取方法として「株式数比例配分方式」を選択している必要がある。

(3) その他の主な留意点

① 　それぞれの非課税管理勘定は 5 年間のみ有効で，その間に譲渡等をしなかった株式等に係るそれ以後に生じる所得は非課税とならない。ただし，令和 5 年までの期間内であれば，その譲渡等をしなかった株式等を新たに設定される非課税管理勘定に移管することができる。

② 　非課税管理勘定に受け入れることのできる金融商品は株式等に限られているので，株式，株式投資信託，ETF（上場投資信託），REIT（不動産投資信託）などは受入対象になるが，公社債や公社債投資信託などは受入対象外となっている。

③ 　1 本の非課税管理勘定の中で利益の確定売りや損切りをすると，その枠内

275

でのその年中の再投資，すなわち銘柄入替えはできない。

④　非課税管理勘定内の損益が赤字となるときはその赤字はなかったものとみなされるため，その赤字については，非課税口座以外の口座内の株式等に係る所得などの損益通算や繰越控除の特例の適用を受けることはできない。

2　つみたてNISA

「つみたてNISA」の場合には，「非課税口座」に，平成30年から令和19年までの間，各年1本ずつ「累積投資勘定」を設定することができることになっている。

非課税となるのは，累積投資勘定を設定した日から同日の属する年の1月1日以後20年を経過する日までの間（「非課税期間」という）に支払を受ける配当等及びその間に譲渡等をしたことによる所得である（措法9の8，37の14）。

(1) 累積投資勘定に受け入れる株式等

NISAの場合と異なり，つみたてNISAの場合には，投資対象となる株式等は一定の要件に当てはまる公募上場等の株式投資信託に限定され，その年の取得対価の額は40万円を超えないものに限られる。

(2) その他の主な留意点

①　累積投資勘定とは，非課税累積投資契約（金融商品取引業者等と締結した公募上場等の株式投資信託の受益権の定期かつ継続的な方法による買付け及びその管理に関する契約）に基づいて，非課税口座で管理される公募上場等の株式投資信託の受益権を他の取引に関する記録と区分して行うための勘定で，平成30年から令和19年までの各年のうちNISAの非課税管理勘定が設定される年以外の年に設けられるものをいう。

②　累積投資勘定に受け入れることのできる金融商品は，累積投資に適した商品性を有するものとして次に掲げる事項などが投資信託約款に記載されている公募上場等の株式投資信託の受益権で，金融商品取引業者等への買付けの委託により取得したもの（その年の取得対価の額が40万円を超えないものに

第14章　投資家・投機家・ギャンブラーなどの業務に係る所得の課税関係

限る）及びその受益権の分割等により取得したもののみとなる。

a　信託契約期間の定めがないこと又は20年以上の信託契約期間が定められていること。

b　収益の分配は，原則として信託の計算期間ごとに行うこととされており，かつ，月ごとに行うこととされていないこと。

c　信託財産は，複数の銘柄の有価証券又は複数の種類の特定資産に対して分散投資をして運用を行い，かつ，一定の場合を除いてデリバティブ取引への投資による運用を行わないこと。

3　ジュニア NISA

「ジュニア NISA」の場合は，平成28年から令和5年までの間，「未成年者口座」に各年1本ずつ「非課税管理勘定」を設定することができることとされている。

非課税となるのは，非課税管理勘定が設けられた日から同日の属する年の1月1日以後5年を経過する日までの期間（「非課税期間」という）に支払を受ける配当等及びその間に譲渡をしたことによる所得であり，成年者の NISA の場合と同様である。

また，令和2年以後の非課税管理勘定の設定の5年経過後に，その年1月1日において20歳未満であるときは，「継続管理勘定」を設定することができることとされている。

それぞれの勘定において非課税となるのは，その勘定の非課税期間内における配当等及び譲渡所得等である。

この制度の内容を整理すると，次の図表のようになる（措法37の14の2）。

277

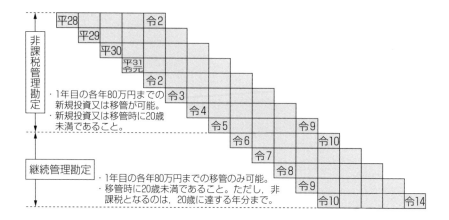

① 平成28年に3歳であった場合には，令和5年には10歳になっており，令和10年には15歳になっているため，令和14年まで非課税となる。

② 平成28年に7歳であった場合には，令和5年には14歳になっており，令和10年には19歳になっているため，令和11年以後は非課税とはならない。ただし，20歳に達した場合には，未成年者口座は成年者の非課税口座として取り扱われる（成年者の非課税口座が開設される）ので，引き続き非課税になる。

③ 18歳になるまでに口座内の株式等を引き出した場合には，その時点で課税の対象となる。

(1) 非課税管理勘定に受け入れる株式等

非課税管理勘定に受け入れることのできる公募上場等の株式等は，新たに取得した公募上場等の株式等及び同一の未成年者口座に設けられる他の非課税管理勘定から移管される公募上場等の株式等に限られる。この点は，成年者のNISAの場合と同様である。

ジュニアNISAの場合，1本の非課税管理勘定に受け入れることのできる公募上場等の株式等の価額は，その取得対価の額が80万円を上限とされる。

第14章　投資家・投機家・ギャンブラーなどの業務に係る所得の課税関係

(2) 継続管理勘定

　継続管理勘定は，未成年者口座に，令和6年から令和10年までの5年間の各年において，1本ずつ設けることができる。また，その年1月1日において20歳未満である年に限られている。

　この継続管理勘定は，非課税管理勘定を設定できる最後の年，すなわち令和5年を経過した後の年において，既に設定済の非課税管理勘定から移管できる株式等がある場合において，その株式等を継続して未成年者口座に受け入れることができることとするために設けられるものである。したがって，その勘定に受け入れることのできる株式等は，同一の未成年者口座の非課税管理勘定から移管される株式等に限られる。

　継続管理勘定において非課税とされる所得は，非課税管理勘定の場合と同様である。ただし，未成年者口座を開設した人がその年1月1日において20歳である年の前年12月31日までの期間に支払を受けるべきものに限られている。

(3) 課税未成年者口座及び課税管理勘定

　課税未成年者口座とは，未成年者口座を開設した人が，その未成年者口座を開設する金融商品取引業者等に開設する特定口座又は預金口座などで，その未成年者口座と同時に設けられるものをいう。株式等の振替記載や金銭の預入れ等は，この口座に設けられた課税管理勘定において行うこととされており，未成年者口座に受け入れるべき配当等及び譲渡代金等は，この口座において管理しなければならないこととされている。

(4) 株式等の払出し制限

　未成年者口座を開設した日からその年3月31日において18歳である年の前年12月31日までの間は，原則として，その未成年者口座内の株式等を払い出すことができないこととされている。これに反して払出しをした場合には，その払出しがあった日において株式等の譲渡又は配当等の支払があったものとして所得税15％，住民税5％の税率により源泉徴収される。要するに，18歳になるまでは非課税のままで払い出すことができないこととされているわけ

で，成年者の NISA と異なるところであり，留意する必要がある。

ただし，未成年者口座内の株式等を課税未成年者口座に払い出すことは可能だが，その課税未成年者口座内の株式等及び預貯金等についても，18 歳になるまでは，原則として非課税のままで払い出すことができないこととされている。

(5) 成年者に係る非課税口座への振替え

その年 1 月 1 日において 20 歳である人が同日に未成年者口座を開設している場合には，同日以後は，その未成年口座は，成年者の非課税口座として取り扱われる。また，未成年者口座に設けられている非課税管理勘定又は継続管理勘定において管理されていた株式等は，同一の金融商品取引業者等に開設されている成年者の非課税口座に移管することができることとされている。

第 14 章　投資家・投機家・ギャンブラーなどの業務に係る所得の課税関係

Q98 仮想通貨・電子マネー・デジタル通貨等に係る所得の課税関係
UESTION

　投機性が高いビットコインなどの仮想通貨の呼称は，暗号資産に変更されるというが，課税関係についても改正されるのか。また，仮想通貨のほかに，電子マネーやデジタル通貨があるが，これらの課税関係は，仮想通貨とどのように異なっているのか。

Ｐoint

　呼称が変更されることにより課税関係が変わることはなく，所得金額の計算上留意すべき点も変わりがない。電子マネーやデジタル通貨は，仮想通貨とは仕組・内容が異なるものであり，投機性は低く，課税関係も異なっている。

Ａnswer

　ビットコイン等の仮想通貨を使用することによる利益は，他の金融商品等のように申告分離課税又は源泉分離課税の対象（いずれも 20 ％の比例税率適用）になっていないので，原則として雑所得（又は事業所得等）として総合課税の対象とされる。

　電子マネー及びデジタル通貨は，法定通貨を裏付資産としているため，為替差損益を除き，価格変動はほとんどない。このため，課税問題は，その為替差損益に係る所得に限られる。その所得区分としては雑所得。ケースによっては事業所得に該当し，総合課税の対象とされる。

　なお，仮想通貨において問題となりやすい，納税資金の問題や収入金額の記録保存の問題は軽微であると考えられる。

解　説

1　仮想通貨の概要及び値上がり益の総合課税

　仮想通貨には，ビットコインのほかにリップルやイーサリアム，ネムなどの種類があり，また，ビットコインから分裂したビットコインキャッシュというものもあり，さらに分裂する可能性もある。これらの仮想通貨は，近いうちに

281

その呼称が「暗号資産」に変更になる。

　ビットコインなどの仮想通貨は，円やドルなどの法定通貨と異なり，ブロックチェーンといわれる技術（独自の電子情報処理組織）を実用化した金融資産の一種である。

（注）　電子マネーとかデジタル通貨と呼ばれるものもあるが，これらは仮想通貨には含まれない。

　円やドルなどの法定通貨に係る紙幣や硬貨の発行主体は国家とか中央銀行であり，その紙幣や硬貨の値段は為替差損益を除き，原則として交換価値に変動がないようになっている。この場合の為替差損益は，実体取引上具体的に確定した段階で課税対象とされている。

　仮想通貨の場合には，その値上がり益を期待する需要（思惑）があるため，その交換価値（値動き）が極端に上下し，今のところ，具体的な交換価値の尺度はないといっていい。しかしながら，これらの仮想通貨が支払手段として現金化されたり物品の対価として使用されたりして高額な取引可能ということになると，その取引の際にその値上がり益を為替差損益と同じように流通価値として認識せざるを得ないと考えられる。

（注）　消費税法基本通達においても，仮想通貨が支払手段であるとして銀行券などと同様に，その譲渡は非課税取引に該当するとしている（消基通6-2-3）。

　こういった問題が生じた中，国税庁は，タックスアンサー上に，ビットコインに係る課税関係について，次のとおり公表している。

【No.1524　ビットコインを使用することにより利益が生じた場合の課税関係】

　ビットコインは，物品の購入等に使用できるものですが，このビットコインを使用することで生じた利益は，所得税の課税対象となります。

　このビットコインを使用することにより生じる損益（邦貨又は外貨との相対的な関係により認識される損益）は，事業所得等の各種所得の基因となる行為に付随して生ずる場合を除き，原則として，雑所得に区分されます。

　要するに，ビットコイン等の仮想通貨を使用することによる利益は，他の金

第14章 投資家・投機家・ギャンブラーなどの業務に係る所得の課税関係

融商品等のように申告分離課税又は源泉分離課税の対象（いずれも20％の比例税率適用）になっていないので，原則として雑所得（又は事業所得等）として総合課税の対象とされる。したがって，所得税・地方税合わせて最高税率55％の適用対象になる。

　また，雑所得に区分される場合には，仮想通貨の使用によって赤字が生じた場合には，その赤字を他の各種所得（例えば給与所得）の黒字との損益通算をすることはできない。

(注) 所得金額の計算等については，平成29年12月1日付個人課税課情報第4号「仮想通貨に関する所得の計算方法について」がある。

2 課税上の判断基準

　このタックスアンサーの文言の中で注目すべきは，「使用」という文言と「行為」という文言である。

　仮想通貨の「使用」については，「使用することにより生じる」とされているので，その仮想通貨で物品を購入したり又は物品と交換したり，紙幣や硬貨として現金化したり，他の種類の仮想通貨と交換するといったこと（使用）により値上がり益が現実化することを指すものと考えられる。したがって，その前の時点において名目上の未実現の値上がり益が確実に認識できるとしても，その時点においてその値上がり益について課税されることにはならない。ただし，留意点としては，例えば，値上がりした仮想通貨で高額な商品を購入した場合，値上がり益の一部が手元に現金として残るわけではないので，その値上がり益に対する納税資金の準備が必要になることである。

　また，「行為」については，「事業所得等の各種所得の基因となる行為に付随して生ずる場合」以外のときは，雑所得に区分されるとされている。したがって，例えば，事業を営んでいる者が行う仕入代金や諸経費の支払行為の際に仮想通貨により決済するといったこと（事業上の使用）により値上がり益が現実化するようなケースについては，事業所得に区分されることになる。そのような事業上の必要に基づくものでない場合，例えば，事業上の余裕資金を預金にするよりも儲かるからといった動機で仮想通貨を保有し使用したようなケース

283

や会社員等が値上がり益期待で仮想通貨を保有していたようなケースについては，雑所得に区分されることになる。

3 所得金額計算上の留意点

　複数回以上にわたって取得又は使用した仮想通貨に係る所得金額の計算上の必要経費の計算については，原則として移動平均法によるが，継続適用を要件に総平均法によることができることとされている。しかし，例えば仮想通貨により購入した商品のその時の商品の日本円での価額（この価額相当額が収入金額になる）を記録していない場合には，実現した価値の流入金額がわからなくなるため，所得金額の計算に支障をきたすことになる恐れがある。

4 ビットコイン，電子マネー，デジタル通貨の課税上の相違点

　ビットコインなどの仮想通貨と電子マネーやデジタル通貨の相違点は，以下のとおりである。

(1) 仮想通貨から暗号資産へ名称変更

　ビットコインなどの仮想通貨の呼称が，近いうちに「暗号資産」に変更される。その仮想通貨の特徴は，次の3点である。

　①　ブロックチェーンという技術を実用化したものであり，電子的に記録され移転できる。

　②　法定通貨又は法定通貨建て資産（プリペイドカードなど）ではない。

　③　不特定多数への代金の支払に使用でき，法定通貨と相互に交換できる。

　また，仮想通貨は，暗号化によるデータ改ざんの難しさや，低コストの送金ができる点で利便性が高いが，円やドルなどの資産の裏付資産がないためその価値・価額が不安定で交換手段としては問題がある。

　仮想通貨は，個人資産保護対策や資金洗浄（マネーロンダリング）対策に関する問題もある。

(2) 電子マネーとの相違点

　Suica や nanaco などの電子マネーは，円建てであり「法定通貨建てではない」という仮想通貨の要件を満たさない。

　また，電子マネーは，法定通貨をチャージしてその法定通貨を使用するという交換手段であるが，電子マネーという通貨があるわけではない。一方，ビットコインなどの仮想通貨は，法定通貨とコインを交換して，そのコインを独自の単位価格で使用するものである。

　したがって，電子マネーは，法定通貨に裏付けされているので原則として価格変動は少なく投機性は低いが，仮想通貨はそのコインの相場によって価格変動が大きいため，投機性が高い。

(3) リブラなどのデジタル通貨との相違点

　国内銀行が企画している MUFG コインなどは，1 コイン＝1 円とする円建てであり，「デジタル通貨」と呼ばれている。スウェーデンやウルグアイの中央銀行などが構想する「法定デジタル通貨」も同様である。

　これらの通貨は，法定通貨で裏付けられているので，ビットコインなどの従来の仮想通貨とは異なるが，電子マネーと仮想通貨との中間的な存在であり，デジタルデータである点は共通している。

　フェイスブックが計画している「リブラ」は，仮想通貨のようにブロックチェーンという技術を基盤としているが，各国の法定通貨を裏付資産（50 ％程度はドル建て）とするため価値の安定が期待されるデジタル通貨である。

　リブラの場合には，20 億人以上の潜在ユーザーが想定されているため，国境を越えて流通し，これが既存の法定通貨に置き換わることで，各国中央銀行の金融政策の効果などに重大な障害が生じかねない（法定通貨建てであっても発行量が増大する恐れもある）ことや金融制裁が骨抜きになるなどの問題が危惧されており，また，マネーロンダリング（資金洗浄）対策なども十分ではないと危惧されており，実際の導入までには年月がかかりそうである。

(4) 電子マネー及びデジタル通貨に係る所得の課税関係

　電子マネー及びデジタル通貨は，法定通貨を裏付資産としているため，為替差損益を除き，価格変動はほとんどない。このため，課税問題は，既存の法定通貨と同様，その為替差損益に係る所得に限られると考えられる。その所得区分としては雑所得。ケースによっては事業所得に該当し，総合課税の対象とされる。

　なお，仮想通貨において問題となりやすい，納税資金の問題や収入金額の記録保存の問題は軽微であると考えられる（284 ページの 3 参照）。

第 14 章　投資家・投機家・ギャンブラーなどの業務に係る所得の課税関係

Ｑ99 馬券の払戻金等ギャンブルによる所得の課税関係

　競馬の馬券の払戻金などの所得区分については，所得税基本通達 34-1（一時所得の例示）が 2 度にわたり改正されている。しかし，その後の裁判例をみていると一時所得の解釈が未だに安定していないように見受けられるが，どういう経緯でこのようになっているのか。

Ｐｏｉɴᴛ

　この問題は，競輪や競艇に関しても，また，パチンコに関しても同様の問題があり，さらに，将来設置が予定されているカジノに関しても同様の問題がある。そもそもこれらに係る支出の実態は，投機的というよりむしろ家事費的な支出であって所得課税の埒外にあるものと考えられるが，しかし，収入がある場合には必ず課税対象とするのが所得税法である。ただし，所得税法は，そのような収入がある場合にはその収入の範囲内で収束させようとしており，一時所得となる場合も雑所得となる場合も赤字になるときはその赤字はなかったものとすることにしている。

　具体的に問題化するのは，「儲けたい目的で反復的・継続的に行うケース」であり，このケースを，一般的なギャンブル行為による所得（一時的な所得）と区別して「業務」（事業を含む）による所得（継続的な所得）として取り扱うときのメルクマールをいかに設定するかということである。

Ａɴsᴡᴇʀ

　所得税法は昭和 22 年の大改正以来の法律であるが，競馬の馬券の払戻金などのギャンブルによる所得の所得区分の問題は，所得税法がいかに揉まれてこなかったかを象徴する案件である。現行法の一時所得の定義規定の解釈としては，実定法の条文の中に想定されている趣旨を穿って深読みするしかないのではないかと考えられる。

　とはいえ，その実態を補足するのは困難な状況といえよう。源泉分離課税を推奨している動きもあるようで，税制改正によって解釈問題を解決することで，課税の公平を確保するのも「有り」ではないかと思う。

287

解　説

1　制限的所得課税から包括的所得課税への転換

　昭和22年の税制改正前は，収入源の明白な所得（収入源に継続性，恒常性の
ある所得）すなわち「所得源泉を有する所得」に限って課税対象としていた。
一方，譲渡所得などの臨時的・偶発的に生ずる一時の所得（営利ヲ目的トスル
継続的行為ヨリ生ジタルニ非ザル一時ノ所得）は，課税対象外とされていた。こ
れを制限的所得課税といい，課税所得を制限することで課税対象の明確性を担
保する効果を有していた。この制度下では，「所得源泉を有する所得」の概念は，
課税所得の範囲を仕切るものとしての意義が大きかった。

　昭和22年の税制改正後は，一時の所得を含め，あらゆる所得を課税対象と
する包括的所得概念に基づく課税体系が確立されることになった。その結果，
所得区分がより重要になり，課税範囲のキーワードである「所得源泉を有する
所得」の概念に代わって，所得区分のキーワードである「営利を目的とする継
続的行為から生じた所得」の概念が大きな存在感を呈してきた。

2　現行所得税法の規定ぶり

　現行法の所得分類に関する規定ぶりは，制限的所得課税から包括的所得課税
への大幅改正が行われた昭和22年の税制改正の後，昭和25年及び昭和27年
に追加的改正が行われた以後は，基本的に変化していない。10種類の所得種
類のうち事業所得及び一時所得に関する要点は，次のとおりである。

イ　事業所得とは，各種の事業から生ずる所得をいい，事業とは，対価を得て
　継続的に行うものをいうこととされている。営利性については，明文の規定
　はないが，列挙された事業の種類からして営利性を有することが前提になっ
　ているようである。

（注）　雑所得は，当初「事業等所得」に含まれていたが，昭和25年改正により雑
　　　所得として独立した所得区分が設けられた。この改正により，対価を得て継
　　　続的に行う業務で事業的規模でないものは雑所得に含まれるという解釈が定
　　　着したと考えられる。

ロ　一時所得とは，利子所得，配当所得，不動産所得，事業所得，給与所得，退職所得，山林所得及び譲渡所得以外の所得のうち，営利を目的とする継続的行為から生じた所得以外の一時の所得で，労務その他の役務又は資産の譲渡の対価としての性質を有しないものをいうこととされている。

　要するに，一時所得を定義するにあたって，利子所得から譲渡所得までの各種所得が先取りされている。その上でさらに次の2項目に該当するものが除外されている。

① 　営利を目的とする継続的行為から生じた所得（一時の所得であっても当該行為から生じたものはその行為に係る所得に含まれる）

② 　労務その他の役務又は資産の譲渡の対価としての性質を有する所得（一時の所得であっても対価性を有するものは他の所得に含まれる）

　上記①及び②について留意すべき点は，「営利・継続性」（営利性＋継続的行為）及び「対価性」のあるものを一時所得から除外して雑所得に含めることとしており，中でも「営利・継続性」についての問題は，「営利を目的としない継続的行為から生じた所得」（非営利性＋継続的行為）が存在するとしたら，それは雑所得になるのか，一時所得に残ることになるのかという点である。これに該当するものとして何があるか。公益事業による所得の他には，賭博，パチンコ，競馬，競輪，ボートレースなどによる所得が連想される。

　これらの所得は，営利目的ではなく家事費の支出による所得であって「対価性」がないとすれば，一時所得に含まれることになるが，何らかの「継続的行為」によるものは雑所得に含まれることになるのではないかと考えられる。

3　馬券の継続購入による所得に係る通達改正の経緯

　国税庁は，馬券の払戻金に関する通達を2度にわたって改正している。

(1) 所得源泉を有する所得の呪縛

　まず，問題の出発点を探るため，馬券の継続購入による所得の所得区分に関する平成24年6月27日付の裁決を見てみると，同裁決は，次の点（筆者要約）に特色がある。

① 「営利を目的とする継続的行為から生じた所得以外の一時の所得」とは，「所得源泉を有する所得以外の所得」と解されるところ，所得源泉の有無は，所得の基礎に源泉性を認めるに足りる継続性，恒常性があるか否かが判断基準になる（継続性，恒常性があれば源泉性を認めることができる）。

② 本件の所得の基礎は馬券を購入する行為であるところ，その馬券を購入する行為と競走結果の着順に因果関係はなく，偶然の作用によるものであり，その行為に源泉性を認めるに足りる継続性，恒常性を認めることはできない。

③ たとえ馬券を継続的に購入したとしても，所得の基礎たる馬券を購入する行為自体に源泉性が認められないため，「営利を目的とする継続的行為から生じた所得」には該当しない。

　この裁決の特色は，要するに，「営利を目的とする継続的行為から生じた所得」を「所得源泉を有する所得」に置き換えている点である。国側では，上記裁決のような考え方の流れを汲んだために，馬券の継続購入による所得は所得源泉を有しない所得であるという呪縛に捉われ，その後の同種の事例にも影響することとなり，平成27年3月10日最高裁判決まで，営利を目的とする継続的行為から生じた所得に該当することはないと考えていたのではないかと推測される。

(2) 最高裁の平成27年3月10日判決と通達改正

　最高裁の平成27年3月10日判決は，ソフトウェアを使用した馬券の継続購入による所得は一時所得ではなく雑所得に当たるとした。

　この判決の最大のポイントは，所得の源泉性の問題から離れて，被告人の「一連の馬券の購入が一体の経済活動の実態を有する」ので，「営利を目的とする継続的行為から生じた所得」として，一時所得ではなく雑所得に当たるとした点である。要するに，「一体の経済活動の実態」という用語を使用することにより，「営利性」（経済性）を表現して一時所得に含まれないとしたものと考えられる。

　国税庁は，この判決を受けて，平成27年5月，所得税基本通達34-1を，

ソフトウェアの使用を前提として改正した。改正通達の中では、「ソフトウェア」及び「一体の経済活動の実態」という用語を使用している。

(3) 最高裁の平成29年12月15日判決と通達の再改正

その後、平成29年12月15日の最高裁判決では、ソフトウェア不使用のケースであるものの、馬券の継続購入による所得は一時所得ではなく雑所得に当たるとした。この判決では、前判決と異なり、「一体の経済活動の実態という用語を使用せず、①被上告人の一連の行為は、継続的行為といえるものであるとした上で、②被上告人の一連の行為は、客観的にみて営利を目的とするものであるとし、③その所得は営利を目的とする継続的行為から生じた所得として、一時所得ではなく雑所得に当たる」としている。要するに、所得の源泉性の問題から離れて、一時所得から除外される「営利を目的とする継続的行為から生じた所得」の用語に忠実に、営利性・継続性の認定をしている。

この判決では、ソフトウェア不使用のケースであっても同様の実態のものは同様に一時所得に当たらないとしたが、一度目の改正通達ではソフトウェアの使用を前提として「ソフトウェア」の文言を使用しているため、二度目の通達改正においては、少なくともこの文言を削除する必要が生じた。

このほか、一度目の改正通達では「一体の経済活動の実態」という用語を使用して営利性・継続性の有無の判定をするとしているが、二度目の判決ではその用語を使用せずに営利性・継続性の有無を認定しているため、二度目の通達改正ではいかなる用語を用いて営利性・継続性の有無を判定することにするか否かが問題となる。その点、二度目の改正通達では、「利益が得られる」とか「利益を上げ」、「回収率が100％を超える」といった用語を使用して営利性を判定しようとしている。要するに、利益が上げられる程度の経済性があるかどうかによろうとしている。

つまり、賭博、パチンコ、競馬、競輪、ボートレースなどによる行為は儲からないことを前提として、いわば家事費の支出行為であると考えるものの、それらの行為による所得であっても、利益を上げられるように工夫・努力して継続していれば、雑所得として取り扱われることになるとしたものと考えられる。

291

(4) 東京高裁平成 28 年 9 月 29 日判決と最高裁平成 29 年 12 月 20 日棄却

　以上の 2 事例とは別件の東京高裁の平成 28 年 9 月 29 日判決は，ソフトウェア不使用のケースについて，「一体の経済活動の実態」の有無で「営利性」を表現し，本件はその実態を有するとみることができないので，一時所得に当たるとしている。本件に係る上告は，前掲最高裁判決直後の平成 29 年 12 月 20 日付で棄却されている。この棄却により，この事例については一時所得とすることが確定したわけで，雑所得とした前の最高裁判決と比べて一見矛盾するようにみえる。しかし，これは要するに，一体の経済活動の実態の有無の事実認定の問題であり，「営利性」の程度問題と見ることもできる。

4　競走馬の保有による馬主の所得，投機的な株式取引・商品先物取引による所得などとの比較

　馬券の継続購入による所得は馬券の購入者に帰属するが，その馬券の投票対象となる競走馬の保有に係る所得はその競走馬の保有者即ち馬主に帰属する。この競走馬は，所得税法上の属性としては，射こう的（賭博的）行為の手段的な動産と考えられているところ（所令 178 ①一），その保有による所得は，どのような性質のものかと考えるに，従来の国側の位置付けに従えば，「競走馬の保有による所得の基礎は，競走馬を保有し出走させる行為であるところ，その競走馬を保有し出走させる行為と競走結果の着順に因果関係はなく，偶然の作用によるものであり，その行為に源泉性を認めるに足りる継続性・恒常性を認めることはできない」ということになるであろう。したがって，その行為自体に源泉性が認められないため，「営利を目的とする継続的行為から生じた所得」には該当しないことになる。

　しかしながら，所得税基本通達 27-7 では，競走馬の保有に係る所得は事業所得又は雑所得に当たると考えている。そして，事業所得に当たるか否かの判断基準として①競走馬の保有頭数の規模の如何，②その年以前 3 年以内の競走馬の保有による黒字の所得の有無を掲げている。要するに，競走馬の保有に係る所得は黒字になる保証はないものの，その規模や収益の状況などによっては事業所得として取り扱うこととしている。事業に該当しない場合の所得は雑

第14章 投資家・投機家・ギャンブラーなどの業務に係る所得の課税関係

所得に該当すると考えている（第11章の【Q85】参照）。

また，投機的な株式投資の事例では，相当長期間にわたって継続的に投資しているが大半が最終的に損失に終わっているケースについて，投機性の高い業務によるケースであって，その従事状況などからみても事業になじみがたい性格のものであるとしている（東京地裁昭和48年7月18日判決，大阪地裁昭和49年2月6日判決）。また，商品先物取引の事例においても，同様の判断をした事例がある（名古屋地裁昭和56年3月9日判決）。

以上要するに，投機的あるいは家事費的な支出であっても儲けたい目的で継続的に行うことによる所得については，「業務」による所得（事業所得又は雑所得）として取り扱うこととし，そのうち，採算が取れること（営利性・経済性）を狙って工夫・努力して繰り返し継続して行い，かつ，その実績も挙げている場合の所得については，「業務」の中でも「事業」による所得として取り扱おうとする考え方が定着してきていると考えるべきではないかと思われる。してみると，馬券の継続購入による所得についても，一般的には，雑所得，ケースによっては事業所得に該当することもあると考えられる。

5 方向性についての所感

上記4のように，馬券の継続購入による所得についても，競走馬の保有に係る所得，投機的な株式投資及び商品先物取引による所得などと同じように「営利性」を判断基準として考えれば，事業所得又は雑所得に該当すると考えることができよう。

しかしながら，競走馬の保有に係る所得，投機的な株式投資及び商品先物取引による所得について，上記2のロに記載したように，「対価性はないとしても継続的行為がある」と位置付けるとすれば，事業所得や一時所得ではなく雑所得に該当すると考えることもできる。

また，一時所得に関する条文を裏読みすると，上記2において述べたように，「営利を目的としない継続的行為から生じた所得」に該当するものがあることになり，それは一時所得又は雑所得に属することになる。しかしながら，賭博，パチンコ，競馬，競輪，ボートレースなどによる所得の中には「営利性がなく

293

対価性もない」ケースがあるとすれば，それは一時所得に属することになる。

以上，3つの異なる視点から考えてみると，法令の読み方として一貫性がなく，事業所得，一時所得及び雑所得の間には，まだまだグレーな垣根が残っているように思われる。

6 そしてその後

その後，平成30年8月29日，最高裁が上告棄却した事例がある。この事例においては，一審，二審とも国側が勝訴しており，上告棄却により一時所得に該当することで確定している。注目点としては，次の2点である。

(1) 対価性の有無について

この新事例においては，「原告の作業（役務）はJRAに提供されたものではなく，その対価として払戻金を得るわけではないし，その払戻金は購入した馬券が偶然に的中したことにより得られたものであって，JRAに支払った金員の対価であるということもできない」（横浜地裁平成28年11月9日判決，第二審でも引用。要旨は筆者）として，馬券の継続購入による所得に「対価性」が認められないとしているところに特色がある。

この点については，「対価性なし」と断定できるか否か疑義はあると思われるものの，当該所得の性質が偶然的中の「一時の所得」であると認定し，かつ，「対価性」が認められないと認定する限りにおいて，法令上，一時所得に該当することになるといえよう（上記2のロの②）。

(2) 営利性・継続性の有無について

営利継続行為から生じた所得は一時所得に該当しないことは論を俟たない。この新事例においても，馬券の継続購入による所得は営利継続行為から生じた所得には該当しないとしている。

しかし，この点については，上記（1）のように，当該所得の性質が「一時の所得」（所得源泉のない所得）であると認定し，かつ，「対価性」が認められないと認定するとすれば，結果は明らかであるから，営利継続行為から生じた

第 14 章　投資家・投機家・ギャンブラーなどの業務に係る所得の課税関係

所得であるか否かを審理する意味はない。法令上の一時所得の定義において一時所得に含めないことにしているのは，①営利継続行為，例えば「事業」に関連して生じた「一時の所得」及び②「一時の所得」で対価性を有する所得，だからである（上記2のロ）。にもかかわらず審理する意味合いは，控訴人が「事業」ないし「事業所得」に該当すると主張しているため，これを無視しないで「事業」に該当しないことについて論じているのではないかと思われる。

　ただ，営利性の有無と継続性の有無の関連性が曖昧のまま，結論的に「競馬所得は一時的・偶発的な行為の連続（継続）による所得に該当するので事業所得に該当しない」（要旨は筆者）としているように見える。つまり，行為の継続性は認めつつも，「事業」には該当しないとしているように見えるところが気掛かりなところで，であればむしろ「雑所得」に該当することになるのではないかと思われるのである。

　「一時の所得」とか「対価性」とかが認められないという認定方法で行くか，「営利継続行為」ないし「非営利継続行為」から生じた所得に当たるか否かという「継続性」の面からの認定方法で行くかであり，後者の方法による今一歩の昇華を期待したい。

295

Q100

UESTION

ギャンブルによる所得の対価性，継続性そして営利性

【Q99】の6にある裁判例では，馬券の払戻金の所得には，対価性がなく，継続性もないとしているようだ。視点を変えて，生命保険の保険金の課税についてみてみると，このうち一時金による所得は一時所得，年金よる所得は雑所得として取り扱われており，対価性の有無というより継続性の有無だけで区別されているように思われる。

これと対比してみると，馬券の払戻金についても，反復継続していれば事業所得又は雑所得に該当するとしてもいいのではないか。

Point

生命保険の保険金については，一時金は文字どおり一回限りの給付，年金は多数回給付されることが契約により定められており，その支払は，契約によって性格付けされている。このため，年金の方は，「反復・継続性」が契約により担保されているといえる。

一方，「対価性」については，保険料を支払うことに基因して保険金が給付されると考えれば対価性があるのではないかと考えられよう。しかし，保険金に対価性があるとすれば，一時金にも対価性があることになり，一時金を一時所得として取り扱ってきたこととつじつまが合わなくなる。

このようなことから，保険金については，いずれも対価性がないといわざるを得ないことになる。新しい判決のように，馬券の払戻金の所得には全て対価性がないとすれば事業所得又は雑所得になることはないことになる。

Answer

生命保険の保険金との対比でみると馬券の払戻金の所得についても対価性がないことになるであろう。してみると，馬券の払戻金の所得については，反復・継続性が担保されない限り，業務による所得に該当するとはいえないことになる。しかし，馬券の購入については，単純に回数が連続しているのではなく，同種の行為が「業務として連続している」とみれば，事業所得又は雑所得に該当すると考えることができるのではないだろうか。

第 14 章　投資家・投機家・ギャンブラーなどの業務に係る所得の課税関係

解　説

1　一時所得及び雑所得の定義

　所得税法上，一時所得とは，次のいずれにも当てはまるものをいうこととされている。

①　利子所得，配当所得，不動産所得，事業所得，給与所得，退職所得，山林所得及び譲渡所得以外の所得であること……他の所得区分に該当しないものであること。

②　営利を目的とする継続的行為から生じた所得以外の一時の所得であること……一時の所得のうち，事業などの業務に関わるものでないこと。

③　労務その他の役務又は資産の譲渡の対価としての性質を有しない所得であること……対価性のないものであること。

　また，雑所得とは，利子所得，配当所得，不動産所得，事業所得，給与所得，退職所得，山林所得，譲渡所得及び一時所得のいずれにも該当しない所得をいうこととされている。

2　生命保険の一時金及び年金に係る所得を題材として

　一時所得と雑所得に所得区分が分かれる事例として，生命保険契約に基づいて個人が支給を受ける満期保険金を取り上げてみる。

　生命保険契約に基づいて個人が支給を受ける満期保険金については，一時金として給付を受けるものは，原則として一時所得として取り扱われ，年金として給付を受けるもの（反復継続して給付を受けるもの）は，雑所得として取り扱われている。

　上記 1 に照らしてみると，次のようなことがいえる。

イ　一時金に係る所得について

①　他の所得区分に該当しない。

②　一時の所得であり，かつ，事業などの営利を目的とする継続的行為に関わるものではない。

③　対価性がない。

297

ロ　年金に係る所得ついて

①　他の所得区分に該当しない。

②　事業などの営利を目的とする継続的行為に関わるものではないが，反復継続して給付を受けるため，一時の所得とはいえない。

③　対価性がない。

上記イ及びロのそれぞれの①については，論を俟たないと思われる。

上記イの②については，一時に給付されるものであるから「一時の所得」に該当するとしていると考えられる（ただし，個人事業の使用人等を被保険者とする生命保険契約の場合には，営利を目的とする継続的行為に関わるものがあり得るので，そのようなケースであれば，一時の所得といえども，事業などの業務による所得に含めることになっている）。

また，上記ロの②については，事業などの営利を目的とする継続的行為に関わるものではないが，契約によって反復継続して給付を受けることになっているそういう性質を帯びている所得であるから，一時の所得とはいえないとしていると考えられる。

この双方の②を通していえることは，契約によって，一時に給付されることになっているか複数回以上にわたって給付されることになっているかの違いである。要するに，契約内容によって給付が反復・継続しているかどうかの違いである（ここでは，「営利性がなくても」，反復・継続性を要件として区別しており，馬券の払戻金との関係で重要な点である）。

上記イの③については，保険料を継続的に支払う契約の出口として一時金が支払われると考えれば，「対価性がない」と言い切れるかどうか疑問である。しかし，一時金として受け取る満期保険金を一時所得として取り扱ってきた経緯からすると，この程度のものには対価性がないと考えてきたものと思われる。そう考えなければ一時所得として取り扱ってきたことの説明ができない。

上記ロの③については，一時金として受け取る満期保険金を対価性がないものとして取り扱っている以上，年金として受け取る満期保険金についても対価性がないといわなければ，つじつまが合わないことになるからであろう（ここでは，「対価性がなくても」，反復・継続性を要件として一時金と年金を区別して

第14章　投資家・投機家・ギャンブラーなどの業務に係る所得の課税関係

おり，馬券の払戻金との関係で重要な点である）。

3　馬券の払戻金に係る所得の所得区分との関係について

　馬券の払戻金に係る所得の所得区分については，一時所得に該当するか否か議論のあるところである。この所得に関する最近の裁判例（平成30年8月29日最高裁上告棄却）では，一審，二審とも国側が勝訴し，上告棄却により一時所得に該当するとして確定している。この裁判例では，馬券の払戻金に係る所得は，偶然的中の「一時の所得」であり，かつ，「対価性」が認められないとしている点において特色がある（【Q99】の6参照）。

　上記2の一時金として受け取る満期保険金等と対比してみると，「対価性」の意味内容をどうとらえるべきか悩ましいところであるが，一時金として受け取る満期保険金に対価性がないとすれば，馬券の払戻金に対価性があるとはいえないであろう。

　年金として受け取る満期保険金との対比でみると，年金の場合も対価性はないが，「契約」に基づいて，これをゆえんとして複数回以上にわたって給付されることになっている。一方，馬券の払戻金の場合は，年金同様，回数が多いかもしれないが，複数回に分けて給付される「性質」のものではない。

　支払回数が多いことだけに着目すれば，馬券の払戻金についても「反復・継続性」があるとみて，雑所得に該当すると考えることもできるであろうが，数多い支払のそれぞれが何らかの因縁・因果関係を有していなければ，反復・継続性があるとは言い難いように思われる。

　しかし，馬券の払戻金には「営利性のある行為」が連続して反復・継続していると認められるケースがあり得る。あるとすれば，その限りにおいて，営利性のある行為の連続をゆえんとして事業所得又は雑所得に該当すると考えることができるのではないだろうか。この点が，生命保険の給付金との相違点である。

第 **15** 章

フリーランサーなどの業務に
係る所得の課税関係

Q101 個人の働き方の多様化と課税関係の変化
UESTION

　個人が会社に帰属して生活費を稼ぐ形態としては，正社員のほか，パートタイマー，アルバイター，フリーターなどが一般的だが，近年は，派遣社員やフリーランサーも多くなってきた。
　これらの者は，全て給与所得者に該当しその所得は給与所得になるのか。それとも契約関係の相違によって所得区分が異なっているのか。

Point

　個人の働き方の多様化に伴い，役務の提供先との契約関係にも差異が生じているので，課税上の所得区分についても，留意する必要がある。

Answer

　個人が会社に帰属して生活費を稼ぐ形態は多様化してきている。

　このうち，正社員のほかパートタイマー，アルバイター，フリーターと呼ばれる人々や契約社員及び派遣社員の場合は，契約関係の基本が雇用契約になっているので，これらの者はいずれも給与所得者であり，提供する役務の対価に係る所得は，所得税法上，給与所得に該当する。

　一方，フリーランサーの場合は，契約関係の基本が請負契約になっているので，これらの者は事業所得者であり，提供する役務の対価に係る所得は，所得税法上，事業所得（小規模の場合には雑所得）に該当する。

解　説

1　個人の働き方の多様化

　起業形態としては会社方式と個人方式があるが，小規模事業の場合，もともと個人事業として起業され，その後，法人形態に発展的に組織変更するケースが多かった。しかしその後，法人形態の方が有利と考えられるようになり，初めから会社方式によって起業するケースが多くなってきた。

302

第 15 章　フリーランサーなどの業務に係る所得の課税関係

　その一方，起業しないで会社に雇用されて働く人々については，右肩上がりの日本経済の終焉や会社に対する帰属意識の希薄化などにより，会社に対する役務提供の仕方の考え方が変化してきており，近年，契約社員や派遣社員，フリーランサーなどと称される人々が増加してきている。

2　働き方によって異なる業種区分と所得区分

　個人が会社に帰属して生活費を稼ぐ形態としては，使用人として特定の会社に雇用されるのが一般的である。正社員のほか，パートタイマー，アルバイター，フリーター（フリーアルバイター）と呼ばれる人々もこの形態に属する。使用人として特定の会社に雇用されるケースの場合は，当該特定の会社と使用人との間で，直接「**雇用契約**」が締結される。近年多くなったいわゆる「契約社員」（有機雇用契約）もこの形態に属する。

　また，人材派遣会社の使用人の立場で，他の会社に派遣されて働いて生活費を稼ぐ，いわゆる「派遣社員」も多くなった。この場合は，当該人材派遣会社と使用人との間で，直接「雇用契約」が締結され，人材派遣会社とその使用人が派遣される他の会社との間では，「**労働者派遣契約**」が締結される。

　契約社員や派遣社員が多くなった現象は，使用人側の事情ではなく，右肩上がりの日本経済の終焉にあらがう会社側の事情との因果関係が大きく影響していると思われる。

　使用人として特定の会社に雇用されて働くにしても，人材派遣会社の使用人の立場で他の会社に派遣されて働くにしても，いずれも会社に従属して働くことに変わりはない。したがって，これらの者は，いずれも給与所得者であり，提供する役務の対価に係る所得は，所得税法上，給与所得に該当する。

　これに加えて，この頃脚光を浴びているのが，いわゆる「フリーランサー」である。特定の企業などに所属することなく独立した働き方をすることを「フリーランス」といい，そのような働き方をする人をフリーランサーと称している。

　フリーランサーの場合は，フリーターや契約社員，派遣社員などとは全く異なる。フリーランサー場合には，フリーランサーから一定の役務提供を受ける

303

特定の会社とそのフリーランサーとの間で，「**請負契約・業務委託契約**」が締結される。契約社員や派遣社員の場合には，所属する会社に従属して使用人として役務の提供をすることになるのに対して，フリーランサーの場合には，役務提供をする会社との関係は，事業者対事業者として独立しており，フリーランサーの立場は，個人事業者である。したがって，フリーランサーが提供する役務の対価に係る所得は，所得税法上，事業所得（小規模の場合には雑所得）に該当する。

　なお，フリーランサーと一口にいっても，従事内容の実態は，雇用契約に近いケースが存在すると考えられる。この点は，ホステス・キャバ嬢（第13章参照）と同様の問題があるので，留意を要する。

ⓒOLUMN

フリーランサーの種別

　フリーランサーの立場は，個人事業者である。その意味では，個人で営んでいる商品小売業や医師・歯科医師，税理士，芸能者，外交員などの事業者と同じ立場である。したがって，フリーランサーだからといって税法上特別の取扱いがされるわけではない。しかし，今日一般的にフリーランサーとして分類されている職種としては，IT エンジニア，Web デザイナー，イラストレーターなどといったカタカナ職種を指しているようである。

　これを例示すると次のようなものがある。

① IT, Web 系

　　アプリケーションエンジニア（システムエンジニア），Web デザイナー，Web ライター，ユーチューバー，ブロガー，アフィリエイター

② クリエイティブ系

　　イラストレーター，グラフィックデザイナー，カメラマン，コピーライター，アニメーター，コラムニスト

③ ネット販売系

第 15 章　フリーランサーなどの業務に係る所得の課税関係

　　　　せどり，オークション，メルカリ
④　その他
　　　　コンサルティング，セミナー，インストラクター，ライター，翻訳，
　　　家事代行，出前配達請負人

Q102 UESTION | フリーランスが本業又は副業の場合の所得区分

フリーランサーの立場は，個人事業者に該当するとのことであるが，それが本業である場合と副業である場合とで，所得区分が異なることがあるのか。

Point

　所得税法上，業務による所得は，事業的規模のものとそれ以外のものとで所得区分が異なる。フリーランサーについては，その業務の規模等の程度によって事業所得又は雑所得に分類されることになるし，所得区分が異なればその所得の計算方法も異なってくるので，所得区分の判定に留意を要する。

Answer

　契約社員や派遣社員の立場は使用人であるから，その収入に係る所得は，給与所得に該当する。フリーランサーの立場は，個人事業者であるから，その収入に係る所得は，事業所得に該当する。

　ところで，事業所得の基因となる「事業」とは，一般的に，営利性・継続性があり，かつ，事業としての社会的客観性を有するものをいうとされている。この「営利性・継続性，事業としての社会的客観性」という要件は，「事業所得と譲渡所得」，「事業所得と一時所得」及び「事業所得と雑所得」を区分する上での基準となるが，「事業所得と給与所得」を区分する上では，これらの要件のほかに，「自己の計算と危険において，独立性をもってなされるものであること」が要件とされている。前者の「営利性・継続性，事業としての社会的客観性」という要件は，土地売買，株式売買，商品売買などにおいて，また，後者の「自己の計算と危険において，独立性をもってなされるものであること」の要件は，外交員，弁護士などにおいて，事業の判定を行う際の基準となっている。

　フリーランサーの場合は，「自己の計算と危険において，独立性をもってなされるものであること」の要件は満たすものと考えられるが，「営利性・継続性，事業としての社会的客観性」の要件については，「事業としての社会的客観性」を満たしているか否かの問題がある。その業務が一般的に事業といえる程度の

第 15 章　フリーランサーなどの業務に係る所得の課税関係

規模等を有していないときは，それによる所得は，事業所得ではなく，雑所得に該当することになる。したがって，フリーランサーの業務の実態によっては，事業所得になる場合と雑所得になる場合とがあり得ることになる（その実態は給与所得者と大差がないフリーランサーについては留意を要する）。

　フリーランスを本業としたくても，スキルや知名度などの程度によっては生活していける程度の収入が得られないことが多くあると思われるところ，特に副業として業務を行っている場合の所得は雑所得に該当するものと考えられる。

307

Q103 フリーランサーの所得金額の計算方法

UESTION

　フリーランサーについては，その業務の規模等の程度によって事業所得又は雑所得に分類されるとのことであるが，所得区分が異なることによってそれぞれの所得の計算方法にどのような差異が生じるのか。

Point

　所得税法上，事業所得の場合の必要経費の範囲は広めに許容されているが，雑所得の場合には，例えば，資産損失の金額の必要経費算入に限度があるとか，雑所得の計算上の赤字は他の各種所得との損益通算をすることができないなどの制約があるので，その相違点を整理する必要がある。

Answer

　所得金額の計算方法は，事業所得の場合も雑所得の場合も，収入金額から必要経費を差し引いて計算することになっているので，基本的には異ならない。ただし，雑所得の場合には，資産損失の金額の必要経費算入に限度があるとか，家族専従者の給与の必要経費不算入，雑所得以外の他の所得との赤字黒字の差引計算不可などの制約がある。その主なものを掲げると，次のとおりである。

区分	事業所得	雑所得
記帳義務	あり	なし
給与所得などの他の所得との損益通算	できる	できない
青色申告	青色申請あればできる	できない
青色申告特別控除	青色申請あればできる	できない
青色事業専従者給与又は事業専従者控除	できる	できない
債権の貸倒損失	損失の生じた年分の必要経費算入	収入の生じた年分の収入を減額
資産損失の必要経費算入	できる	所得金額を限度に算入
貸倒引当金計上	できる	できない

第 15 章　フリーランサーなどの業務に係る所得の課税関係

Q104
UESTION

副業としてフリーランスをする場合の必要経費の計算上の問題点

　副業として業務を行っている場合には，本業と副業いずれにも共通の費用があり得る。例えば，職業訓練会社の派遣社員である者が就活コンサルタントの業務をしているような場合の交通費や調査研究・スキルアップ費用のようなものである。このような共通費用はどのように配分するのが妥当か。

Point

　本業（派遣社員）と副業（就活コンサルタント）のいずれにも共通の費用を配分する際には，給与所得の必要経費相当額である給与所得控除額をどのように反映させるのが適当かといった問題がある。

Answer

　本業のほか副業として業務を行っている場合には，本業と副業いずれにも共通の費用があり得る。例えば，交通費や調査研究・スキルアップ費用などである。しかし，そのいずれの業務による所得も事業所得である場合には，収入金額の比率や稼働日数などの比率によって配分することが考えられる。

　ところが，例えば，本来はフリーランスを本業としたいところ十分な収入が得られないため，同種の業務を派遣社員として人材派遣会社に勤務している場合には，フリーランスによる所得は雑所得になり，派遣職員の所得は給与所得となって，その所得区分が異なることになる。

　この場合，派遣社員による給与所得の計算については，必要経費を控除できない代わりに所定の給与所得控除額を控除することになる。一方，フリーランスによる雑所得の計算については，必要経費の実額を控除することになるが，副業として営んでいる場合には，「年間の必要経費の総額」のうちどれだけの部分を雑所得の計算上控除することが認められるのかという問題がある。

　この場合の区分計算の方法としては，次のような方法が考えられる。

① 「年間の必要経費の総額」から「給与所得の計算上控除した給与所得控除額」を差し引いた残額を雑所得の必要経費とする。

② 「年間の必要経費の総額」をそれぞれの収入金額の比率で按分し，雑所

309

得に対応する部分の額を雑所得の必要経費とする。

③ 「年間の必要経費の総額」から給与所得を得るために実際に要した額（例えば派遣先への往復旅費相当額など）のみを控除した残額を雑所得の必要経費とする。

　既に，【Q90】において，大工・左官等の事業所得（請負収入）と給与所得（手間賃収入）の所得区分及び必要経費の計算について解説したところである。大工・左官等の場合も事業所得と給与所得とが重なっており，フリーランサーの場合と同様の問題があった。そこでは，筆者としては，上記③の方法でよいのではないかと考えていると説明したところであり，フリーランサーの場合も，その大工・左官等の場合と同様であってよいと考えている。

【執筆者紹介】

小田　満（おだ　みつる）

昭和50年　税務大学校本科卒業

昭和56年　税務大学校研究科卒業

国税庁勤務通算22年の後，町田・横浜南・板橋の各税務署長を経て，

平成19年税理士登録

平成22・23年度税理士試験委員

平成23〜28年度税理士桜友会専門相談員

現在　税理士・行政書士・事業承継コンサルタント

【主要著書】

令和元年版『金融商品種類別の所得税の要点解説』（大蔵財務協会）

『税理士が知っておきたい　事業承継50のポイント』（大蔵財務協会）

新訂版『所得税重要項目詳解』（大蔵財務協会）

令和元年度版『基礎から身につく所得税』（大蔵財務協会）

『国税OBによる税務の主要テーマの重点解説Ⅰ・Ⅱ』（大蔵財務協会・共著）

新訂版『農家の所得税』（全国農業会議所）

『中小企業のための事業承継・M&Aの要点総まとめ』（税務経理協会）

著者との契約により検印省略

平成26年12月20日　初 版 発 行	Q&A 業種別の
平成27年 3 月30日　初 版 2 刷発行	**特殊事情に係る所得税実務**
平成29年 1 月20日　改訂増補版発行	**【三訂版】**
令和元年11月30日　三 訂 版 発 行	

著　者　小　田　　　　満

発行者　大　坪　克　行

印刷所　美研プリンティング株式会社

製本所　牧製本印刷株式会社

発行所　東京都新宿区　株式　税務経理協会
　　　　下落合2丁目5番13号　会社

郵便番号　161-0033　振替00190-2-187408　電話 (03)3953-3301(編集部)
　　　　　　　　　　　FAX (03)3565-3391　　　(03)3953-3325(営業部)
　　　　　　　　　　　URL http://www.zeikei.co.jp/
　　　　　　　　　　　乱丁・落丁の場合はお取替えいたします。

Ⓒ 小田 満 2019　　　　　　　　　　　　　　　Printed in Japan

本書の無断複写は著作権法上での例外を除き禁じられています。複写される
場合は，そのつど事前に，(社)出版者著作権管理機構 (電話03-3513-6969,
FAX 03-3513-6979, e-mail：info@jcopy.or.jp) の許諾を得てください。

JCOPY ＜(社)出版者著作権管理機構 委託出版物＞

ISBN978-4-419-06668-0　C3032